AF449356

Editorial
NUN

Diálogos sobre la guerra

UNIVERSIDAD
PANAMERICANA®

Ficha bibliográfica

Roberto Rivadeneyra y Víctor-Isolino Doval
(Coordinadores)

Diálogos sobre la guerra
1a. edición, 2023

ISBN: 978–607–59691–1–4

Editorial Notas Universitarias, S. A. de C. V.
Colección Sapientia

Impreso en la Ciudad de México, en mayo de 2023
Formato: 15 × 21 cm
272 pp.

Editorial NUN

es una marca de la Editorial Notas Universitarias, S. A. de C. V.

Xocotla 17, Tlalpan Centro II, alcaldía Tlalpan,
C. P. 14000, Ciudad de México

www.editorialnun.com.mx

El contenido de este libro es responsabilidad de los autores

Comentarios sobre la edición a contacto@editorialnotasuniversitarias.com.mx

Versión impresa ISBN: 978–607–59691–1–4
Versión digital ISBN: 978–607–59691–0–7

Los textos aquí presentados fueron arbitrados (doble-ciego) y dictaminados por especialistas nacionales. Posteriormente fueron revisados, corregidos y modificados por los autores antes de llegar a su versión final

Dirección editorial y diseño de portada: Miryam D. Meza Robles
Cuidado de la edición: Felipe G. Sierra Beamonte
Corrección de estilo: Esteban Manteca Aguirre
Lectura de pruebas: Casandra D. Álvarez García
Formación: Alejandro Ramírez Monroy

Impreso en México

Diálogos sobre la guerra

Roberto Rivadeneyra
Víctor-Isolino Doval
(Coordinadores)

Allí donde hay violencia impera la desgracia y corre la sangre.

Vasili Grossman, *Vida y destino* (1959)

Índice

Introducción

Ayudamos a crear esta nueva arma para impedir que los enemigos
de la humanidad lo lograran antes que nosotros,
lo que, dada la mentalidad de los nazis, hubiera significado
una destrucción inconcebible y la esclavitud del resto del mundo.
Hemos puesto esta arma en manos de los pueblos americano
e inglés como depositarios de la humanidad entera,
combatientes de la paz y de la libertad.
Pero hasta ahora no vemos ninguna garantía de paz.

Albert Einstein, *De mis últimos años* (1952)

¿Es la guerra una acción contraria a la razón? Este libro surgió de la primera jornada de reflexión convocada por el Instituto de Humanidades de la Universidad Panamericana (UP), en abril de 2022, para abrir una discusión seria entre profesores y alumnos, tanto de la UP como de otras universidades, en torno a la guerra, so pretexto de la invasión rusa a Ucrania.

En la primera sección, los autores exploran las causas históricas de la guerra, en clave antropológica y política. Es interesante la aproximación de Saúl y Llovet, quienes posan su mirada en Homero y el pensamiento clásico y, a partir de él, dialogan con la realidad bélica actual. Dicha visión se ve enriquecida por el artículo de Ruiz Velasco, quien se ocupa del tema con base en la reflexión de Álvaro d'Ors.

Los trabajos de los profesores Hernández, Fernández y De Haro componen la segunda sección, en la que se intenta responder a la pregunta sobre las justificaciones morales de la guerra desde tres ópticas enriquecedoras: el control estatal que puede detonarse en aras de la preservación de la salud a propósito de la reciente pandemia, las guerras intestinas que han configurado al México moderno desde el siglo xix hasta ahora y la comprensión antropológica de la violencia en general y de la guerra en particular a partir de René Girard.

Seguidamente, el libro se ocupa de la guerra desde tres momentos concretos de la historia de la filosofía: el estoicismo, la escolástica y la Escuela de Frankfurt. El diálogo que Ramos-Umaña, Lecón y Coronado sostienen con los autores que abordan permitirá una mejor comprensión de la guerra en nuestros días, sin perder de vista una preocupación que no deja de tener vigencia: ¿es posible la paz?

La última sección se aleja un poco más que las anteriores de la coyuntura y aborda el tema de la guerra a partir de la experiencia estética. Literatura y música comparecen ante el conflicto bélico en cuatro capítulos cuya temática gravita en torno a *Pedro Páramo*, la lectura que Juan Ginés de Sepúlveda hace de Aristóteles, un puntual recorrido musical con base en Platón y una breve exploración de la posibilidad de la belleza en la guerra.

Para finalizar el libro tenemos los capítulos de Abraham Martínez y de Teresa Santiago. El primero se sumerge en la estructura antropológica para descubrir si esa facultad a la que los griegos llamaron *thymós*, cuya función es aliarse a la razón, pero también llamar a la acción, es la responsable de nuestra naturaleza bélica.

Con broche de oro la profesora Santiago concluye estos diálogos sobre la guerra haciendo un repaso de la invasión rusa a Ucrania, en el que rastrea las causas políticas de ésta. Para ello, la autora se remonta a la administración del presidente Reagan, así como a todo lo que perdió la Unión Soviética tras su disolución en 1991, una vez caído el Muro de Berlín.

La pretensión de cada uno de los autores es dialogar. La discusión pública actual tiende al reduccionismo y a soluciones irreconciliables. En el diálogo no se busca vencer a nadie, sino comprender mejor las razones del otro y las propias, y así, juntos, intentar encontrar la verdad. Ante la esterilidad de los dogmas arrojadizos, el diálogo siempre es fértil. Así que animamos al lector tanto a dialogar con cada uno de los autores que ofrecen aquí novedosas aportaciones, puntuales y polémicas, sobre el significado de la guerra y su sentido, como a participar en la búsqueda de una respuesta a si estamos condenados a guerrear perpetuamente para buscar la paz.

Agradecemos al Instituto de Humanidades de la Universidad Panamericana su respaldo para hacer posible la jornada de reflexión y la publicación de este volumen. Principalmente, a los doctores José Alberto Ross y Vicente de Haro; gracias a su apoyo y pericia timonera, este libro llegó a buen puerto.

Los coordinadores

¿Por qué la guerra?
Causas históricas, políticas y humanas

Capítulo 1

La hospitalidad como generadora y regeneradora del tejido social

Fabiola Saúl[1]

Hablar de la guerra no es fácil, y menos aún cuando se habla desde fuera de ella, es decir, cuando hay lejanía geográfica o temporal del fenómeno que se intenta explicar. No siempre es posible entender conflictos ajenos a la propia historia nacional, y siempre existe el peligro de caer en faltas de objetividad por algún motivo.

Por otro lado, a pesar de que Aristóteles definió hace casi 25 siglos al hombre como un ser social (*Política* I.2, 1253 a3), rasgo que nos hace interdependientes, el ser humano se vuelve a encontrar una y otra vez rechazando a otro ser humano o a otro grupo humano. En algunos casos este rechazo toma la forma de conflicto armado, y desgraciadamente las consecuencias las pueden llegar a pagar personas inocentes.

Este capítulo pretende estudiar el fenómeno de la guerra analizando la hostilidad a partir de su contrario, la hospitalidad, pues como se verá, son dos realidades ambivalentes pero relacionadas desde tiempos arcaicos. El contenido que lo compone está dividido en cuatro partes: en la primera, se justifica la relevancia del tema de la hospitalidad en un texto que reúne

---

[1]   Universidad Panamericana, Instituto de Humanidades, Ciudad de México.

reflexiones en torno a la guerra; en la segunda se explica el rol de la hospitalidad en la Antigüedad griega arcaica; en la tercera se explican los rasgos fundamentales del acto hospitalario en general, visto como un fenómeno eminentemente humano; y en la última, a manera de conclusión, se explica cómo la hospitalidad puede convertirse en un elemento que contribuye a generar el tejido social y, por tanto, puede ser un elemento regenerador de éste en tiempos de posguerra.

La hospitalidad como concepto relevante en una reflexión sobre la guerra

En ocasiones se confunde el estudio de una realidad antigua con un simple dato cultural. Es como pensar que saber de historia es un "extra", algo que sería opcional saber o no saber, puesto que en realidad no afecta nuestra vida actual. Quienes se dedican a la reflexión acerca del hombre saben que esto no es así. Entender el origen de un fenómeno –que además es de naturaleza humana– facilita entender el fenómeno en sí.

Cuando, proyectándose hacia el futuro, alguna obra literaria o cinematográfica describe una distopía, lo chocante de la imagen resalta precisamente algún rasgo esencial del ser humano (por ejemplo, su unicidad, su espiritualidad, la necesidad de la libertad o del trato igualitario, etc.). Así que, por contraste, se entiende mejor una realidad actual.

De la misma manera, yendo hacia el pasado, cuando se analiza una realidad histórica se llega a descubrir el origen de determinado fenómeno, y ese conocimiento orienta el estudio que se haga de ese fenómeno en el presente. Precisamente por eso es posible afirmar que el estudio de las fuentes literarias más antiguas acerca de la hospitalidad ayuda a distinguirla de fenómenos tan difundidos en el siglo xxi como la hostelería, la restaurantería o la organización de fiestas o banquetes.

No cabe duda de que para la cultura occidental dos de las fuentes literarias más antiguas de las cuales se puede disponer son los poemas épicos atribuidos a Homero. Ya desde la *Ilíada* se puede percibir la relevancia social de la hospitalidad, pues no se debe olvidar que la guerra de Troya empezó precisamente como un crimen en el ámbito de la hospitalidad, cuando Alejandro, o Paris, rapta a Helena de Troya, esposa de Menelao, el rey, mientras era el huésped de honor en casa de ellos en Esparta.

En la secuela de la historia, conocida como la *Odisea*, el héroe itacense Ulises u Odiseo enfrenta una serie de contrariedades en su regreso a su isla, y eso provoca que tarde 10 años en llegar, una vez terminada la guerra de Troya. Todas las paradas que se ve forzado a realizar plantean la cuestión de la hospitalidad –no sabe si será bien recibido o no–, y a raíz de esas escenas se tiene hoy en día acceso a un testimonio irrefutable de lo capital que resultaba la práctica de la hospitalidad para los griegos. Por este motivo no es gratuita la afirmación de que uno de los hilos conductores de toda esta obra es precisamente la hospitalidad (Marco Pérez, 2007).

Lo específico de la hospitalidad griega arcaica

La palabra *hospitalidad* hoy en día suele evocar dos posibles nociones, no necesariamente excluyentes: o se piensa en los hospitales, o se piensa en la llamada industria de la hospitalidad (hoteles, resorts, Airbnb, tiempos compartidos, restaurantes, etc.). Todo ello es muy bueno y necesario, especialmente en un mundo globalizado, donde la movilidad de las personas aumenta cada vez más. Sin embargo, los antiguos griegos no tenían en mente esta perspectiva cuando utilizaban dicho concepto.

En la antigüedad la hospitalidad era una realidad que consistía en acoger a un extranjero o a un extraño en la propia comunidad, casa, pueblo, etc. Y la tradición enseñaba que lo propio era recibir al extraño, invitarlo a pasar, ofrecerle comida y –si el anfitrión tenía los medios para hacerlo– ciertos servicios (una forma de asearse, un lavatorio de pies, alguna unción, etc.). Además, no se le debía cuestionar acerca de su identidad hasta después de que se alimentara.

Homero se detiene una y otra vez en detalladas descripciones de los contextos hospitalarios, que permiten percibir que en el imaginario arcaico existían unos protocolos bastante claros y estables, y que no respetarlos podía resultar una afrenta para el extranjero e incluso para los dioses. Tanto es así, que uno de los epítetos de Zeus era "Hospital",[2] lo cual indicaba que los extranjeros contaban con la protección de este Dios.

De esta manera, se habla en más de una ocasión de los *derechos* del huésped. En el canto IX de la *Odisea* (269-271), por ejemplo, Odiseo exige al cíclope que los acoja según la costumbre. Así, una vez que alguien recibía a otro en este contexto hospitalario, se creaba un lazo indestructible y hasta heredable[3] llamado *xenía*, y que, tratando de ser fieles al concepto, se puede traducir como "amistad por hospitalidad".

En esta relación a partir de la hospitalidad, según el experto en la antigüedad Moses Finley (2002), la estructura social está conformada por tres posibles grupos: la clase social, el parentesco de sangre y por quienes componían el hogar.[4] Pero dentro del parentesco de sangre se pueden considerar los amigos, especialmente los amigos por hospitalidad.

Además, cabe mencionar que acoger al extraño lo elevaba en el escalafón social, de manera que ya se podía denominar a sí mismo *amigo por hospitalidad* de alguien, y eso denotaba cierta capacidad de retribución (ya fuera con un regalo a cambio, o bien, recibiendo a su nuevo *amigo por hospitalidad* cuando éste fuera a su tierra natal).

Todo lo anterior, con una clara lógica de gratuidad, pues no se cobraba por alojar a alguien, y si bien es debatible la rectitud de intención con que los griegos realizaban esa acogida,[5] tampoco se puede identificar

---

[2] Las traducciones varían. En griego, el término es *Zeus Xénios*, que también se puede traducir como "Zeus hospitalario".

[3] El ejemplo más famoso de la importancia y la trascendencia en el tiempo del lazo de la hospitalidad se encuentra en el canto VI de la *Ilíada*, en la que Glauco y Diomedes abandonan el campo de batalla juntos, pues al narrar sus genealogías se dan cuenta de que sus abuelos eran amigos por hospitalidad. Por tanto, ellos también lo eran, aunque uno fuera troyano y el otro aqueo.

[4] Lo que en inglés se denomina el *household*, que comprendía también a los trabajadores y a personas que no eran parientes de sangre pero que por algún motivo vivían en esa misma comunidad doméstica (Finley, 2002: 96).

[5] Además del temor a Zeus: si se cometía una falta de rectitud al momento de acoger, también se suele subrayar que los dioses griegos podían presentarse con forma humana y solicitar hospitalidad. La costumbre de acogerlos rápido y bien no estaba basada en la gratuidad sino en el miedo.

a alguien que lucrara a raíz de la hospitalidad. Ciertamente, también había una cuestión de probar un estatus al momento de agasajar al convidado; pero una vez más, las escenas hospitalarias de la *Odisea* muestran una realidad que va más allá de la lógica del mercado o de buscar la obtención de algún mérito o bien de intercambio.

Una cuestión etimológica especialmente relevante para los fines del presente artículo es la ambivalencia de la palabra *xénos*. En griego esta palabra la usaban los que habían llegado a ser amigos por medio de la práctica hospitalaria para denominarse entre sí, es decir, eran amigos por hospitalidad. Lo curioso es que la misma palabra se usaba para denominar al extranjero.[6] Esta ambivalencia del término *xénos* (Benveniste, 1969; Kakridis, 1963) acaba siendo asumida por otros idiomas. Por ejemplo, en francés, la palabra *hôte* puede referirse tanto al anfitrión como al huésped.

La misma cuestión etimológica es especialmente relevante en el caso del inglés, pues la palabra *host*, comúnmente identificada con el anfitrión en un contexto hospitalario, en ciertos contextos significa "enemigo", o "ejército".[7] Por lo tanto, se puede concluir que lo opuesto a la hospitalidad es la hostilidad, y ha sido posible llegar a esta conclusión entendiendo que la etimología –así como la historia– no ofrece un simple dato cultural más.

Un breve acercamiento a la filosofía de la hospitalidad

La anterior descripción de la hospitalidad homérica[8] proporciona suficientes elementos para responder a la pregunta acerca de la esencia de la hospitalidad.

---

[6] De esta acepción viene el término *xenofobia*, el odio o el rechazo al extranjero. Y precisamente el término que usa Homero para describir a alguien hospitalario es *filóxeno*, que de manera general se podría traducir como "amante de los extranjeros" o, simplemente, "hospitalario".
Es importante subrayar que el término *bárbaros* es posterior a Homero, quien sólo lo usa una vez en la *Ilíada* (2, 867), para crear una palabra compuesta: *barbarophónon*, que significa "el que habla una lengua extranjera o lengua bárbara". Es en la época clásica cuando se utiliza la palabra *xénos* para denominar al extranjero ciudadano de otra *pólis*, y el término *bárbaros* para el no-griego.

[7] Como sucede en la conocida frase bíblica "Señor de los ejércitos", que en inglés se dice *Lord of hosts*.

[8] Para una descripción más detallada, que incluye todas las escenas de hospitalidad magnánima u hospitalidad fallida, véase Saúl (2019).

En ese sentido, se aduce en esta tercera parte a una posible filosofía de la hospitalidad.

Lo primero que se puede decir al respecto es que se trata de un fenómeno eminentemente humano, que se basa en el reconocimiento del ser personal de alguien que se encuentra en una situación de vulnerabilidad, pues el extranjero habitualmente se presenta como un viajero cansado, con hambre, sed, o bien, como alguien que por alguna circunstancia se ha extraviado. Para Odiseo, es la rabia de Poseidón la que trata de evitar que regrese a casa en venganza por haber cegado a su hijo, el cíclope Polifemo.

Por lo tanto, acoger a alguien en la propia casa es un acto de generosidad que conlleva reconocerse en el otro, y requiere una mirada atenta, capaz de interpretar los gestos del huésped. Asimismo, es una acción que requiere un cierto saber práctico, y ciertamente la virtud de la prudencia[9] para no caer en el extremo de atosigar al huésped con tantas atenciones que se sienta incómodo, o al contrario, que no se sienta acogido. En ambos casos, se genera el efecto contrario: que el huésped se quiera marchar cuanto antes.

En este sentido, la hospitalidad vista como la acogida de alguien en la propia casa, provocada principalmente por la percepción de la vulnerabilidad de un desconocido, es un ejemplo práctico del reconocimiento de la dignidad humana, fundamento de la igualdad de todos los hombres, y de lo que actualmente se denomina derechos humanos.[10]

Otro rasgo básico de la hospitalidad, que puede parecer una perogrullada, es que la hospitalidad siempre es una realidad binaria, construida por dos agentes: un anfitrión y un huésped. Esta idea tan sencilla es muy útil cuando hay que distinguir la hospitalidad de otros fenómenos parecidos,

---

[9]   Un magnífico ejemplo de prudencia es la que manifiesta el rey de los feacios, Alcínoo, cuando en el canto VIII de la *Odisea* pide al aedo que deje de cantar acerca de la guerra de Troya, pues el huésped (Odiseo, que aún no se identifica) se pone a llorar con la historia. Homero subraya que sólo el rey se da cuenta de la reacción de su huésped.

[10]   Aunque es necesario matizar diciendo que la hospitalidad tampoco se puede exigir. Todos desearíamos ser acogidos en caso de necesitarlo, pero si se impusiera, carecería de mérito el anfitrión y serían cuestionables sus motivos.

como puede ser la adopción de un niño en una familia, que luego pasa a ser parte de ella y, por lo tanto, la distinción entre los dos agentes desaparece.

En la *Odisea* hay un caso paradigmático que se suele describir como un abuso de hospitalidad: en ausencia de Ulises, 108 pretendientes van a banquetear todos los días al palacio con el pretexto de que Penélope tiene que elegir a uno de ellos para casarse. Pero esto no es hospitalidad porque en el contexto arcaico el anfitrión era siempre el señor de la casa (aunque la señora jugaba un papel preponderante), y en este caso, Ulises no está. Peor aún: no hay invitación por parte de nadie hacia los pretendientes y, de hecho, Penélope se dedica a sobrevivir a la situación y postergar el supuesto matrimonio. Por lo tanto, se trata más de un caso de abuso que de hospitalidad, por la carencia de los dos agentes, anfitrión y huésped. Por la forma en que los pretendientes se comportan, comiendo, bebiendo y divirtiéndose todos los días a costa de los bienes de Odiseo, no sería atrevido denominarle incluso "robo".

Hay un aspecto material en la hospitalidad relacionado con que el ser humano es siempre un ser corpóreo: se requiere un espacio físico para acoger, así como un techo, y ciertos bienes materiales (comida, bebida, cama, etc.). Como todo esto se realiza en el ámbito doméstico, es crucial el papel de la mujer para que la hospitalidad sea exitosa (Saúl, 2019).

Finalmente, cabe resaltar un aspecto muy importante para entender filosóficamente qué es la virtud, a saber, el componente configurador del *ethos* personal. Alcínoo, que tiene no sólo el conocimiento práctico de cómo acoger (qué decir, qué solicitar para su huésped), sino sobre todo una cierta apertura interior, y una capacidad para leer al otro, se podría denominar como una persona virtuosa. Por su componente práctico, sus virtudes pertenecerían al reino de las virtudes morales. Esto coincide con la teoría clásica de la virtud por varios motivos. Primero, porque requiere esfuerzo: salir de uno mismo, ser sincero en la apertura, buscar lo mejor para el otro y no para uno mismo, dejar atrás la comodidad y la indiferencia ante la vulnerabilidad del otro. En segundo lugar, es un conocimiento práctico que aporta una cierta connaturalidad a quien la realiza, de modo que se va moldeando su alma −o su carácter−, al grado de que la acción hospitalaria resulta natural. Evidentemente, se requiere que la persona elija libremente acoger a alguien para que sea realmente una virtud. Y, por último, la hospitalidad como virtud requiere ser educado en ella, y esto se consigue como siempre: en el seno de la familia.

Así, una persona hospitalaria da la bienvenida al otro con palabras, con gestos, brindando su tiempo, y agasajando con algún bien material si la situación se presta. Por ende, una persona no hospitalaria, ahuyenta a los demás o simplemente pasa de largo ante la vulnerabilidad ajena.

La hospitalidad como generadora o regeneradora del tejido social

Llama poderosamente la atención que mientras el pueblo de Troya tenía un ejército bien formado y potente, el ejército de los aqueos estuviera compuesto por una pequeña tropa, a la que se suman los poblados o islas vecinas a Esparta, respondiendo al llamado de Agamenón. Así, Aquiles, Odiseo e Ífito, entre otros, acaban yendo hasta Troya para pelear en una guerra que no era suya y de la que no obtendrían nada en términos económicos ni políticos. Solamente iban a recuperar a Helena y a salvar así el honor de Menelao y, con una tenacidad imponente, es lo que consiguen.

Ciertamente, en la antigüedad los vencedores de una guerra solían llevarse el botín, pero, a decir verdad, el ejército de Troya era poderoso, por lo que la victoria no estaba garantizada para los aqueos que, además, tenían que desplazarse muy lejos para la batalla. Por tanto, ante la pregunta de por qué los héroes aqueos responden al llamado de Agamenón, hermano de Menelao, está una teoría insinuada por Finley (2002: 96) de que eran realmente amigos por hospitalidad de este último. Si el lazo creado a través de la hospitalidad era tan fuerte como se ha descrito en las páginas anteriores, entonces tiene sentido que un rey pudiera solicitar a su tropa acudir a pelear a una guerra que no era suya propiamente. Además, acuden con todos sus recursos: naves, soldados, armas. No hay manera de probar esta teoría en su conjunto, lo que sí se sabe, es que Odiseo y Menelao eran amigos por hospitalidad (*Odisea* XV, 196).

Se puede objetar que es un contrasentido que una amistad en el contexto de la hospitalidad sea la causa de la formación de un ejército que va precisamente a pelear en una guerra, pero más allá de esa válida objeción, lo que sí es un hecho es que la sociedad griega arcaica tenía varias formas de crear lazos fuertes, y una de esas formas era la hospitalidad. En ese sentido se puede afirmar que la hospitalidad genera un aspecto o una parte del tejido social. De todo lo dicho hasta el momento se puede afirmar que leer ambos poemas homéricos desde la hospitalidad ayuda a reflexionar sobre la importancia de acoger a un extraño y a reconocerlo como otro-yo una vez que se le recibe como huésped.

El actual conflicto bélico entre Rusia y Ucrania ha puesto de relieve innumerables cuestiones políticas, y a la vez ha dejado a la vista el *ethos* de muchas personas solidarias con los refugiados ucranianos, especialmente el pueblo polaco, que ha tratado de recibir de la mejor manera posible a quienes llegan por su frontera oriente (Melzer, 2022). No es secreto que el pueblo polaco ha sufrido invasiones injustas y ha sido víctima en guerras pasadas; pero tampoco es secreto que se trata de un pueblo profundamente cristiano.

Esto es relevante porque, aunque la tradición hospitalaria griega podría cambiar la forma en que nos relacionamos hoy en día, si se lograra acoger a la persona vulnerable, para un cristiano el motivo último de acoger a alguien es que al hacerlo se está recibiendo al mismo Jesucristo.[11] La visión cristiana refuerza la homérica, pero le otorga un fundamento todavía más sólido.

Al margen de la religión, Kant explica que cuando una persona se percata de que otra tiene alguna necesidad, y se está en condiciones de ayudarla, lo moral es hacerlo (Kant, 1900: Akk, IV, 423), puesto que es lo

---

[11] En la parábola que Jesús narra a sus discípulos dice: "Porque tuve hambre y me disteis de comer, tuve sed y me disteis de beber, fui forastero y me hospedasteis, estuve desnudo y me vestisteis, enfermo y me visitasteis, en la cárcel y vinisteis a verme". Entonces los justos le contestarán: "Señor, ¿cuándo te vimos con hambre y te alimentamos, o con sed y te dimos de beber?; ¿cuándo te vimos forastero y te hospedamos, o desnudo y te vestimos?; ¿cuándo te vimos enfermo o en la cárcel y fuimos a verte?" Y el rey les dirá: "Os aseguro que cada vez que lo hicisteis con uno de éstos, mis humildes hermanos, conmigo lo hicisteis." (Mateo 25, 35-40).

racional, y esa acción se puede convertir en una ley universal. De lo contrario, habría contradicción. Se trata del imperativo categórico. Una vez más, es patente que la hospitalidad es una virtud, porque implica hacer el bien, aun cuando en ocasiones no apetezca hacerlo.

Dicho esto, el ejemplo del pueblo polaco podría plantear una cuestión. Y esta es que las virtudes morales están *en las personas, no en las naciones*. Esto es verdad, y no se podría plantear una solución internacional a las guerras o a los fenómenos migratorios aduciendo a una especie de hospitalidad universal. Esto es impracticable porque existen fronteras y cuestiones políticas que la limitarían. Lo que sí se puede hacer es que la virtud de las personas particulares promueva libremente las acciones que vean convenientes y de las que cada uno sea capaz. Por ejemplo, en el artículo antes citado de la Oficina del Alto Comisionado de las Naciones Unidas para los Refugiados, ACNUR (Melzer, 2022), se menciona que algunas personas llevan juguetes a la frontera Polonia-Ucrania; otros ofrecen llevar a los refugiados al lugar que necesiten; otros ofrecen comida, o reúnen donativos. Es una cultura de apertura y acogida que cambia la vida de muchas personas, paliando un poco su sufrimiento en circunstancias dolorosas y a veces trágicas. Por lo tanto, se puede ver cómo la hospitalidad también sirve para regenerar el tejido social durante una guerra, y seguramente también lo hará después de que termine el conflicto.

No cabe duda de que si la hospitalidad fuera como una clave interpretativa de las relaciones entre personas (en este caso, entre naciones), las agresiones bélicas serían menos frecuentes y habría menos desigualdad e injusticia.

Referencias

Aristóteles (2002), *Política*, Madrid, Gredos.

Benveniste, E. (1969), *Le vocabulaire des institutions indo-européennes*, París, Éditions de Minuit.

Finley, M. (2002), *The World of Odysseus*, Londres, The Folio Society.

Homer Encyclopedia, Blackwell Publishing, 2011, "Barbarians". Disponible en ‹http://revproxy.brown.edu/login?url=http://search.credoreference.com/content/entry/wileyhom/barbarians/0›.

Homero (2013), *Odisea*, Pedro Tapia (trad.), México, UNAM.

Jin Kim, Hyun (2013), "The invention of the 'Barbarian' in Late Sixth-Century BC Ionia", en Eran Almagor y Joseph Skinner (eds.), *Ancient Ethnography. New Approaches*, pp. 25-48, Londres, Bloomsbury.

Kakridis, H. (1963), *La notion de l'amitié et de l'hospitalité chez Homère*, Doctoral dissertation, Université de Paris.

Kant, I. (1900), *Grundlegung zur Metaphysik der Sitten*, Kant's Gesammelte Schriften herausgegeben von der Königlich Preußischen Akademie der Wissenschaften.

Marco Pérez, A. (2007), Funciones de la hospitalidad en la *Odisea* de Homero, *Tonos: Revista Electrónica de Estudios Filológicos*, 14. Disponible en ‹https://www.um.es/tonosdigital/znum14/secciones/estudios-16-odisea.htm#:~:text=Cuatro%20funciones%20pueden%20se%C3%B1alarse%20de,%2C%20y%20d)%20did%C3%A1ctica%2Dsocial›.

Melzer, C. (2022), La población de Polonia se solidariza con las personas refugiadas de Ucrania. Disponible en ‹https://www.acnur.org/noticias/historia/2022/3/621e58954/

la-poblacion-de-polonia-se-solidariza-con-las-personas-refugiadas-de-ucrania.html>.

PABÓN S. de Urbina, José M. (2006 [original: 1967]), *Diccionario Manual Griego clásico-español*, Madrid, VOX.

SAÚL, F. (2019), *La hospitalidad en la Odisea*, México, Panorama/Universidad Panamericana.

Capítulo 2

De la guerra:
entre el desengaño y la esperanza

Rodrigo Ruiz Velasco Barba[1]

Íncipit

A los ojos de la cultura dominante –o hegemónica– en los días de la así llamada posmodernidad, la guerra aparece sumamente desprestigiada ante numerosos sectores de la conciencia occidental. En efecto, ¿no parecen absurdas las acciones encaminadas a producir deliberadamente el sufrimiento, la muerte y destrucción del hombre y su obra? A nadie se le puede escapar que esta actitud debe mucho al pacifismo, una suerte de ideología o mentalidad que ha permeado en el entorno, sobre todo tras las conflagraciones mundiales de la primera mitad del siglo xx. Hoy en día prevalece una atmósfera donde se exaltan la libertad y la autonomía absolutas, sean individuales o colectivas, al tiempo que suele condenarse o ponerse bajo sospecha casi cualquier forma de coerción externa.

Pese a esta óptica, Occidente ofrece un diáfano contraste cuando se advierte que la violencia asociada con toda suerte de conflictos bélicos –o de casi cualquier otro carácter– parece omnipresente en la cultura popular, como cualquiera puede comprobar al encender su televisor o acudir

---

a los más diversos medios de entretenimiento y comunicación social. Esta paradoja cobra un mayor dramatismo cuando se repara en una sociedad civil contemporánea que, mientras mayoritariamente asegura rechazar por principio las más diversas formas de violencia, no deja de tender hacia la aceptación moral de sus formas más extremas y desgarradoras, como refleja la despenalización y legalización del aborto en los ordenamientos jurídicos de diferentes Estados.[2] Dejando de lado estas contradicciones, el desdoro que sufren las luchas armadas –en general– ha repercutido en la dificultad de sostener públicamente que hubieren "guerras justas", tanto hoy como a lo largo de la historia. En este mismo tenor, tampoco resulta extraño que en tiempos recientes incluso el ejercicio de la coerción legal por parte de los cuerpos policiales sea crecientemente puesto en tela de juicio, o que en ocasiones hasta su empleo legal y legítimo conlleve un desgaste político para las autoridades.

Enseguida voy a ofrecer, sin afán de ser exhaustivo –sería absurdo pretenderlo en tan corto espacio–, un somero recorrido y reflexión en torno a los orígenes y caracteres de la guerra, de sus facetas al compás de la historia, en especial oteando su sentido y significado dentro de la cultura cristiana en tensión con el proceso de secularización. Trátase de escudriñar las raíces históricas y metafísicas de la guerra, así como de esbozar su evolución o desarrollo hasta la modernidad. Asimismo, dejaré entrever una postura respecto al futuro.

Ahora bien, ¿por dónde empezar? Casi siempre resulta conveniente atender al significado de las palabras y ofrecer una primera clarificación del concepto de "guerra". Si vamos al *Diccionario de la lengua española* (2014) nos encontramos con varias acepciones para esta palabra que deriva del germánico *werra*, tales son: "Desavenencia y rompimiento de la paz entre dos o más potencias", "Lucha armada entre dos o más naciones o entre bandos de una misma nación", "Lucha o combate, aunque sea en sentido moral", o simplemente "Oposición de una cosa con otra", acepción última

---

[2] Medítense las palabras de un prestigioso filósofo en célebre artículo publicado en el ocaso del siglo pasado: "La aceptación social del aborto es, sin excepción, lo más grave que ha acontecido en este siglo que se va acercando a su final" (Marías, 1992).

que entronca con el significado de violencia. Como refiere Álvaro d'Ors (1998: 116-117), eximio jurista y romanista, antiguo catedrático de la Universidad de Navarra, "la violencia es, en castellano, la fuerza que se pone a algo", mientras que en latín la palabra *vis* puede relacionarse con derecho, con fuerza al servicio del derecho e incluso con violencia ilícita. Luego, según el citado autor, en esa matriz de nuestra familia lingüística la *vis* puede co rresponder tanto a la violencia legítima como a la ilegítima.[3]

Remotos orígenes: mito e historia

Desde la tradición cristiana, nos dice el mismo d'Ors, resulta pertinente recordar que el hombre, a consecuencia del pecado original, padece una inclinación relativa hacia el mal, hacia el desorden. El pecado desde entonces se manifiesta como un desorden, como aquello que no se orienta hacia el buen y verdadero fin (Pieper, 1998: 43 y ss.). En este tenor, como se sigue de lo expuesto previamente, puede ser considerada violencia tanto la fuerza que atenta contra el orden, como aquella que busca la superación del desorden. Esta violencia puede situarse en lo moral, intelectual, físico o espiritual. Cuando ahora me propongo discurrir en torno a la guerra como fenómeno humano, no puedo ignorar que su origen, en última instancia según la Revelación judía y cristiana, parece perderse en la noche de los tiempos. Como se sigue de lo planteado en el siglo v por san Agustín (*La ciudad de Dios*), su comienzo espiritual es anterior a la caída de nuestros primeros padres revelada en el Génesis, remontándose a una rebelión angélica que luego se extendió a la humanidad para dar pie a las célebres dos ciudades establecidas sobre dos amores: la de Dios, establecida sobre el *amor Dei*, y la del hombre, fundada sobre el *amor sui*.[4] Es un señalamiento que considero pertinente, dado que la búsqueda de los orígenes de la guerra en su sentido

---

[3] Otro pensador en la misma línea concluye: "El mismo hecho violento, considerado en cuanto tal aun en la relación entre hombres, es moralmente neutro, lo cual significa que no puede ser juzgado sin tener en cuenta lo que especifica su índole moral: objeto, sujeto, fin y circunstancia" (Widow, 2001: 58).

[4] Véase también, para una acabada interpretación agustiniana de la historia, Caturelli (2005).

amplio, al menos desde la cultura católica, en tanto que trasciende el devenir meramente humano no debería prescindir de la teología ni de la historia.

Si atendemos a la guerra considerada como fenómeno propiamente histórico y humano, dice el británico John Keegan (1995: 21) –uno de los más reconocidos expertos en la historia de la guerra–, tiene también unas raíces muy hondas, "antecede a los estados, a la diplomacia y a la estrategia en varios milenios; la guerra es casi tan antigua como el hombre mismo y está arraigada en lo más profundo del corazón humano, un reducto en el que se diluyen los propósitos del yo, reina el orgullo, predomina lo emocional e impera el instinto". La antigüedad y persistencia de las guerras ha suscitado entre pensadores y científicos la pregunta sobre si la naturaleza del hombre es violenta o si, por el contrario, su agresividad es adquirida, y el tema ocasiona acalorados debates. La evidencia de que hay especies animales que son violentas con miembros de su misma especie ha sido esgrimida por los sostenedores de la agresividad natural del hombre. También hay quienes arguyen que el hombre es pacífico por naturaleza, y otros postulan que son sus condiciones materiales las que lo orientan en uno u otro sentido. En este viejo debate han intervenido neurólogos, genetistas, biólogos evolucionistas, psicólogos y antropólogos, refiere Keegan (1995: 109-126), sin llegar a consenso o respuesta concluyente.

En la faena de rastrear la guerra –dice el citado historiador británico– no es posible dejar al margen de las pesquisas los milenios previos a la invención de la escritura, esto es, incursionar en la prehistoria. ¿Eran los hombres de las cavernas, los del Paleolítico, o más tarde los del Neolítico, susceptibles de agredir organizadamente a otros seres humanos? Es muy probable que lo fueran. En el alto Egipto parece haber evidencias arqueológicas de incursiones guerreras de larga data, emprendidas por grupos que exterminaban a quienes pudieran encontrar sobre un territorio determinado –como mucho después entre los yanomami en el Amazonas o los maring en Papúa Nueva Guinea–, sin importar que fueran varones, mujeres o niños, varios milenios antes de nuestra era (Keegan, 1995: 158-159). Keegan, sin embargo, distingue entre incursiones o persecuciones que derivan en asesinatos multitudinarios y, en otro rango, las guerras propiamente dichas, según una visión más restringida que se relaciona con campañas organizadas "para la conquista y la invasión" emprendidas por clases militares diferenciadas. Al respecto nos dice que, aunque hay algunos indicios que podrían apuntar hacia los orígenes prehistóricos de este modo más desarrollado de guerra, "las pruebas son escasas y contradictorias". En mi opinión, no hay óbice a la hora de trazar una continuidad entre esas incursiones o "guerras primitivas", rudimentarias, y luego su materialización en sociedades de mayor complejidad y estratificación. En cualquier caso, a partir de los hallazgos existentes, asegura Keegan, no cabe ninguna duda de que la guerra "habría comenzado a causar problemas a los seres humanos mucho antes de la formación del primer gran imperio" (1995: 163).

Entre las pruebas de aquella guerra antigua, tal y como la considera Keegan, están las ciudades amuralladas. Es decir, las más primitivas fortalezas. Mucho antes habían aparecido el arco y la flecha, la "primera máquina" cuyo empleo migraría desde la caza a la guerra. Con el correr de los siglos sobrevino el mayor empleo del caballo como compañero del hombre en la lucha, y con éste el carro de combate, cuyos conductores fueron, según cree este especialista, "los primeros agresores de la historia". Para Keegan la guerra es cultura, y algunas culturas hicieron de la guerra el eje central de su modo de vida, todo un hábito de obtención de beneficios en campañas que a menudo eran libradas desde las inagotables estepas contra las sociedades de agricultores. El mongol Gengis Kan, una de las figuras tardías y arquetípicas de estos pueblos de guerreros ecuestres, respondería orgulloso a sus subordinados que el más grande placer de la vida era: "Cazar y vencer a sus enemigos, apoderarse de sus bienes, dejar a sus esposas llorando y gimiendo, montar su caballo castrado y servirse del cuerpo de sus esposas como camisón y respaldo". En diversas culturas la guerra fue convirtiéndose en "un fin en sí [mismo]"(Keegan, 1995: 236). No es difícil comprender que muchos siglos antes del famoso conquistador asiático, en torno al siglo v a.C., un célebre tratado que se atribuye al chino Sun Tzu (1996: I.1) sentenciara: "La guerra es [...] la provincia de la vida y de la muerte, el camino que lleva a la supervivencia o a la aniquilación".

Guerra y religión cristiana

A mi juicio, frente a culturas belicistas el cristianismo primitivo ofreció un contrapunto. Como se sabe, aunque el cristianismo surgió en el siglo I como una religión pacífica (es necesario distinguir frente a la posterior ideología del pacifismo), sus actividades proselitistas conllevaron el conflicto con las autoridades judías y romanas, y el desencadenamiento de una tenaz persecución durante los primeros siglos de su existencia. Si no estoy equivocado, pese a que los primeros cristianos no recurrieron a la violencia física es difícil sostener que su postura fuera de rechazo absoluto hacia la legítima profesión de las armas, como bien reflejan pasajes neotestamentarios como el del centurión romano Cornelio (Hechos 10), o la respuesta que brinda Juan el Bautista a los soldados (Lucas 3: 14). Una tesitura que, por otro lado, es congruente con su raigambre judía. ¿En dónde quedaría, si no, la campaña de Josué en la conquista de Canaán? ¿Qué decir de los soldados de Gedeón y de la gesta de los Macabeos? Empero, no fue sino a partir del siglo IV —cuando el imperio romano transitó desde la tolerancia con Constantino hasta la aceptación del cristianismo como religión oficial por parte de Teodosio, dándose el maridaje entre la cruz y la espada, entre el poder religioso y el político, vislumbrándose el Sol del papado y la Luna del imperio como ejes de la naciente cristiandad medieval— que los pensadores cristianos, desde san Agustín y Vicente de Beauvais hasta santo Tomás de Aquino, fueron elaborando una doctrina de la guerra justa conforme con la tradición y el derecho natural: así, la guerra debe ser convocada por una autoridad legítima, debe haber una justa causa y una recta intención.

En este sentido, san Agustín escribía a Bonifacio: "La guerra se hace para lograr la paz", o sea, para alcanzar la tranquilidad en el orden (Sáenz, 2006: 41). A este respecto, huelga recordar en los avatares del cristianismo lo que significaron las Cruzadas —que desde su visión fueron justificadas como una guerra defensiva contra los herejes o infieles, la primera de ellas predicada por el papa Urbano II en el año 1095 (Grousset, 2002: 9 y ss.)—, o el nacimiento de la caballería cristiana, sobre la que escribiese Raimundo Lulio (2014) en el siglo XIII. Antes que una condena tajante de cualquier guerra o violencia, muchos de los más importantes pensadores cristianos elaboraron una doctrina sobre las condiciones que debían reunirse para su legítima realización (De la Briere, 1944). Por supuesto, la religión cristiana consideró la guerra como una desgracia y a la paz como un supremo bien; pero reconociendo la inevitabilidad del conflicto por causa de la maldad y el desorden al que tiende una humanidad pecadora, desarrolló una doctrina encaminada al discernimiento de su justa causa y ejercicio en aras a limitar en lo posible sus devastadoras consecuencias.[5]

Esta doctrina de la guerra justa no se circunscribió al Medioevo, sus ecos alcanzaron situaciones de guerra civil relativamente próximas a nosotros en el tiempo y el espacio, si se recuerdan, en pleno siglo xx –en un mundo donde la Iglesia católica había perdido su hegemonía ante ideologías modernas y estallidos revolucionarios–, los años en que los católicos mexicanos se alzaron en armas contra el gobierno de Plutarco Elías Calles, desencadenando la llamada guerra de los cristeros (1926-1929). Fue una empresa que los sublevados, fundamentalmente gente del campo en el centro-occidente del país, llevaron a cabo persuadidos de la justicia de su causa, a la que estimaron como un último recurso en legítima defensa armada ante la violación de sus más esenciales derechos (González Morfín, 2009). Otro tanto podría argüirse respecto a la resistencia activa y armada contra el gobierno de la Segunda República española entre los años de 1936 y 1939, al que los alzados consideraban, a la postre con el aval de buena parte de la jerarquía eclesiástica peninsular, carente de legitimidad y perseguidor de la fe católica (d'Ors, 1998: 31 y ss.).

Guerra y modernidad

Respecto a la guerra, el mundo transformado por el proceso secularizador parece haber sufrido un doble efecto. Por un lado, la modernidad antropocéntrica, racionalista e ilustrada, ha sido caldo de cultivo intelectual para

---

[5] Sobre este punto recomiendo la lectura de Cantero (1999: 591-597) y de d'Ors (1954).

una cultura emergente que ve la guerra como una práctica atávica, destinada a superarse gradualmente durante la historia en nombre de la razón y de la maduración del hombre. Puede argumentarse que el vigor de esta tendencia se origina en el cristianismo, y, probablemente, pueda esto aceptarse en la medida en que, como dijera Chesterton, "el mundo moderno está lleno de ideas cristianas que se han vuelto locas". Es decir, en la medida en que la actitud pacífica del cristiano ha derivado en otra cosa sacada de quicio. Ya no se trataría de la configuración de la "paz" como "tranquilidad en el orden", establecida sobre la justicia y la caridad, sino como mera ausencia de guerras. El filósofo ilustrado Emmanuel Kant (2017: 66-67) avizoraba a fines del siglo XVIII un escenario donde, conforme corriesen los tiempos, iría "desapareciendo la violencia de los poderosos y aumentando la obediencia a las leyes [...] al principio, la guerra se hará más humana, a continuación, menos frecuente, y por fin desaparecerá totalmente en su faceta de acción agresiva".[6] Es una formulación, según creo, derivada de la fe ilustrada en el progreso lineal e indefinido, mito nodal de la modernidad.

Por otro lado, sin embargo, el Occidente moderno ha despreciado la mirada teológica y ética del cristianismo y en su lugar pretende dar respuestas fundamentadas en la voluntad, el cálculo y la racionalidad. Este proceso viene de la mano con la destrucción de la cristiandad medieval, la aparición del Estado moderno y la erosión de la moral religiosa que antes fuera hegemónica. Acerca de este cambio de paradigma, dejo de relieve un par de ejemplos

---

[6] Frente a esta postura, en el mundo moderno también ha persistido, entre cierto sector de intelectuales, una exaltación de la guerra, gnóstica y paganizante, como ocurre en Giulio Evola (1969): "El principio general al cual apelar para justificar la guerra en el plano de lo humano es el 'heroísmo'. La guerra, según esto, ofrece al hombre la ocasión de redescubrir al héroe que anida en él. Rompe la rutina de la vida cómoda y, a través de las más duras pruebas, favorece un conocimiento transfigurante de la vida en función de la muerte. El instante final en el cual un individuo debe comportarse como un héroe es el último de su vida terrestre y pesa infinitamente más en la balanza que toda su existencia vivida monótonamente en la agitación incesante de las ciudades. Esto es lo que compensa, en términos espirituales, los aspectos negativos y destructivos de la guerra que el paternalismo pacifista pone unilateral y tendenciosamente de relieve. La guerra, estableciendo y realizando la relatividad de la vida humana, estableciendo y realizando también el derecho de un 'más allá de la vida', tiene siempre un valor anti-materialista y espiritual". En las antípodas, o no tanto, es conocida la idea de Carlos Marx que se ve en *El capital*, donde "la violencia es la partera de la historia". Es una postura congruente con la afirmación de la lucha de clases como motor de la historia y la necesidad de la violencia revolucionaria en *El manifiesto del Partido Comunista* publicado en 1848 (Marx y Engels, 1969: 22 y 65).

entre sus teorizadores. Para el renacentista Maquiavelo, autor intelectual del moderno divorcio entre la ética y la política, la guerra viene a ser exclusivo monopolio del Estado y tiene por objetivo no sólo su defensa, sino también su expansión y enriquecimiento (García Jurado, 2015).[7] Por otro lado, entre las definiciones modernas más célebres de la *guerra* está la proporcionada por el prusiano Karl von Clausewitz (1999: 29), testigo y actor de las guerras napoleónicas, quien la definió como "un acto de fuerza que se lleva a cabo para obligar al adversario a acatar nuestra voluntad". Para él, "la guerra entablada por una comunidad y particularmente entre naciones civilizadas, surge siempre de una circunstancia política, y no tiene su manifestación más que por un motivo político. Es, pues, un acto político". Más aún, la guerra es "un verdadero instrumento político, una continuación de la actividad política, una realización de ésta por otros medios" (Clausewitz, 1999: 47).

Pareciera que, para Clausewitz, la guerra es, *per se*, de naturaleza política, perteneciendo a ella como la parte al todo. Es claro que Clausewitz refleja en su definición de guerra su propia *Weltanschauung*, una cosmovisión ilustrada y eurocéntrica donde la política está vinculada a los Estados modernos y su confianza en el cálculo y la razón. Si bien importantes autores consideran que Clausewitz ha sido algo distorsionado e incomprendido, es notorio que esa concepción supo encarnarse en el despliegue de la historia moderna, donde los diversos Estados-nación en su afán de autonomía y expansión han pretendido monopolizar la violencia y, luego, cuando ha sido necesario, militarizado a la suma del pueblo mediante la idea de "la nación en armas". Tal fue el camino hacia la "guerra total", particularmente tras la Revolución francesa de 1789 que tendría su desenlace en las guerras napoleónicas, el auge del colonialismo y después los grandes conflictos de la primera mitad del siglo xx, con todas sus funestas consecuencias bien conocidas (Ayuso Torres, 2017: 689). Entre ellas, la muerte de aproximadamente 70 millones de personas en ambas guerras mundiales, como resultado de la elevada capacidad de organización y movilización por los Estados modernos, así como del progreso científico-técnico aplicado a

---

[7] El propio florentino, autor de *El príncipe*, teorizó en 1520 sobre cuestiones estratégicas (Maquiavelo, 2001).

las tareas destructivas. Mención obligada es la culminación de la segunda Guerra Mundial con la inquietante aparición en 1945 de las devastadoras bombas nucleares arrojadas sobre las ciudades japonesas en Hiroshima y Nagasaki. Por lo dicho, puede argumentarse que la modernidad ha llevado consigo movimientos contradictorios. Por un lado, su creencia en que bajo el dominio de la razón las guerras habrían de agotarse; en tanto que la experiencia histórica, de la mano del asombroso cultivo de la ciencia y de la técnica al servicio de la voluntad de poder, ha llevado a unas guerras cuya letalidad no tiene precedentes.

Contra las ideas de Clausewitz, Keegan señala que, en especial durante una era atómica como la nuestra, la convicción de un *continuum* entre política y guerra resulta particularmente peligrosa: "Si no insistimos en negar [la tesis de Clausewitz], nuestro futuro [...] puede quedar decidido por los hombres con las manos ensangrentadas" (Keegan, 1995: 466).

El mundo en vilo

Destacados historiadores de la guerra divergen respecto del papel que las guerras seguirán desempeñando en el futuro. Keegan asevera que la guerra, cuando se muestra en su peor faceta, provocando la aniquilación de pueblos enteros atrapados en la espiral de violencia no fue, como se atribuye a Clausewitz, "la continuación de la política por otros medios", sino "el final de la política, de la cultura y, en último extremo, de la vida". Lejos de hacer suya esa perspectiva fatalista, este historiador inglés se muestra esperanzado en que el hombre ha dado también abundantes señales de su natural colaboración con otros de sus congéneres, y arguye que la guerra "va dejando de parecerles a los seres humanos un medio deseable o productivo". Su confianza en un mundo que logrará superar las guerras, como las enfermedades, parece fundamentarse en la evidencia de que los costes y riesgos de la guerra moderna superan por mucho los posibles beneficios. Asoma en él, pues, una confianza en la racionalidad y el sentido común, no muy distante de lo que esgrimiera Sigmund Freud en su momento, cuando entrevió el término de la escalada belicista sobre la base del temor a las formas "que las guerras futuras puedan adoptar" (Keegan, 1995: 116).

Si bien asoma en Keegan ese pertinaz optimismo respecto a la posibilidad de que los hombres puedan finalmente limitar significativamente las guerras ante el temor a una hecatombe nuclear, lo cierto es que, como cualquiera puede colegir, las previsiones de unas guerras en retroceso bajo el imperio de la razón y la negociación han resultado fallidas. Como bien refiere Miguel Ayuso,

> la idea de la paz a ultranza no ha conseguido eliminar la guerra –desde el fin de la segunda Guerra Mundial, momento de máximo clamor del ideal pacifista, no ha habido un solo momento sin alguna manera de guerra, y últimamente parece recrudecerse la marea bélica–, sino tan sólo desprestigiarla, en un proceso netamente regresivo (Ayuso Torres, 2017: 692).

En 1968 los historiadores Will y Ariel Durant calcularon que en 3 421 años de civilización solamente en 268 no habían ocurrido guerras. El desenlace de la segunda Guerra Mundial conllevó la creación de la Organización de las Naciones Unidas,[8] en una renovada apuesta por limitar los conflictos a través del diálogo y la racionalidad. Desde 1945 hasta la fecha, sin embargo, admite el mismo John Keegan (1995: 75-83), otros 50 millones de personas han muerto en conflictos bélicos.

El lituano Donald Kagan, otro moderno historiador de la guerra, excatedrático de la Universidad de Yale, tiene otra visión, que puede resultar desalentadora: "Durante los dos últimos siglos, los optimistas y los pesimistas han pronosticado el fin de la guerra, con diferentes argumentos. Se han equivocado. Al creer y desear el progreso, olvidan que la guerra ha formado parte persistente de la experiencia humana desde antes del nacimiento de la civilización" (Kagan, 2003: 18). Cree Kagan que, a la hora de estudiar las

---

[8] Tras la primera Guerra Mundial ya se había creado la Sociedad de las Naciones, que no logró contener la reanudación del conflicto en 1939.

causas de la guerra, los modernos no lo han hecho tan bien como otrora las establecieran los padres griegos de la disciplina histórica:

> Ha sido una característica de nuestro tiempo buscar las causas y orígenes de la guerra en fuerzas impersonales: la monarquía, la aristocracia y el espíritu militarista de una época anterior que los acompaña; las reversiones atávicas de la era moderna; la lucha de clases; el imperialismo; la carrera armamentística; los sistemas de alianzas, etc. [...] Los estudiosos modernos más sabios que analizan las guerras han llegado a la conclusión de que éstas ocurren por una razón fundamental: la competencia por el poder (Kagan, 2003: 20).

El poder vendría a ser "la capacidad de alcanzar objetivos deseados". En el mundo en que vivimos, dice, el poder "es consustancial al hombre, y la lucha por alcanzarlo, inevitable". Es inevitable que los Estados deseen obtener poder, o la seguridad que se obtiene por el poder (Kagan, 2003: 21). La búsqueda ilimitada de poder, considera este historiador, es algo natural, y los pueblos organizados van a la guerra por "honor, temor e interés". Para este especialista, la realidad histórica equivale a un baldazo de agua helada: "La persistencia de este tipo de pensamiento en una amplia variedad de Estados y sistemas a través del transcurso de milenios sugiere la indeseada conclusión de que la guerra forma parte, probablemente, de la condición humana y de que es muy posible que nos acompañe, todavía, por algún tiempo" (Kagan, 2003: 494). Y sentencia con un aparente y provocador realismo: "No es hacia la eliminación de la guerra hacia donde debemos dirigirnos porque ésa es una expectativa poco convincente". El juicio de Kagan deja un regusto amargo ahora que los tambores de la guerra vuelven a sonar en el Este de Europa, como persisten en Medio Oriente y África. Acaso los conflictos bélicos sólo puedan ser superados, o al menos atenuados, cuando los pueblos conformen una auténtica comunidad moral que sólo puede establecerse sobre cimientos más sólidos de los que pueden proporcionar el utilitarismo, la fe en la naturaleza y en la sola razón (d'Ors, 1954: 152). Aunque humanamente no se aprecie con claridad dónde ni cómo, confiemos en que a la postre así sea.

Referencias

Ayuso Torres, M. (2017), El problema del terrorismo y la guerra: pacifismo, terrorismo, nueva guerra y crisis de Estado, *Verbo*, Vol. LV, núm. 557-558, pp. 689-707.

Cantero, E. (1999), Derecho, guerra y justicia, *Verbo*, núm. 377-378, pp. 591–597.

Caturelli, A. (2005), *El hombre y la historia. Filosofía y teología de la historia*, Guadalajara, Folia-UAG.

Clausewitz, K. v. (1999), *De la guerra. Táctica y estrategia*, Barcelona, Idea universitaria.

De la Briere, Y. (1944), *El derecho de la guerra justa*, México, Jus.

Diccionario de la lengua española (2014), 23ª edición. s. v. "guerra." Real Academia Española y Asociación de Academias de la Lengua Española. https://dle.rae.es/guerra?m=form

d'Ors, Á. (1954), *De la guerra y de la paz*, Madrid, Rialp.

_______ (1998), *La violencia y el orden*, Madrid, Criterio.

Evola, G. (1969), Metafísica de la guerra, *Il Conciliatore.*

García Jurado, R. (2015), Machiavelli's Theory of War, *Signos filosóficos*, XVII (33), pp. 28-51.

González Morfín, J. (2009), *La guerra cristera y su licitud moral*, México, UP/Porrúa.

Grousset, R. (2002), *La epopeya de las cruzadas*, Madrid, Palabra.

Kagan, D. (2003), *Sobre las causas de la guerra y la preservación de la paz*, Madrid, FCE/Turner.

Kant, E. (2017), *Filosofía de la historia*, México, FCE.

Keegan, J. (1995), *Historia de la guerra*, Barcelona, Planeta.

Lulio, R. (2014), *El libro del orden de la caballería*, Córdoba, El Cid Editor.

Maquiavelo, N. (2001), *El arte de la guerra*, México, Fontamara.

Marías, J. (1992), La cuestión del aborto, *ABC*, 10 de septiembre.

Marx, C. y F. Engels (1969), *Manifiesto del Partido Comunista*, México, Grijalbo.

Pieper, J. (1998), *La cuestión del pecado*, Barcelona, Herder.

Sáenz, A. (2006), *La caballería*, Guadalajara, Asociación pro-cultural occidental.

Tzu, S. (1996), *El arte de la guerra*, México, Gernika.

Widow, J. A. (2001), *El hombre, animal político. El orden social: principios e ideologías*, Buenos Aires, Nueva Hispanidad.

CAPÍTULO 3

Homero y la inevitabilidad de la guerra: los orígenes del espíritu marcial

José María Llovet Abascal[1]

No os aconsejo la paz, sino la victoria.
Friedrich Nietzsche, *Así habló Zaratustra* (1883-1885)

Introducción

El 4 de agosto de 1914 Reino Unido le declaró la guerra a Alemania. Habría de perder en los siguientes cuatro años más de 800 mil hombres en el campo de batalla. Sería la guerra más violenta y atroz de la historia, al menos hasta entonces –hay quien dice que fue peor que la segunda Guerra Mundial–, no sólo por involucrar a todas las grandes potencias militares y económicas de la época, sino también por la introducción sistemática de elementos en ese momento desconocidos o poco usados: aviones de combate, tanques, submarinos, gases venenosos y armas biológicas. A pesar de eso, la noche del 4 de agosto de 1914 fue una noche de fiesta en Londres. Así lo relató años más tarde Angela Limerick, una ciudadana británica que en ese entonces era adolescente:

---

[1] Universidad Panamericana, Instituto de Humanidades, Ciudad de México.

Obviamente todo fue bastante irreal, quiero decir, muy emocionante. Recuerdo que cuando se declaró la guerra fui a las afueras del Palacio de Buckingham y celebré con toda la gente mientras el Rey y la Reina salían al balcón; estaba espantosamente emocionada, pensando que era espléndido que fuéramos a la guerra y todo eso. Fue muy diferente al estallido de la última guerra mundial, no hubo nada de eso (IWM, 2022).

Foto de la noche del 4 de agosto de 1914, en esta fecha
Gran Bretaña declaró la guerra a Alemania. Las multitudes aclaman
a los reyes y al príncipe de Gales. © IWM (Q 81832)

¿Cómo explicar que esa noche las multitudes se reunían para celebrar el inicio de un conflicto armado? Es cierto que en 1914 pocos podían imaginar las dimensiones de la catástrofe que se avecinaba. Quizá la *Pax Britannica* —el periodo de relativa paz en Europa y el mundo entre 1815 y 1914— les había hecho olvidar cuán brutal e inhumana puede ser la guerra. Según una opinión difundida en ambos bandos, el conflicto duraría poco (Castro, 2014). ¿Era una oportunidad para que los británicos mostraran una vez más su valía y superioridad, al precipitarse alegremente *once more unto the breach?* En realidad, no fueron sólo los británicos quienes mostraron esta clase de entusiasmo. El estallido de la guerra fue celebrado también en otras partes de Europa, especialmente en Alemania (Magrass y Derber, 2019: 90), al grado de que en junio del año siguiente Rosa Luxemburgo escribía desde prisión estas líneas:

> La escena ha cambiado radicalmente. La marcha de 6 semanas[2] sobre París se ha convertido en un drama mundial. El asesinato en masa se ha convertido en una tarea monótona, pero la solución final no parece estar más cerca. [...] Se ha ido la euforia. Pasaron los tiempos de las manifestaciones patrióticas en la calle [...] El espectáculo ha terminado. Ya no vemos los rostros risueños, sonriendo alegremente desde las ventanillas del tren a una población hambrienta de guerra (Luxemburgo, 1976: 266).

¿Por qué alguien manifestaría el mínimo entusiasmo ante el estallido de una guerra? ¿Por qué muchos jóvenes se enrolaban emocionados y felices y, en muchos casos, incitados por sus familiares y amigos? ¿Cómo es que alguien podría tener una opinión positiva sobre la guerra? ¿Qué razones podrían tener para desearla y exaltarla?

En los últimos cien años cambió notablemente la concepción que tenemos sobre la guerra. Dejamos de concebirla como algo inevitable o necesario y abandonamos toda pretensión de idealizarla. Seguimos todavía fascinados por ella, pero nuestra fascinación se ha trasladado al cine, las series y los videojuegos (un buen número de las producciones más espectaculares y exitosas siguen teniendo como tema principal la guerra: *Star Wars*, *Game of Thrones*, *Lord of the Rings*, *Avengers*, *Call of Duty*, etcétera).

El psicólogo estadounidense Steven Pinker se propuso explicar en su libro *The Better Angels of Our Nature* por qué la violencia ha disminuido en los últimos siglos y por qué vivimos en la época más pacífica de la historia. Pinker lo atribuye a una serie de factores, entre los cuales incluye lo que

---

[2] De acuerdo con el Plan Schlieffen, seis semanas era lo que le tomaría a Alemania invadir y derrotar a Francia.

llama los "mejores ángeles de nuestra naturaleza": la empatía, el autocontrol, el sentido moral y el hábito de razonar o pensar críticamente. En pocas palabras, Pinker piensa que somos más civilizados, sensibles, ilustrados, racionales y conscientes en comparación con los seres humanos de cualquier otra época. Aborrecemos la guerra porque *somos mejores*: hemos evolucionado moral e intelectualmente, hemos avanzado en la civilización hasta el punto de poder afirmar que la guerra, que ha acompañado al ser humano durante toda su historia, es una manifestación de barbarie y subdesarollo. Pinker afirma que, en los últimos cinco siglos, además de cultivar los mejores ángeles de nuestra naturaleza, hemos reprimido cada vez más los demonios internos que nos incitan a la guerra: la violencia depredadora, el dominio, la venganza, el sadismo y la ideología.

Aunque coincido con algunas de las tesis de Pinker, me parece que su diagnóstico es cuestionable. Es demasiado fácil. Les atribuye a quienes hacían la guerra con más frecuencia que nosotros, y con mayor entusiasmo, una privación sistemática de todo lo que nosotros supuestamente tenemos y que nos coloca en una posición privilegiada en comparación con ellos: eran ignorantes, insensibles, supersticiosos, no sabían controlarse; vivían en la anarquía y la barbarie, no conocían la democracia, el Estado de derecho ni el libre comercio; eran víctimas de ideologías perniciosas (como las religiones) y se tomaban en serio a tipos como san Agustín, a quien llama "estúpido" (Pinker, 2012: 76). Este autor parte de la perspectiva progresista típica que le atribuye ignorancia, estupidez, maldad o subdesarrollo a cualquier idea que no sea actualmente sostenida por la progresía: ¿por qué el mundo era más violento antes? Simple: porque funcionaba de acuerdo con ideas, valores y estructuras sociales que han sido superados. ¿Qué tendría que pasar para que el mundo volviera a ser otra vez extremadamente violento? Simple: que los conservadores ganaran la batalla cultural e impusieran otra vez sus ideas y valores retrógrados.

A mí me interesa entender por qué durante casi toda la historia la mayoría de las civilizaciones le atribuyó a la guerra un carácter ambivalente. Por un lado, nadie nunca negó que la guerra fuera terrible y deshumanizadora; pero, por otro lado, también se le atribuyó un papel civilizatorio, edificante y moralizante. No creo que la guerra fuera incitada solamente por esos demonios internos que menciona Pinker. La carrera militar fue por mucho tiempo una de las profesiones más nobles y estimadas. Durante milenios y de manera ininterrumpida, muchas sociedades confiaron los asuntos de la guerra a quienes consideraban sus mejores hombres. El más alto ideal moral de muchos pueblos estuvo asociado a la guerra: la mejor vida que una persona podía vivir, la más digna y excelente, era una vida dedicada a la guerra. La mejor muerte para este tipo de hombres era una muerte gloriosa, peleando por la tribu o la patria.

En las celebraciones por el estallido de la primera Guerra Mundial algo quedaba de esa mentalidad ancestral que exaltaba la guerra y proponía el espíritu marcial como un ideal moral loable. Después algo cambió.

En este texto quiero remontarme a los orígenes de esa mentalidad en la civilización occidental. El texto fundacional que durante la antigüedad inspiró a todo aquel que amara la guerra fue, por supuesto, la *Ilíada* de Homero.

¿Por qué hay guerra?

En el mundo de Homero la guerra no se puede evitar del todo, sólo se puede aplazar. En tiempos de paz cabe preguntarse no si habrá guerra, sino cuándo y cómo comenzará. Y la causa es siempre la misma: en algún momento los dioses decidirán que es hora de que los hombres volvamos a despedazarnos. ¿Por qué les interesa tanto que lo hagamos? A veces quieren castigarnos. A veces somos el daño colateral de sus propias disputas. A veces simplemente quieren divertirse a nuestra costa.

Hay que recordar que Zeus, que llegó al poder mediante la guerra, no reina sobre todo el Universo y sobre todas las cosas. Al terminar la titanomaquia, Poseidón, Hades y él se repartieron el Océano, el Inframundo y el Cielo. La Tierra es común. La noche está también fuera de los dominios de Zeus. Pero incluso donde reina, su control no es absoluto, constantemente debe reafirmar su supremacía y doblegar a quienes lo cuestionan, incluyendo a su propia esposa-hermana.[3]

En la *Teogonía* de Hesíodo (2005) la violencia y el afán de dominio son constitutivos de la divinidad: apenas se crea una condición apta para la disputa, ésta se desata. Urano impide que sus hijos abandonen el seno materno porque sabe que representan un peligro para su dominio. Su hijo-hermano, Cronos, finalmente lo castra. Cronos devora a los hijos que tiene con su hermana, Rea, porque sabe que le espera el mismo destino. La titanomaquia y la gigantomaquia son la consecuencia natural de la proliferación de dioses: alguien debe mandar y todo lo que un dios puede ambicionar además del dominio, como el honor[4] o determinada potestad o arma,[5] debe disputárselo con los demás dioses.

Zeus propone a los dioses unirse, aceptar su liderazgo y aliarse con los cíclopes para poner así fin a un conflicto que de otra manera parece que se prolongará indefinidamente:

> Escuchadme, ilustres hijos de Gea y Urano,
> para que os diga lo que el ánimo en el pecho me ordena.
> Pues ya por largo tiempo somos contrarios unos contra otros,
> por la victoria y el poder luchamos día a día,
> los dioses titanes y cuantos de Cronos nacimos.
> Pero vosotros, gran fuerza y brazos invencibles mostrad,
> contrarios a los titanes en la triste lucha, recordando
> el afecto propicio, cuánto habiendo sufrido a la luz
> nuevamente salisteis desde la cruel atadura
> por nuestra voluntad, desde la tiniebla brumosa
> (*Teogonía*: 644, 653).

---

[3] En el canto I de la *Odisea*, por ejemplo, Zeus dice que Poseidón debe permitir a Odiseo volver a casa. No se le puede simplemente ordenar como si fuera su subordinado, pero dice que, si Poseidón no hace caso, tendrá que enfrentarse a todos los dioses. I, 79.

[4] En la *Teogonía* (491), por ejemplo, el poeta dice que Zeus le arrebataría a Cronos "el honor" (τιμή) y "entre los inmortales habría de reinar".

[5] Por ejemplo, los cíclopes dieron a Zeus, Hades y Poseidón sus armas o poderes, con los cuales pudieron vencer a los titanes (*Teogonía*: 139-141).

Después del triunfo de los dioses olímpicos en la titanomaquia, sobreviene una relativa estabilidad: los titanes son encerrados y Zeus instituye un mecanismo para que se castigue a quienes violan los juramentos (783-806). A Hades y a Poseidón se les permite reinar en el inframundo y en el océano respectivamente. Zeus renuncia a la absoluta hegemonía para que haya un equilibrio, sin el cual la vida humana sería imposible: si la guerra entre los dioses fuera también inevitable y cíclica, como en el caso humano, no habría ninguna regularidad en la naturaleza, los hombres habitarían un mundo en extremo caótico. Las funciones asignadas a cada divinidad de manera permanente son garantes del orden cósmico y de una vida humana en la que cabe hacer planes, fundar ciudades, etc.[6] El hombre sigue a merced de los dioses, es cierto, pero ellos no pueden simplemente fulminarlo: hay un orden y una jerarquía que en principio deben respetar.

La guerra es inevitable porque los dioses la suscitan y lo hacen porque ellos tampoco son capaces de vivir en paz. La cadena de acontecimientos que provoca la guerra de Troya se puede rastrear hasta el momento en el cual Eris, por razones evidentes, no es invitada a los esponsales de Peleo y Tetis. Como venganza, ella lleva una manzana dorada que provocará el rapto de Helena y, eventualmente, la muerte del hijo de Peleo y Tetis: Aquiles. Además, la razón por la cual, en un principio, Tetis se casó con un mortal, Peleo, fue por el temor de Zeus de que Tetis engendrara a un dios capaz de derrocarlo. En los fragmentos que se conservan de las *Ciprias* (el primero de los poemas del ciclo troyano) se dice lo siguiente:

Hubo un momento en el que innumerables tribus [de hombres] errantes por la tierra, [agobiaban] la superficie de la tierra de profundo pecho. Zeus se apiadó al verlo y en su sagaz inteligencia decidió aligerar de hombres a la tierra de todos nutricia, atizando la gran querella de la guerra troyana, para que la despoblara el peso de la muerte. En Troya

---

[6]   Vernant lo explica así: "[Zeus] divide entre los dioses los honores y los privilegios. Instituye un universo divino jerarquizado, ordenado, organizado y que, por consiguiente, resultará estable. El teatro del mundo funciona, y el decorado está colocado. En su cima reina Zeus, el ordenador de un mundo salido originariamente del Caos" (Vernant, 2000: 36).

los héroes perecían y se cumplía la determinación de Zeus (*Escolio a Vind.* 61, min. a *Ilíada* I 5).

Los dioses, que son inmortales,[7] ven la guerra como un juego. "Chocaron entre sí con gran estruendo, la ancha tierra bramó, y el elevado cielo hizo sonar sus trompas. Zeus lo oyó sentado en el Olimpo, y su corazón se echó a reír de gozo, al ver a los dioses enfrentarse en una disputa" (*Ilíada*, XXI, 387-390). Cuando ellos no están peleando, su entretenimiento favorito es ver cómo los seres humanos lo hacen. Y el espectáculo es más divertido porque ellos intervienen, toman partido, se alegran con el triunfo de sus protegidos y se enfurecen cuando son derrotados, como si fuera una competencia deportiva. En el canto I, al introducir el tema de la cólera de Aquiles y su conflicto con Agamenón, el poeta dice: "¿Quién de los dioses lanzó a ambos a entablar disputa?" (I, 8). En la contraparte cómica de la *Ilíada*, que fue atribuida también a Homero en la antigüedad, la *Batracomiomaquia*, Zeus convoca a los dioses cuando está por comenzar la guerra entre ranas y ratones y les pregunta, bastante divertido, "¿Quiénes seréis los protectores de las ranas y quiénes de los afligidos ratones?" (173). Atenea se niega a proteger a los ratones porque causan destrozos en sus templos y con el ruido que hacen no la han dejado dormir últimamente. Sin tomar partido, les dice a los demás dioses: "Disfrutemos todos contemplando desde el cielo la contienda" (196).

En pocas palabras, la guerra es inevitable: pensar en un mundo sin guerra es irracional y estúpido, es como pensar que el fuego no caliente o el día no sea seguido por la noche. En su famosa comedia *La paz*, Aristófanes resumió perfectamente esta creencia fuertemente arraigada en la mentalidad del periodo arcaico: "No es del agrado de los bienaventurados dioses que las discordias concluyan, antes que el lobo celebre el himeneo con la oveja" (1075).

---

[7]   ¿Por qué si los dioses son supuestamente inmortales hay historias de dioses que mueren o algunos dioses a veces manifiestan el temor de morir? En general se puede decir que los dioses son inmortales porque no envejecen, su vida no tiene un curso natural que los lleve hacia la muerte inevitable: pueden vivir para siempre a menos que un acto violento les arrebate la vida.

Si siempre habrá guerra, ¿qué debemos hacer?

Si la guerra es inevitable, ¿qué actitud deberíamos asumir frente a ella? Acobardarnos e intentar rehuirla hasta el momento en el que no podamos ya evitarla, garantiza nuestra destrucción. La guerra es odiosa, sí, y puede terminar con todo lo que amamos, pero sólo si resultamos perdedores. En el canto XII de la *Ilíada*, Héctor se encara con Polidamante, quien ha propuesto renunciar a la avanzada de los troyanos hasta las naves aqueas, en un momento decisivo en el que parece que los dioses les sonríen y pueden obtener la victoria definitiva. Polidamante alude a un mal agüero y propone la retirada, pero Héctor le responde, airado: "El mejor agüero y el único es luchar en defensa de la patria. ¿Por qué tú tienes miedo del combate y de la lid?". Y le dice que su corazón no es "aguerrido ni luchador" (XII, 242-246). En una escena parecida –en el canto XIV–, pero en las tiendas de los aqueos, Odiseo vitupera a Agamenón por sugerir la retirada, cuestiona su autoridad y asegura que ha perdido el juicio (XIV, 95). Diomedes toma a continuación la palabra y exhorta a los aqueos a continuar el combate, aunque tratando de minimizar los daños que sufrirán: "Ea, vayamos al combate, aun heridos: es nuestra obligación" (XIV, 129-130).

El aprecio por la valentía, el anhelo de gloria, el amor por la violencia, ¿es algo más que masculinidad tóxica, testosterona desbordada y patriarcalismo arcaico? Sí: en un mundo en el que la guerra es inevitable porque ni siquiera depende de nosotros hacerla o no, sino que somos arrojados a ella con la misma necesidad con la que cae un objeto pesado suspendido en el vacío, el espíritu marcial se convierte en algo para nada trivial. No es un asunto de brutos, ni siquiera es algo relacionado con la barbarie: si de hacer la guerra depende nuestra supervivencia, debemos confiar esa tarea a los mejores hombres entre nosotros. El poder que hemos de darle a quien nos garantice que prevaleceremos es peligroso: puede también usarlo en contra nuestra y para su beneficio exclusivo, es cierto. Por suerte, deberá responder también a los dioses por su ejercicio. Y no es que los dioses aborrezcan exactamente la injusticia y la tiranía, pueden más o menos tolerarla: pero lo que sí aborrecen es la desmesura. Cualquiera que quiera mandar sobre nosotros deberá cuidarse de no enfadar a los dioses comportándose como si fuera uno de ellos. Quien reine con absoluto despotismo tarde o temprano ofenderá a algún dios. No queda de otra entonces que agradar a los dioses y estar bajo el liderazgo de alguien que nos prometa la supervivencia. Además, los dioses están pendientes del *kleós* de los hombres más sobresalientes. Por una parte, ellos son quienes otorgan a los hombres superiores sus talentos y les ayudan a destacar, pero también se espera de estos hombres que no sean mediocres ni cobardes, sino que enfrenten con grandeza de ánimo las adversidades, hagan lo que esté en sus manos por alcanzar la gloria y defender su honor, y sucumban a su destino con hombría. A todo esto apuntan las palabras con las cuales Héctor increpa a sus hombres en el canto XV:

> Combatid junto a las naves en masa compacta. Si uno de vosotros herido de disparo o de golpe cercano alcanza la muerte y el hado, ¡muerto quede! ¡No es una ignominia para quien defiende la patria quedar muerto! Detrás la esposa y los hijos quedarán a salvo, y su casa y su patrimonio incólumes, si los aqueos se marchan con las naves a su tierra patria (XV, 494-499).

¿De qué depende la supervivencia de la patria? Del favor de los dioses por una parte y por otra de la piedad, habilidad y valentía de sus guerreros. Héctor les grita a sus hombres cuando toma la armadura de Patroclo: "¡Sed hombres, amigos, y recordad vuestro impetuoso coraje!" (XVII, 185). El "sed hombres" es recurrente. En el canto XIII el poeta describe así al cobarde en contraste con el valiente:

> Al cobarde se le muda el color, uno se le va y otro le viene, y su ánimo en la mente no es capaz de estar quedo sin temblor: cambia de postura, apoya su peso alternando una y otra pierna, el corazón le palpita en el pecho con fuertes latidos, imaginando toda clase de parcas, y los dientes le castañetean; en cambio, al valeroso ni se le muda el color ni en exceso se intimida al tomar su puesto en una emboscada

de guerreros, e implora entrar cuanto antes en la liza funesta (XIII, 279-286).

¿Por qué alguien amaría la guerra? ¿Es porque ama la muerte? No: quien ama la guerra ama la vida, porque la paz no es más que el intermedio entre dos guerras y quien no tenga capacidad para la victoria no podrá jamás gozar ni siquiera de la paz. ¿Por qué exaltar la guerra y glorificar al valeroso? Porque sólo quien obtiene la victoria prevalece.

Amar y odiar la guerra

Si la guerra no sólo es inevitable sino que, además, debemos aprender a hacerla y salir victoriosos de ella para ser gratos a los dioses y sobrevivir, ¿eso implica ignorar las desgracias que trae consigo? Un lugar común en la antigüedad es la oposición entre Homero y Hesíodo en su opinión sobre la guerra. Hesíodo odia la guerra. Se refiere a la lucha como "espantosa" (710) y "no envidiable", aunque el ánimo la ansíe (665-667); al combate le pone el adjetivo de "ruinoso" (674) y "doloroso" (635). Su descripción del estado de guerra, antes del triunfo de los dioses olímpicos, subraya los aspectos negativos de la guerra: "Unos contra otros en combate doloroso venían combatiendo sin cesar por diez años; no había ninguna solución ni término de la difícil disputa para ninguno, y por igual se extendía el final de la guerra" (635-637); "Pues luchaban hacía tiempo con pena que aflige el ánimo los dioses titanes y cuantos de Cronos nacieron, enfrentándose unos contra otros en fuertes batallas" (629-632).

En los *Trabajos y días* es todavía más explícita su animadversión hacia la guerra. Ahí afirma que hay dos clases de discordia (Eris), una es la que provoca la guerra y otra la que provoca el afán de competencia:

No una sola clase de Discordia, sino sobre la tierra
hay dos; a una aplaudiría quien la conoce,
y la otra es reprobable: tienen corazón distinto.

> Pues una la guerra malvada y el combate multiplica
> cruel; ningún mortal la ama, sino que, por fuerza,
> según designios de los inmortales, honran a esta
> Discordia agobiante.
> A la otra la engendró primera la Noche tenebrosa,
> y la colocó el Crónida que reina en lo alto, habitante del éter,
> en las raíces de la tierra, y para los hombres es mucho mejor.
> Ésta incluso al sin manos igualmente al trabajo mueve,
> pues cualquiera desea trabajo al ver al otro
> rico que se esfuerza en cultivar y plantar
> y su casa instalar bien; cela al vecino el vecino
> que se esfuerza por la abundancia; buena es esta
> Discordia para los mortales (11-23).

Hesíodo es entonces el poeta de la paz, tanto que en un texto que se atribuyó a él (pero que sabemos ahora que es posterior) se narra un supuesto certamen entre él y Homero. El certamen lo gana Hesíodo porque, a juicio del rey que debe elegir al ganador, "era justo que venciera el que invitaba a la agricultura y la paz, no el que describía combates y matanzas" (*Certamen*, 206-208). Pero por mucho que Hesíodo odie la guerra, sabe que es inevitable: por más que los seres humanos, si de nosotros dependiera, quisiéramos dedicar nuestra energía a perseguir la prosperidad material, los dioses nos obligan a honrar esta "Discordia agobiante".

¿Es Homero el poeta de la guerra, sin más? Aunque es cierto que la *Ilíada* describe "combates y matanzas", también es cierto que el poeta expresa a lo largo de toda la epopeya el carácter ambivalente de la guerra. A lo largo de sus 24 cantos, el lector o escucha debe ser capaz de mudar de ánimo para enardecerse con las descripciones prácticamente sádicas de combates sangrientos, para después horrorizarse y compadecerse de las víctimas. Creo que es válido afirmar que Homero ama la guerra tanto como la odia. Evidencia de lo primero es, por ejemplo, el numeroso repertorio de expresiones con las que Homero describe la muerte de un héroe. Ninguna otra actividad humana –si se le puede llamar así a *morir*– es descrita en la *Ilíada* con semejante exuberancia expresiva. Tan sólo en el canto XX encontramos un total de ocho maneras de referir a la muerte, a veces con detalles en extremo violentos sobre cómo sucede: "El cerebro dentro quedó por entero machacado y lo doblegó en pleno impulso" (XX, 400); "Exhaló la vida con un bramido, como el toro brama cuando lo arrastran a las aras del soberano Heliconio" (XX, 402-403); "La punta de la pica se abrió un camino, recta junto al ombligo; se desplomó en hinojos con un lamento, lo envolvió una nube sombría, y se encorvó y se echó la mano a las entrañas" (XX, 416-420); "le arrebató el aliento vital" (XX, 459); "la negra sangre que de él manaba colmó el hueco de la coraza, y la oscuridad le cubrió los ojos, carente ya de aliento vital" (XX, 470); "hirió a Mulio en la oreja con la lanza; y al instante salió por la otra oreja la broncínea punta" (XX, 472-474); "La sangre calentó entera la espada, y los ojos cubrieron la purpúrea muerte y el imperioso destino" (XX, 476-478); "con un tajo de la espada en el cuello arrojó lejos la cabeza junto con la celada. Entonces la médula saltó palpitante de las vértebras, y quedó tendido en el suelo" (XX, 483-485).

Podría creerse que estas descripciones obedecen al hecho de que aquí Aquiles ha regresado apenas a la batalla y está especialmente encolerizado a causa de la muerte de Patroclo; el poeta, entonces, subraya su poderío y el grado de su cólera con estas imágenes vívidas de su capacidad destructora. Pero no es así: a lo largo de toda la epopeya se hace acopio de recursos poéticos cada vez que se describe en la batalla la muerte de alguien. En el canto XVI, por ejemplo, la muerte es descrita de estas maneras: "De sus ojos se adueñaron la purpúrea muerte y el imperioso destino" (XVI, 333-334); "la cabeza quedó colgando, y los miembros se le desmayaron" (XVI, 341); "y la niebla se vertió sobre sus ojos" (XVI, 344); "Los dientes saltaron al recibir el impacto, y se le llenaron los dos ojos de sangre; también por la boca y nariz abajo manaba de sus fauces; y la negra nube de la muerte lo cubrió" (XVI, 347-350); "y al caer lo abandonó el ánimo" (XVI, 410); "y la muerte se desparramó alrededor, segadora de vidas" (XVI, 414, 580); "y le extrajo el aliento de la vida" (XVI, 505); "el ánimo se fue de sus miembros y una abominable oscuridad lo apresó" (XVI, 606-607); "El aliento vital salió volando de sus miembros y marchó al Hades llorando su hado y abandonando la virilidad y la juventud" (XVI, 856-857).

¿Qué pretende el poeta despertar en el ánimo con estas descripciones? ¿Solamente el horror? Para nada. La muerte de un héroe es la gloria de otro: la muerte es bella aquí porque es obra de la grandeza de Patroclo, Aquiles, Diomedes, Héctor, etc. Las batallas en la *Ilíada* están pensadas para incitar el espíritu marcial y el deseo de notoriedad.[8] A diferencia de lo que sucede en Hesíodo, la guerra y la batalla no son siempre adjetivadas ni descritas de manera negativa, sino que a menudo son motivo de alegría y entusiasmo: "¡Mas recordemos la alegría de la lid ahora mismo! No hay por qué seguir aquí charlando y perdiendo el tiempo: pues una gran faena queda por hacer" (XIX, 148-150). Un poco después dice también Aquiles: "Por eso nada de lo que dices me importa, sino la matanza, la sangre y el doloroso gemir de los hombres" (XIX, 213-214).

En el canto XX, cuando Aquiles y Eneas se enfrentan, el poeta describe así el frenesí de Aquiles al entrar en batalla:

Del otro lado se lanzó el Pélida a su encuentro, como un león
famélico al que arden en deseos de matar los hombres reunidos
de un pueblo entero; al principio, camina lleno de desdén,
pero cuando uno de los mozos, henchido de marcial ímpetu,
 acierta con su lanza, se contrae con la boca abierta, la espuma
mana entre sus dientes, gime por dentro su encorajinado
corazón, con la cola los costados y los ijares a uno y otro lado
se fustiga, se incita a sí mismo a la lucha y con garzos ojos
se arroja derecho, furioso por asesinar a algún hombre,
o perecer él mismo entre los primeros de la multitud
(XX, 169-174).

---

[8] Según una tradición legendaria, Alejandro guardaba una copia de la *Ilíada* debajo de su almohada (Plutarco 8, 26).

Pero no todo es alegría por la lid y entusiasmo por el fragor de la batalla y anhelo de "lucha que otorga gloria a los hombres" (VI, 124). Hay otras partes de la *Ilíada* que son lúgubres y destilan amargura y horror por la violencia. También se alude al combate con el adjetivo de "entristecedor" (VII, 376). Néstor, en el canto IX, intenta calmar el ánimo exaltado de Diomedes, que está enojado con Agamenón porque éste ha propuesto abandonar el sitio: "Sin familia, sin ley y sin hogar se quede aquel que ama el intestino combate, que hiela los corazones" (IX, 63). Incluso hay momentos en los que el poeta quiere despertar la compasión en el escucha o mover a la ternura. Por ejemplo, en el canto XXIV se describe el duelo en Troya tras la muerte de Héctor, el poeta dice que Príamo se había revolcado en el suelo y "abundante estiércol envolvía la cabeza y el cuello del anciano" (163). Cuando discute con Hécuba si debe hacerle caso a Zeus e ir a rescatar el cuerpo de su hijo y ésta le advierte del peligro, responde: "Y si es mi sino morir junto a las naves de los troyanos, de broncíneas túnicas, lo prefiero. Que al momento me mate Aquiles con el cuerpo de mi hijo en brazos, tras saciarme el deseo de llanto" (224-227). Poco después pierde la paciencia con sus inútiles hijos todavía vivos: "Daos prisa, viles hijos, ruines! ¡Ojalá a todos juntos en vez de a Héctor os hubieran matado junto a las veloces naves! ¡Ay de mí, desgraciado por completo! Engendré los mejores hijos en la ancha Troya, y de ellos a fe que ninguno me queda" (252-254).

¿Qué hace sin embargo Príamo cuando se encuentra con Aquiles? Le besa las manos "terribles y homicidas que a tantos hijos suyos habían matado". Después del primer discurso de Príamo, Aquiles rompe a llorar también: "El recuerdo hacía llorar a ambos: el uno al homicida Héctor lloraba sin pausa, postrado ante los pies de Aquiles; y Aquiles lloraba por su propio padre y a veces también por Patroclo; y los gemidos se elevaban en la estancia" (509-512). Las primeras palabras que Aquiles le dirige, después de quedar "satisfecho de llanto" (513), son las siguientes: "¡Desdichado! ¡Cuántas desgracias ha soportado tu corazón!".

¿Y qué decir de la escena doméstica en la que Andrómaca y Héctor se lamentan de su destino, en el canto VI? Andrómaca le dice a su esposo: "Ya no habrá otro consuelo cuando cumplas tu hado, sino sólo sufrimientos"

(VI, 412-413). Héctor asegura que no le importa tanto el destino de Troya como el de su esposa y su hijo: "Mas ojalá que un montón de tierra me oculte, ya muerto, antes de oír tu grito y ver cómo te arrastran" (VI, 463-465). Luego Héctor se aproxima a su hijo y éste se asusta porque no reconoce a su padre, que está armado.

> Y se echó a reír su padre y también su augusta madre.
> Entonces el esclarecido Héctor se quitó el casco de la cabeza
> y lo depositó, resplandeciente, sobre el suelo. Después, tras besar a
> su hijo y mecerlo en brazos, dijo elevando una plegaria a
> Zeus y a los demás dioses:
> "¡Zeus y demás dioses! Concededme que este niño mío
> llegue a ser como yo, sobresaliente entre los troyanos,
> igual de valeroso en fuerza y rey con poder soberano en Ilio.
> Que alguna vez uno diga de él: 'Es mucho mejor que su padre',
> al regresar del combate. Y que traiga ensangrentados despojos
> del enemigo muerto y que a su madre le alegre el corazón"
> (VI, 476-481).

¡Que le alegre el corazón a su madre con ensangrentados despojos! Héctor no desea para su hijo y esposa una vida tranquila y pacífica. Lo que desea para ellos es que no perezcan ni sean esclavizados. En lugar de maldecir su condición de guerrero y rey, desea lo mismo para su hijo, pero con mejores resultados.

Conclusiones

El dogma de la inevitabilidad de la guerra va a adquirir una nueva expresión y formulación en el siglo vi a.C., con las doctrinas jónicas sobre la discordia. La guerra será nuevamente reivindicada. Ya no es necesario apelar a los dioses para mostrar que todo a nuestro alrededor es conflicto, guerra interminable entre opuestos. No sólo todos los seres vivos luchan entre sí por la supervivencia, de modo que vivir implica necesariamente matar, sino que además todo estado de cosas se origina a partir de fuerzas contrarias en tensión permanente. Heráclito lo expresó de la manera más radical posible: "Conviene saber que la guerra es común (a todas las cosas) y que la justicia es discordia y que todas las cosas sobrevienen por la discordia y la necesidad" (fragmento 80). El orden y la armonía, aunque de entrada parezcan incompatibles con la guerra y la discordia, sólo son posibles, de hecho, gracias a ellas: "Lo opuesto concuerda y de las cosas discordantes surge la más bella armonía y todo sucede según discordia" (fr. 8). De ahí entonces la doble caracterización de la guerra: "La guerra es el padre y el rey de todas las cosas; a unos los muestra como dioses y a otros como hombres, a unos los hace esclavos y a otros libres" (fr. 53). La guerra es padre porque genera y rey porque ordena (Baracchi, 2015: 269).

Una paz duradera o perpetua es simplemente inconcebible. Todo se origina en la discordia y se mantiene en la existencia por medio de ella. La paz sería equivalente a la aniquilación: sólo no está en conflicto lo que no existe.[9] Pero además el mecanismo universal mediante el cual se produce el cambio es la guerra, efecto de la discordia. Si algo ha de mejorar o empeorar, en ambos casos será por medio de la guerra. La guerra es destructora pero también edificadora y causa de la armonía.

En combinación con lo anterior, hay que decir que, en el siguiente siglo, el primero de la llamada época clásica, comienza a perder fuerza la noción de que el destino humano está completamente a merced del designio divino. No quiero decir que desaparezca de la conciencia helena, para nada. Los griegos seguirán todavía durante siglos consultando a los oráculos antes de tomar cualquier decisión importante, seguirán culpando a los dioses por sus desgracias y haciéndoles ofrendas con la esperanza de ser por ellos bendecidos.[10] Pero esta mentalidad puede perfectamente coexistir con una actitud práctica que prescinde de ellos con frecuencia. Uno hace

---

[9]   Para una reconstrucción de la doctrina de Heráclito sobre la discordia, véase Kahn (1979: 205-210).

[10]   Cf. Parker (2016) para un tratamiento detallado de la relación entre religión y guerra especialmente en el siglo V a.C.

las ofrendas y libaciones, por si acaso, pero luego concentra toda su inteligencia y energía en la ejecución de un plan como si su resultado dependiera meramente de causas naturales. Cada vez que haya un efecto positivo o negativo, se podrá atribuir *a posteriori* al designio divino, pero mientras se ejecuta el plan es con atención a causas meramente naturales que se hace tal o cual cosa o se improvisa de tal o cual manera. Hay dos causas que contribuyen al fortalecimiento de esta mentalidad, al margen del racionalismo paulatino que introduce la filosofía: por una parte, la proliferación de técnicas mediante las cuales se tiene la impresión de dominar ciertos aspectos de la naturaleza; la otra es la emergencia de ciertas instituciones políticas que introducen por primera vez la idea de que la felicidad humana puede depender en cierta medida no de los dioses y sus designios, sino de la polis en la que uno vive, de sus leyes y de sus líderes. Ambos elementos, por supuesto, siguen entremezclados con elementos religiosos, no hay propiamente artes ni política seculares, su práctica se da en un contexto con significados y rituales religiosos, pero eso no quiere decir que no haya también una cierta confianza en que la técnica y la praxis humana son capaces de conseguir ciertos objetivos importantes al margen de la intervención divina.

Esta transición se ve claramente en las diferencias entre Heródoto y Tucídides en el grado de poder causal que tiene la agencia humana en su propio destino: en Heródoto la agencia humana explica poco, los seres humanos tenemos nuestros deseos y planes, pero al final se cumple aquello que los dioses habían decidido o lo que corresponde a las leyes cósmicas que lo gobiernan todo: "el bienestar nunca es permanente" (I, 5,4), las injusticias son siempre castigadas, la desmesura conduce a la ruina,[11] etc. Heródoto detesta la guerra, pero en la línea de la misma mentalidad arcaica, acepta su inevitabilidad. Pone estas palabras en boca de Creso, por ejemplo: "Nadie es tan estúpido que prefiera la guerra a la paz, que, en ésta, los hijos sepultan a sus padres, mientras que, en aquella, son los padres quienes sepultan a los hijos" (I, 87,4). ¿Por qué, sin embargo, Creso partió a la guerra? Le echa

---

[11] Por ejemplo, de acuerdo con la explicación del mismo Heródoto, Creso, el rey de los lidios y quien inició las hostilidades contra los griegos, fue castigado por la divinidad "al haberse creído el hombre más dichoso del mundo" (I, 34, 1).

la culpa al dios, quien lo engañó diciéndole que "si iba a la guerra, un gran imperio sería destruido" (I, 53, 3). Al recriminarle al dios el supuesto engaño, éste le respondió, por medio de la Pitia, que había entendido mal el mensaje: el imperio que habría de ser destruido era el suyo. Pero, además, el dios le explica por qué le ha sucedido perder su reino a manos de Ciro (además de otras desgracias, hay que recordar que en algún momento Creso se considera a sí mismo el más feliz de los mortales): Creso expía la culpa de Giges, su antepasado, que derrocó al rey de Lidia y se quedó con su esposa. "Hasta para un dios resulta imposible evitar la determinación del destino" (I, 91, 1).[12] Esto quiere decir, entonces, que la guerra emprendida por Creso fue la manera en la que se cumplió el destino reservado para él por las Moiras.

En Tucídides, en cambio, la agencia humana en combinación con las causas naturales explica el desenlace de los acontecimientos.[13] En palabras de Paul Shorey (1930: 290), "Tucídides fue y ha sido ampliamente reconocido como un historiador científico en el sentido de que era un racionalista empedernido que despreciaba todas las interpretaciones teológicas o providenciales de la historia".

A medida que toma fuerza una mentalidad racionalista que es capaz de buscar explicaciones meramente naturales, la pregunta por la inevitabilidad de la guerra se puede replantear: si nuestro destino depende en cierta medida de nosotros,[14] ¿por qué no simplemente decidimos evitar la guerra, que es destructora y terrible? ¿Por qué no podemos vivir en paz? ¿Hay algo en la naturaleza humana, en la naturaleza de las comunidades humanas, que hace que la guerra sea inevitable?

Creo que es Aristófanes quien plantea en este contexto tal pregunta de la manera más honesta y radical posible. Detrás de las burlas y las

---

[12] Se refiere a que las Moiras han decidido ya cuándo morirá; esto está también presente en los poemas homéricos.

[13] Por ejemplo, en las narraciones sobre las mismas batallas de la Guerra del Peloponeso, Jenofonte les da mucha importancia a los sacrificios previos a las batallas, mientras que Tucídides rara vez los menciona, de lo cual se infiere que no piensa que fueran decisivos para el resultado (Parker, 2016: 129).

[14] La idea ya está sugerida en la *Odisea*, cuando Zeus explica que los hombres siempre están culpando a los dioses por sus desgracias, pero ellos también tienen gran parte de culpa. Si Odiseo no hubiera cegado a Polifemo, no habría entonces sufrido el castigo de Poseidón (I, 32-34).

críticas mordaces, de los chistes soeces y las situaciones ridículas, se esconde una verdadera inquietud que no es en absoluto cómica: ¿por qué no podemos dejar de guerrear? La perspectiva propia de la comedia es en este caso iluminadora: en la línea de la *Batracomiomaquia*, Aristófanes se atreve a preguntarse, con total seriedad, si no será la guerra lo más estúpido que los seres humanos somos capaces de hacer. Y, sin embargo, no tiene mucha fe en que podamos evitarla. Cualquier clase de pacifismo se enfrentará desde entonces a dos fuertes objeciones. Primero, ¿por qué ver con buenos ojos a quien desee abolir para siempre la guerra o por lo menos aplazarla tanto como sea posible? ¿No es esa idea la más peligrosa de todas, la que nos conducirá inexorablemente a la aniquilación? ¿Acaso no existimos y somos libres gracias a que nuestros antepasados tuvieron la hombría de pelear? Si nosotros arrojamos las armas, ¿quién puede garantizarnos que lo harán también nuestros enemigos actuales y potenciales? Y en segundo lugar: incluso si pudiéramos abolir la guerra, ¿estamos dispuestos también a eliminar el espíritu marcial, que constituye el ideal moral de toda una civilización? ¿Con qué vamos a reemplazarlo exactamente?

En *La paz*, el héroe, Trigeo, que se eleva al cielo en un escarabajo para rogar a los dioses el fin de la guerra, expresa así su ideal de vida: "¡Eso, por Zeus! Pasar la vida en paz con una hetera al lado, metiendo fuego al… carbón" (*La paz*, 439).

Referencias

Obras antiguas

ARISTÓFANES (2015), *Comedias II*, Luis M. Macía (trad.), Madrid, Gredos.

HOMERO (1978), *Himnos homéricos, La Batracomiomaquia*, A. Bernabé (trad.), Madrid, Gredos.

______ (2015), *Ilíada*, E. Crespo (trad.), Madrid, Gredos.

______ (2016), *Odisea*, J. M. Pabón (trad.), Madrid, Gredos.

HESÍODO (2005), *Teogonía y Trabajos y días*, Lucía Liñares (trad.), Buenos Aires, Losada.

KIRK, G. S., J. E. Raven y M. Schofield (comps.) (1987), Heráclito, en *Los filósofos presocráticos*, Madrid, Gredos, pp. 225-250.

V.V.A.A. (2016), *Fragmentos de épica, Grecia arcaica*, A. Bernabé (trad.), Madrid, Gredos.

Obras contemporáneas

BARACCHI, C. (2015), The Πόλεμος That Gathers All: Heraclitus on War, *Research in Phenomenology*, 45(2), pp. 267-287. Disponible en ‹http://www.jstor.org/stable/24659618›

CASTRO V., M. C. (2014), Freud en sus cartas durante la Gran Guerra: entre el horror y la condescendencia, *Desde el Jardín de Freud* 14, pp. 229-242. Disponible en ‹http://dx.doi.org/10.15446/djf.v14n14.46126›.

IWM (2022), *Voices of the First World War: Outbreak – 4 august 1914*. Disponible en ‹https://www.iwm.org.uk/history/voices-of-the-first-world-war-outbreak-4-august-1914›.

Kahn, C. (1979), *The Art and Thought of Heraclitus*, Cambridge, pp. 205-210.

Luxemburgo, R. (1976), El folleto Junius, en *Obras Escogidas*, Buenos Aires, Pluma.

Magrass, Y. y Ch. Derber (2019), *Glorious Causes: The Irrationality of Capitalism, War and Politics*, Routledge.

Parker, R. (2016), War and Religion in Ancient Greece, en K. Ulanowski (ed.), *The Religious Aspects of War in the Ancient Near East, Greece and Rome. Ancient Warfare*, Vol. I., Brill.

Pinker, S. (2012), *Los ángeles que llevamos dentro*, Barcelona, Paidós.

Shorey, P. (1930), [Review of *Thucydides and the Science of History*, by C. N. Cochrane], *Classical Philology*, 25(3), pp. 290-292. Disponible en ‹http://www.jstor.org/stable/262614›.

Vernant, P. (2000), *El universo, los dioses, los hombres. El relato de los mitos griegos*, Madrid, Anagrama.

Welch D. A. (1993), *Justice and the Genesis of War*, Cambridge, Cambridge University Press.

¿Hay guerras justas?
Reflexiones éticas y justificaciones morales

CAPÍTULO 4

Limitaciones a la libertad individual en nombre de la seguridad sanitaria

Víctor Hernández Ojeda[1]

Introducción

La emergencia sanitaria provocada por el SARS-COV-2 ha representado un desafío a la seguridad de nuestro mundo globalizado. Hoy, bienes, personas y también agentes patógenos pueden viajar en tiempo récord a bordo de un jet comercial. El propósito de este ensayo es explorar algunos de los cambios irreversibles en materia de seguridad internacional adoptados a partir de la pandemia, las narrativas que los justifican y sus impactos en la vida de las personas.

El nuevo paradigma de la seguridad internacional

Frédéric Gros, especialista en Foucault y sus reflexiones en torno a la biopolítica, considera la seguridad como un término polisémico, que ha tenido diferentes interpretaciones y significados en distintas épocas de la historia

---

[1] Universidad Panamericana, Facultad de Derecho.

(Gros, 2014: 31-46). A grandes rasgos, Gros identifica cuatro grandes concepciones de la seguridad:

La concepción clásica de la seguridad

Etimológicamente, *securitas* es la traducción latina del término griego *ataraxia* (imperturbabilidad del alma), el cual está centrado en el corazón de la filosofía helenística.[2] *Securitas* o *sine curae* se traduce textualmente como "sin preocupación" o "tranquilo". En ese sentido, la primera definición histórica del término "seguridad" refiere a un estado subjetivo, a un estado mental (Hernández, 2016).

Para los filósofos helenísticos (particularmente los estoicos), la imperturbabilidad del alma es el fruto de una serie de ejercicios ascéticos que vuelven al alma resiliente frente a los golpes del destino (el fracaso, los accidentes, etc.). Ante el océano del devenir, contingente, mutable y lleno de incertidumbre, el ser humano puede encontrar un oasis de seguridad dentro de su propia alma, haciéndose cargo sólo de aquello que está dentro del control del individuo.

---

[2] De acuerdo con Frédéric Gros (2014), mientras que el término *ataraxia* sólo es usado marginalmente en las éticas de Platón y Aristóteles, innegablemente está en el núcleo de las éticas helenísticas. La filosofía helenística tiene un profundo giro subjetivo ante la crisis política y cultural que representa el declive del mundo griego versus el auge del romano.

El orgullo griego sufrirá dos heridas de muerte. La primera es el imperio de Alejandro Magno. Para los aristócratas griegos, que se consideraban los más ilustrados entre los pueblos, devendrá una crisis de identidad tras la conquista militar por Alejandro de Macedonia de todas las ciudades griegas y del imperio persa. Para Alejandro, el súbdito griego es igual que el súbdito egipcio o persa, ninguno es mejor que otro. Tan convencido estaba Alejandro de esta igualdad que su primera esposa, Roxana, fue una extranjera, decisión que enfureció a sus generales.

El segundo golpe será la conquista romana de Grecia. Ante la crisis de la autopercepción de los griegos como un pueblo excepcional, ante la imposibilidad de emprender futuras campañas políticas y militares de expansión, no quedará más remedio que volver la mirada al interior, al último espacio de autonomía que le queda al ciudadano griego promedio.

Mientras que las éticas de Platón y de Aristóteles se basan en la idea de una excelencia accesible sólo a unos pocos disciplinados, doctrinas como el epicureísmo y el estoicismo pueden ser practicadas por ciudadanos y esclavos por igual, por reyes y por artesanos, por militares y por campesinos.

Concepción imperial

En la Edad Media, algunos teólogos, siguiendo una interpretación literal del Apocalipsis según san Juan y las cartas de san Pablo, consideraban que habría un periodo de 1000 años de paz, prosperidad y seguridad antes del advenimiento del fin del mundo y la lucha final entre el bien y el mal.

El inicio de este periodo de 1000 años estaría marcado por la desaparición de las fronteras y la unificación de todos los pueblos en una misma fe y una misma bandera.[3] Este acontecimiento constituiría, para todos los efectos prácticos, el fin de la historia.

La noción de imperio, de la constitución de un solo espacio político homogéneo que ha desterrado y aniquilado a la otredad, advierte el filósofo Frédéric Gros (2014), no es una reliquia de la Edad Media. Su versión más contemporánea fue la promesa de la primera guerra del Golfo (1990), la promesa de Bush padre de que, tras la caída del comunismo, el mundo se uniría en una *pax americana*, y la democracia liberal sería la regla en todo el mundo.

Concepción soberana de la seguridad

Los filósofos contractualistas (Hobbes, Spinoza, Rousseau, etc.) marcarán la pauta para el Estado moderno. Para las naciones europeas constituidas tras la Paz de Westfalia, la seguridad se entiende como la preservación del Estado en el tiempo. En la medida en que proteja la vida de sus habitantes, sus derechos, y siga existiendo como un ente con una personalidad política reconocida por otros Estados, el Estado cumplirá su propósito.

Gros sitúa en esta época el nacimiento de la distinción entre la seguridad exterior y la seguridad interior. En el caso de autores como Hobbes, Rousseau y Spinoza, el Estado vive en una especie de estado de naturaleza al convivir con otros Estados (dada la inexistencia de una sociedad global), y por tanto, la dimensión exterior de la seguridad es sinónimo de la política militar.

---

[3] Un paralelismo entre *imperio = paz* ya se encuentra también presente en el mundo romano, que justificó su expansión militar so pretexto de llevar la civilización a todos los confines de la Tierra.

Para los contractualistas, la seguridad es la razón de existir del Estado. No es la felicidad de los ciudadanos, como propondría Aristóteles (*Ética nicomáquea* VI, 8 1141 b23-28), y tampoco es garantizar la entrada en la vida eterna de sus súbditos, como propondrían los espejos de príncipes medievales.[4] Al ser autores postmaquiavélicos, adoptarán una postura un tanto más laica y pragmática en su filosofía política. Para los contractualistas, la seguridad se entiende como esa consistencia que le damos a la sociedad que va a permitir que la ley natural pueda cumplirse.[5]

Esta concepción de la seguridad imperó en Europa y sus colonias desde el siglo xix y hasta el final de la *guerra fría*.

Concepción biopolítica de la seguridad

De acuerdo con Frédéric Gros, toda concepción de la seguridad tiene al menos cuatro características: 1. Un objeto (¿qué se protege?: ¿el alma, un mundo unificado, un estado soberano?). 2. Un actor (¿quién hace las labores de seguridad?: ¿el hombre sabio, el emperador, el Estado?). 3. Un modo (¿cómo se hacen las labores de seguridad?: ¿mediante una serie de ejercicios espirituales, mediante la guerra y la paz?). 4. Un rango de acción (¿de qué nos protegen estas medidas de seguridad?: ¿de las inclemencias de la vida, de las divisiones del mundo, de invasiones extranjeras?).

Tras el final de la *guerra fría* florecieron múltiples nuevas escuelas y aproximaciones teóricas que repensaron la seguridad nacional más allá del sector militar y con objetos referentes distintos al Estado. Así, por ejemplo, los estudios feministas de seguridad pugnan por la seguridad de las mujeres, con independencia de su nacionalidad. El paradigma de la "seguridad humana" (propuesto por la onu en 1994), por otro lado, reconoce que, aunque el Estado es el principal garante de la seguridad de sus ciudadanos, también por acción u omisión puede ser un agente generador de inseguridad (mediante prácticas como la brutalidad policiaca, las ejecuciones extrajudiciales, el espionaje político, etc.) (Buzan y Hansen, 2016).

---

[4]   Tomás de Aquino (2000).

[5]   Cada contractualista tiene diferentes concepciones de la ley natural. Para Hobbes, la ley natural es la supervivencia. Para Locke, la ley natural es el derecho a la propiedad.

La nueva era de la seguridad no sólo considera la guerra como la amenaza principal a la seguridad internacional y el uso de la fuerza como el principal medio para contrarrestarla. La cuarta era de la seguridad, afirma Gros, tiene por objeto todos los ámbitos de la vida biológica del ser humano: su alimentación (seguridad sanitaria), los hidrocarburos que necesita para calentarse en invierno (seguridad energética), su salud y enfermedad (seguridad sanitaria), la información que genera (ciberseguridad), etcétera.

En un mundo globalizado, advierte Gros, la concepción soberana de la seguridad se queda corta, porque en un mundo interconectado está en el mejor interés de todos permitir los flujos: de dinero, de mercancías, de personas, de información, etc. Cuando un eslabón de la cadena se rompe, como ocurrió con muchas cadenas de suministro al inicio de la pandemia, todo el mundo lo resiente. Por eso la seguridad aeroportuaria busca despachar a los turistas tan pronto como sea posible. Por eso los mecanismos de vigilancia de los contenedores de los puertos se instalan para examinar la carga mientras se traslada a los camiones y a los trenes. Por eso no se congelan cuentas bancarias a menos que sea estrictamente indispensable. Si el flujo sigue su cauce sin demoras, todos ganamos.

La seguridad energética es, por excelencia, el paradigma de la seguridad de los flujos. No sólo es una rama de la seguridad dedicada a la protección física de refinerías y plataformas petroleras. La seguridad energética es fundamentalmente una disciplina logística que garantiza el flujo de la energía y el almacenamiento de reservas estratégicas por si se diera el caso de su interrupción.

Un retroceso para las libertades

La pandemia ha representado un retroceso, cuando menos parcial, hacia la tercera época de la seguridad. La primera reacción de muchos Estados-nación ante el anuncio de la pandemia fueron "manotazos" de soberanía: cierre de fronteras, exigencia de comprobantes de vacunación, toques de queda, uso obligatorio de sistemas de rastreo de contagios, etcétera.

En nombre de la seguridad sanitaria, miles de millones de seres humanos vieron limitada su libertad de movimiento, e incluso, en algunos casos, su libertad a decidir sobre su cuerpo. En Francia, por ejemplo, no se puede ingresar a restaurantes ni viajar en trenes si no se muestra un comprobante de vacunación o una prueba negativa de covid. Para quienes han optado por no vacunarse, el gasto que implica estarse realizando pruebas cada semana es sustantivo y ha limitado su capacidad de vivir una vida normal. Viven como parias, limitados a convivir sólo en ciertos espacios.

La movilidad no sólo se ha impactado por las restricciones, sino también por las violaciones a la privacidad que representa el rastreo de los contagios. El gobierno de Corea del Sur fue mundialmente aclamado por el uso obligatorio de códigos QR para rastrear el movimiento de personas en su celular so pretexto de notificarles si habían ingresado a un edificio donde se había reportado algún caso de covid. El rastreo gubernamental de los movimientos de un individuo, lo que antaño requería de la autorización de un juez de control, se convirtió en una herramienta de vigilancia masiva para fines epidemiológicos.

Países como los Estados Unidos ya habían implementado desde los ataques a las Torres Gemelas mecanismos de vigilancia masiva de nacionales y extranjeros. Las revelaciones de WikiLeaks y de Edward Snowden nos han provisto con una primera aproximación a las capacidades de estos sistemas. Lo que no se había autorizado hacer a las agencias de inteligencia en la guerra contra el terrorismo, hoy es una realidad en la guerra contra el covid. La recopilación de estos datos hace a periodistas, activistas, opositores políticos y ciudadanos comunes vulnerables al espionaje político, a una filtración accidental de estos datos, y a muchos otros peligros.

En opinión de Jorge Tello Peón (2020), exdirector del Centro de Investigación y Seguridad Nacional (Cisen), en tiempos de crisis (una guerra, un atentado terrorista) las medidas que vulneran la libertad en aras de readquirir seguridad suelen gozar de mucha legitimidad (de mucho apoyo popular), pero legitimidad no es sinónimo de legalidad y mucho menos de moralidad.

Por ejemplo, al inicio de la pandemia muchos municipios en México, excediendo las atribuciones legales del gobierno municipal, prohibieron el ingreso de personas externas a sus comunidades, en flagrante violación a la Constitución, que sólo permite limitar la movilidad al Consejo de Salubridad General y al presidente de la República mediante la declaratoria de un estado de excepción que limite el derecho al libre tránsito. Y aun así, muchas personas aplaudieron estas medidas en aras de la seguridad sanitaria.

El Acta Patriota promulgada después de los atentados del 9/11, la militarización de la seguridad pública en México en 2006, y muchas otras medidas que en su momento se anunciaron como medidas extraordinarias, temporales y presuntamente indispensables para salir de una emergencia de seguridad nacional, se han convertido en una excepción permanente.[6] La lección aprendida de estas experiencias históricas es que el terreno cedido en nombre de la seguridad nacional difícilmente se recupera. Desde el gobierno, muchos intentos por proscribir las normas que permiten a los servicios de inteligencia un amplio margen de discrecionalidad han sido recibidos con desdén y con sospecha.

Tomemos como ejemplo los tiroteos escolares en los Estados Unidos. Desde 1990 diversas escuelas han implementado la política de mochilas transparentes para poder ingresar a las instalaciones. La lógica es que, si todos los contenidos de la mochila están a la vista, es supuestamente imposible ingresar con un arma (Holder, 2019).

Una propuesta similar se hizo en Oklahoma en 2015. Con el objetivo de permitir que las cámaras pudieran identificar plenamente a las personas involucradas en la comisión de delitos, el Partido Republicano propuso prohibir el uso de *hoodies*, sudaderas con gorras que ocultaban el rostro de las personas (*The Source*, 2015).

Carrie Lam, jefa ejecutiva de Hong Kong, prohibió el uso de cubrebocas durante las manifestaciones de 2019 para identificar y arrestar a quienes protestaran contra el régimen comunista chino. Irónicamente, lo único que salvó a los habitantes de Hong Kong de los programas de reconocimiento

---

[6] Recuperando la expresión de Fabrizio Mejía.

facial fue el inicio de la pandemia, que permitió portar en todo momento cubrebocas (*Deutsche Welle*, 2019).

Todas estas medidas imitan el paradigma de la seguridad aeroportuaria implementado después de los atentados del 9/11. Si no tienes nada que ocultar, ¿por qué te incomoda que echemos un vistazo? La seguridad aeroportuaria es una estrofa magnífica de biopolítica, el gobierno de los cuerpos, la intromisión en la intimidad del cuerpo y la mente de la persona.

Pocas personas lo tienen presente, pero, al ingresar a los Estados Unidos, cualquier funcionario de aduanas puede revisar los contenidos de tu celular y computadora para permitirte el acceso al país, sin necesidad de solicitar una orden judicial a un juez de control. Negarse puede ser razón suficiente para ser enviado en un vuelo de vuelta a su país de origen (Harrington y Mark, 2019).

La seguridad aeroportuaria es la institucionalización de la paranoia, y el problema de la paranoia, desde una perspectiva epistemológica, es que siempre es plausible. Es plausible que la gente traiga algo peligroso en sus maletas, por eso debemos revisarlas. Es plausible que escondan dichos objetos entre sus ropas, por eso instalamos detectores de metales. Es incluso posible que las escondan dentro de su cuerpo, para ello diseñamos escáneres que pueden ver los órganos de las personas. ¿Pero qué tal si los astutos pasajeros han diseñado una forma de burlar incluso esos escáneres? Después de todo ya ha ocurrido en el pasado, traficantes han instalado placas de plomo para impedir que los escáneres de rayos X detecten el contrabando. Podríamos seguir el tren de pensamiento de la paranoia y entonces tomar la medida radical de disecar a todos los pasajeros que intenten abordar un vuelo, sólo así podremos desterrar toda duda acerca de lo que portan en su cuerpo. ¿Pero de qué nos sirve un pasajero muerto y disecado? ¿No fracasa entonces el objetivo de garantizar los flujos de dinero, bienes y personas que requiere el mundo globalizado? (Hernández, 2021)

Me temo que la pandemia, como advertía Tello Peón, ha servido para legitimar el gobierno sobre los cuerpos de las personas y la vigilancia masiva, y sin una movilización masiva de la sociedad civil organizada, difícilmente estos cambios podrán revertirse (Tello, 2020).

Ni las demandas de algunas ONG,[7] ni los escándalos de espionaje,[8] ni las filtraciones de los abusos cometidos en nombre de la seguridad nacional[9] han sido suficientes hasta el momento para contrarrestar las concesiones hechas a gobiernos, agencias de investigación criminal y oficiales de inteligencia en aras de la seguridad nacional.

Conclusiones

Me permito cerrar este ensayo con algunas reflexiones y una aclaración importante. No es mi intención hacer una apología del movimiento antivacunas. Desde un punto de vista epidemiológico, me parece razonable reexaminar la libertad de las decisiones médicas que se toman sobre el propio cuerpo. Vacunarse o no, portar cubrebocas o no, cuando es una decisión que puede impactar en la vida de otras personas, ciertamente es una decisión cualitativamente diferente a elegir someterse o no a un procedimiento quirúrgico optativo. En el segundo caso, nadie se ve impactado más que el paciente. En el primero, pueden prolongarse las cadenas de contagio y costarle la vida[10] a alguien más.[11]

Sin embargo, es innegable que los derechos ciudadanos de los habitantes de algunos países se han visto limitados por su decisión de no

---

[7] En México destacan colectivos como Seguridad sin Guerra, Mexicanos Unidos contra la Corrupción, Mexicanos contra la Delincuencia, etcétera.

[8] Como las revelaciones de que el gobierno estadounidense ha espiado por años a los presidentes de países aliados (México, Francia, Alemania, etc.). Revísese, por ejemplo, lo escrito por Nájar (2013).

[9] Como los actos de tortura cometidos en la prisión de Abu Ghraib durante la invasión de Irak, revelados en 2004, o las ejecuciones extrajudiciales de Tlatlaya, Palmarito y Nuevo Laredo cometidas en el marco de la guerra contra el narcotráfico en México.

[10] Incluso aunque no le costara la vida a nadie más, la sola prolongación de la pandemia puede contribuir al desarrollo de mayores casos de ansiedad y depresión, la otra epidemia paralela a la de covid-19, impactando significativamente en la calidad de vida de las personas, que tras dos años de encierro ansían volver a su vida cotidiana.

[11] Una discusión bioética semejante la han traído a la luz activistas como Danielle Orendain, quien problematiza si existe una obligación moral o legal de las personas que viven con una Enfermedad de Transmisión Sexual (ETS) de informar a sus parejas sexuales que la tienen. Quienes padecen una ETS ¿deberían estar obligados a vivir con un gafete que los identifique como portadores de un patógeno?

vacunarse, siendo en la práctica degradados a ciudadanos de segunda, confinados a habitar su comunidad sólo en ciertos espacios, una suerte de un nuevo *apartheid* sanitario.

Frente a la lógica de la inseguridad (puede que el pasajero porte algo peligroso en su maleta, en su vestimenta, en su cuerpo), que todo lo devora porque siempre es plausible, se le debe presentar como freno los derechos de las personas y las exigencias de la razón.

Las grandes consultorías contemporáneas de gestión del riesgo utilizan, por ejemplo, para prevenir el reino de la paranoia, matrices de riesgo. La versión más elemental de una matriz de riesgo pondera dos variables: la probabilidad de que un evento ocurra y su impacto. En estas matrices se priorizan los recursos para atender los fenómenos que ocurren con mayor frecuencia y aquellos cuyo impacto es catastrófico.

Si permitimos que la lógica de la inseguridad se apodere de nuestras vidas, viviremos con miedo. Es posible que nos ocurran mil tragedias al salir de casa: que nos caiga un meteorito, que tiemble, que nos impacte una bala perdida, todo ello es posible, plausible y composible.[12] Para los profesionistas de la seguridad, es un arte distinguir entre lo posible y lo probable. Sólo lo probable merece nuestra preocupación, todo lo demás es mera ansiedad. He aquí un ejemplo de una matriz de riesgo (tabla 1), donde se priorizan los fenómenos de las celdas más oscuras y con letras blancas:

| | PROBABILIDAD | | | | |
	Raro	Poco probable	Posible	Muy probable	Casi seguro
Despreciable	Bajo	Bajo	Bajo	Medio	Medio
Menores	Bajo	Bajo	Medio	Medio	Medio
Moderadas	Medio	Medio	Medio	Alto	Alto
Mayores	Medio	Medio	Alto	Alto	Muy alto
Catastróficas	Medio	Alto	Alto	Muy alto	Muy alto

(La columna de etiquetas de fila corresponde a CONSECUENCIAS.)

Tabla 1. Matriz de riesgo.

---

[12] Recogiendo la expresión de Leibniz.

El objetivo último de las labores de seguridad es librarnos no sólo de los peligros, sino también del miedo. El miedo que es la muerte de la libertad, el miedo que paraliza los proyectos humanos, el miedo que justifica las atrocidades más indecibles (Hernández, 2021).

Las sociedades contemporáneas viven asoladas por el miedo. Se pide con frecuencia a los ciudadanos que estén alerta de paquetes sospechosos, de conductas sospechosas, de personas sospechosas (Buzan y Hansen, 2016).

El general Dwight D. Eisenhower, comandante de los aliados durante la segunda Guerra Mundial y presidente de los Estados Unidos, pronunció un poderoso discurso en 1949 para hablar sobre la dicotomía entre seguridad y libertad. "Si los americanos quieren seguridad, pueden ir a la cárcel, ahí tendrán comida, vestido, sustento, nadie se meterá a su celda sin autorización previa... a lo único que deben renunciar para alcanzar esta seguridad absoluta es a su libertad".

Las labores de seguridad hechas a costa de la libertad de las personas no son labores de seguridad, son violencia. Ya advertía san Agustín en la *Ciudad de Dios* (V. 5), la delgada línea entre el ejercicio legítimo de la fuerza y la simple y llana violencia:

Si de los gobiernos quitamos la justicia, ¿en qué se convierten sino en bandas de ladrones a gran escala? Y estas bandas, ¿qué no son sino reinos en pequeño? Son un grupo de hombres, se rigen por un jefe, se comprometen en pacto mutuo, reparten el botín según la ley por ellos aceptada. Supongamos que a esta cuadrilla se le van sumando nuevos grupos de bandidos y llega a crecer hasta ocupar posiciones, establecer cuarteles, tomar ciudades y someter pueblos: abiertamente se autodenomina reino, título que a todas luces le confiere no la ambición depuesta, sino la impunidad lograda. Con toda finura y profundidad le respondió al célebre Alejandro Magno un pirata caído prisionero. El rey en persona le preguntó: "¿Qué te parece tener el mar sometido al pillaje?". "Lo mismo que a ti —respondió— el tener el mundo entero. Sólo que a mí, como trabajo con una ruin galera, me llaman bandido, y a ti, por hacerlo con toda una flota, te llaman emperador" (Agustín de Hipona, 1947).

Pedro Abelardo (1990), problematizando la distinción entre el ejercicio legítimo de la autoridad y la violencia, nos propone la siguiente reflexión: ¿cómo podemos distinguir entre un secuestro y un arresto conforme a la ley? Mecánicamente son indistinguibles. Ambos consisten en tomar a una persona contra su voluntad y llevarla a un lugar al que no quiere ir. En principio, lo único que podría distinguir ambos actos serían el fin de la acción y el modo en que se realiza. Si el Estado respeta protocolos y la racionalidad del uso de la fuerza, obra conforme a derecho. Si por el contrario ejecuta, extorsiona y tortura igual que los criminales, es indistinguible de ellos (Hernández, 2021).

La seguridad en sí misma no es un fin, es un medio (Rosas, 2011). La apuesta por la legalidad y las decisiones institucionales, en oposición a las decisiones discrecionales (aunque cuenten con amplio respaldo popular o técnico), es la única ruta si aspiramos a construir un mundo regido no por el derecho del más fuerte, sino por la fuerza del derecho.

Referencias

ABELARDO, Pedro (1990), *Ética o Conócete a ti mismo*, Pedro R. Santidrián (trad.), Madrid, Tecnos.

AGUSTÍN de Hipona (1947), Civitate Dei, en *Obras de san Agustín*, Vol. 17. Madrid, Biblioteca de Autores Cristianos.

ARISTÓTELES (2014), *Ética nicomáquea*, Julio Pallí Bonet (trad.), Madrid, Gredos.

AQUINO, Tomás de (2000), *Opúsculo sobre el gobierno de los príncipes*, México, Porrúa, 2000.

BUZAN, Barry y Lene Hansen (2016), *The Evolution of International Security Studies*, Cambridge, Cambridge University Press.

DEUTSCHE Welle (2019), Hong Kong's Carrie Lam announces face mask ban, 5 de octubre. Disponible en ‹https://p.dw.com/p/3Qhjw›.

GROS, Frédéric (2014), The Fourth Age of Security, en *The Government of Life: Foucault, Biopolitics and Neoliberalism*, Vanessa Lemm y Miguel Vatter (eds.), pp. 31-46, Nueva York, Fordham University Press.

HARRINGTON, Rebecca y Michelle Mark (2019), Federal agents can search your phone at the US border, even if you're a US citizen. Here's how to protect your personal information, *Business Insider*, 27 de agosto. Disponible en ‹https://www.businessinsider.com/can–us–border–agents–search–your–phone–at–the–airport–2017–2?r=MX&IR=T›.

HERNÁNDEZ, Víctor (2021), *Montesquieu y la construcción de la paz internacional*, México, NUN.

_______ (2016), *Necesidad de la seguridad humana en México*, tesina, Universidad Anáhuac.

HOLDER, Sarah (2019), The Empty Promise of the Clear Plastic Backpack, *Bloomberg*, 6 de noviembre. Disponible en ‹https://www.bloomberg.com/news/articles/2019-11-06/the-empty-promise-of-the-clear-plastic-backpack›.

NÁJAR, Alberto (2013), ¿Por qué México no reaccionó como Brasil y Francia ante el espionaje de EE.UU? *BBC*, 21 de octubre. Disponible en ‹https://www.bbc.com/mundo/noticias/2013/10/131021_mexico_espionaje_snowden_protesta_pena_nieto_calderon_nsa_an›.

ROSAS, Cristina (2011), *La seguridad por otros medios. Evolución de la agenda de seguridad internacional en el siglo XXI: lecciones para México*, México, UNAM.

THE Source (2015), New Bill Proposes to Make Wearing Hoodies Illegal, 3 de enero. Disponible en ‹https://thesource.com/2015/01/03/new-bill-proposes-to-make-wearing-hoodies-illegal/›.

TELLO, Jorge (2020), Implicaciones del covid-19 para la seguridad y gobernanza, México. Disponible en ‹https://youtube/7iKe1tymQFk›.

CAPÍTULO 5

¿Mexicanos al grito de guerra? Un breve esbozo sobre la guerra al interior de México (siglos XIX al XXI)

Íñigo Fernández Fernández[1]

Introducción

En este texto no pretendo hacer una revisión histórica de la violencia en México, tampoco aspiro a afirmar la existencia de un estado continuo de guerra interna a lo largo de sus poco más 200 años de vida como país independiente. Lejos de ello, lo que me anima a escribir estas líneas es explicar y contextualizar determinados momentos históricos donde las acciones bélicas intestinas, con sus distintas temporalidades y duraciones, tuvieron una mayor intensidad.

Entiendo que esta premisa puede resultar un tanto chocante si la contrastamos, por ejemplo, con nuestra política exterior de los siglos XX y XXI en las que las doctrinas Carranza, primero, y Estrada, a partir de los años treinta del siglo pasado, perfilaron las relaciones exteriores mexicanas "sobre el reconocimiento a los gobiernos que cada pueblo decide darse, con estricto respeto al principio de autodeterminación de los pueblos" (Galeana, 2007:

---

[1]   Universidad Panamericana, Escuela de Comunicación.

123), postulado que ha llevado al país a tomar una posición conciliadora y respetuosa ante las guerras que han tenido lugar en el ámbito internacional.

Es cierto que se trata de una contradicción que queda bien retratada en el refrán "candil de la calle, oscuridad de la casa" y que responde a dos visiones diferenciadas del concepto de guerra. Por un lado, se encuentra la habitual, que responde al enfrentamiento de los ejércitos de dos o más Estados soberanos para alcanzar fines específicos; por el otro, que es afín con la visión que presento aquí, se halla la del sociólogo Gaston Bouthoul, quien la definió como la "lucha armada y sangrienta entre agrupaciones organizadas" (González Calleja, 2000: 303). La perspectiva de Bouthoul no distingue entre lo local y lo internacional y, en cambio, concibe la guerra como un ejercicio de orden por parte de los combatientes para la consecución una meta, y señala su ubicación en un tiempo, espacio y contextos determinados, lo que le otorga a cada conflicto una especificidad única.

En el caso mexicano considero que la guerra interna responde a dos procesos claramente identificables en su historia. El primero, ubicado entre 1810 y 1867, encarna, como lo apuntó O'Gorman, los esfuerzos realizados para dotar a México de su ser como "una nueva y singular entidad que no puede confundirse con ninguna anterior a ella [los mundos prehispánicos y virreinal]; pero que [...] ni necesariamente tenía que producirse como se produjo" (1986: 9). Para O'Gorman, el punto de partida de este esfuerzo fue el inicio de la Guerra de Independencia y su final estuvo marcado por el fusilamiento de Maximiliano de Habsburgo en 1867, pues implicó el triunfo del ser republicano de México.

El segundo proceso, consecuencia del anterior y que está aún vigente, ha implicado la concepción, aplicación y reajuste de proyectos de nación que, aunque la historiografía mexicana ha buscado engarzar como si se tratara de una sucesión continua y natural de propuestas, tuvieron continuidades, pero también rupturas de carácter violento que pusieron en evidencia la inoperancia y simulación de aquellas instituciones políticas que están destinadas a evitar el estallido de estos conflictos al interior de las sociedades.

Primer proceso. La búsqueda del ser nacional (1810-1867)[2]

Una de las mayores paradojas del imperio español en las primeras décadas del siglo xix fue que el inicio del movimiento emancipatorio novohispano coincidió con la lucha que España encabezaba para recuperar su independencia del dominio francés. En este contexto se entiende que, tanto para el virreinato como para su metrópoli, la guerra tuviera una connotación de justicia, aunque desde trincheras claramente diferenciadas, al tiempo que se volviera un término fundamental en el discurso político de ese tiempo.

La prensa aún novohispana se volvió un espacio de defensa, difusión y promoción de la guerra para ambos bandos. Mientras que el gobierno virreinal defendía que:

> Como es indispensable la guerra para establecer la paz desde el momento que se rompe el vínculo suave de la unidad de los pueblos entre sí, ha sido preciso batir á los orgullosos antipatristas que con engañosos pretestos intentaron usurpar estos dominios sobre las bases del terrorismo, para fundar una dominacion enteramente contraria al sistema de nuestras leyes, y á la fraternidad que habia unido el mundo antiguo con este nuevo (Goyeneche, 1811: 1205).[3]

Los partidarios de la lucha por la independencia arengaban a sus partidarios que peleaban contra ellos alegando que

> en este punto nuestro sentir es el mismo que el vuestro, sin mas diferencia, que vosotros prolongando esta guerra insensata é injusta os exponeis que todos seamos, atacados por los Vasallos de Josef

---

Napoleon, que destruirian el Cristianismo entre nosotros, como lo han destruido en España (Anónimo, 1811: 24).

La historiografía mexicana suele afirmar que la Guerra de Independencia novohispana fue en particular cruenta, la más de todas las americanas. Aunque no hay información precisa sobre el número y la distribución de las defunciones, si se sigue el desarrollo de las acciones militares, podemos presumir que la mayor parte de los fallecimientos se dio entre 1810 y 1815, con los movimientos de Miguel Hidalgo y José María Morelos; que tuvo una marcada caída de 1815 a 1820, con la política de indultos del virrey Juan Ruiz de Apodaca y la falta de liderazgo insurgente, y que resurgió, aunque no con el vigor inicial, entre 1820 y 1821 con la reactivación de la insurgencia bajo el mando de Agustín de Iturbide.

La consumación de la Independencia, el 27 de septiembre de 1821, en principio debió suponer el fin del estado de guerra en México, entonces constituido en imperio. Sin embargo, la realidad mostró que tal presunción era incorrecta pues las hostilidades cambiaron de protagonistas. En lugar de confrontarse insurgentes contra realistas,[4] ahora lo hacían los mexicanos entre sí.

Considero que hay al menos dos factores que ayudan a explicar esta situación. El primero, y más importante, es el ejército. Fernández de Velasco (1967: 107) apunta acertadamente que:

El militarismo en el momento de la consumación de la independencia estaba en pleno apogeo. La capital de México, y el pueblo en general, brindó a ilustres generales el unánime aplauso con que los mexicanos recompensaban los distinguidos servicios de sus hijos. Pero el ejército colonial que coadyuvó con Iturbide se constituyó en el azote de las libertades y en el sostén de las clases privilegiadas, siendo él mismo una clase privilegiada.

---

[4] En Nueva España, la lucha por la emancipación fue un fenómeno complejo que, si bien permeó en la sociedad, no generó consensos de carácter estamental. Así, y a manera de ejemplo, del mismo modo que encontramos peninsulares que la apoyaron, el caso de Xavier Mina, hubo criollos, como Lucas Alamán, que la rechazaron.

En este contexto inicial hay un hecho que permite entender el papel que tendrían las fuerzas armadas en las guerras civiles de las primeras cinco décadas de vida independiente. Cuando se hizo público que España no reconocía la independencia de México, la otrora Nueva España, empezaron los roces entre el Congreso constituyente, recientemente establecido, y la regencia, encabezada por Agustín de Iturbide, respecto a cuál de ambos poderes iba a tener más fuerza.

El conflicto se resolvió –y he aquí la semilla del problema al que me refiero– con un albazo. Durante la noche del 18 de mayo de 1822, el sargento Pío Marcha recorrió las calles de la Ciudad de México gritando "¡Viva Agustín Primero, Emperador de México", llamado al que se sumaron los militares y parte de la ciudadanía de la capital. Probablemente se trató de un ardid del propio Iturbide, pues esa misma noche salió al balcón de su casa para dirigir a la multitud una proclama en la que afirmaba que "el ejército y el pueblo de esta capital acaban de tomar un partido: al resto de la nación corresponde aprobarle o reprobarle" (Memoria política de México, 2022). Ante estos hechos, el Congreso no tuvo más opción que coronarlo como emperador el 21 de julio de 1822.

A partir de este momento se evidencia que el ejercicio del poder transitaba por las manos y el apoyo de un ejército cuyos miembros tenían distintas posturas ideológicas, lo que no pasó desapercibido para los líderes de los grupos políticos. Esta situación dio origen, en principio, a una época de pronunciamientos y proclamas –luchas intestinas, al fin– producto de la unión de civiles y militares contra sus pares que detentaban el poder (Fowler, 2009). El punto culmen de esta situación se alcanzaría entre 1857 y 1861 con la guerra civil conocida como Guerra de Tres Años o Guerra de Reforma.

Lo anterior pone de manifiesto las deficiencias del sistema político mexicano, segundo factor al que haré alusión. La independencia del país no fue producto de un consenso en torno a un proyecto inicial de nación claramente definido que planteara la urgencia de transformar las estructuras económicas, sociales e incluso religiosas heredadas del régimen español; se forjó sobre la idea de que lo importante era alcanzar la autonomía a cualquier precio, de tal modo que el medio se convirtió en un fin. Ello no resulta extraño si se considera que en el tramo final de la guerra por la emancipación (1820) se forjó una la alianza entre antiguos enemigos: los realistas, encabezados por Agustín de Iturbide, y los insurgentes, representados por Vicente Guerrero. A pesar de las diferencias existentes entre ambos líderes (el primero con ideas monárquicas y famoso por perseguir a los defensores de la insurgencia, el segundo siempre desconfiado y defensor de las ideas republicanas), ambos hallaron en la búsqueda del fin del dominio español un factor de cohesión, al menos hasta que la libertad se alcanzara.

Así, aunque México nació como una monarquía moderada en 1821, la condición anterior, sumada a la ausencia de una constitución que delimitara los alcances de los poderes ejecutivo, legislativo y judicial, fueron factores que obstaculizaron su desarrollo, de tal modo que el ejército, de nueva cuenta, y los republicanos se sublevaron para dar fin al imperio.

Lejos de ser la solución, este episodio devino en el inicio de una época de inestabilidad con un sistema electoral en extremo complejo, y siempre cuestionado por prácticas fraudulentas, y una política en donde la confrontación de proyectos de gobierno, todos republicanos, poseía una limitante que señala Lempérière:

La decisión de adoptar la república fue, pues, relativa. No dio lugar a la definición de nuevos principios políticos [...]. La república no era más que la nueva identidad política de la nación independiente y la forma republicana de gobierno, la encargada de garantizar el ejercicio de los derechos y deberes reafirmados [...]. Se adoptaba la república, ante todo, por falta de un monarca [...] (Lempérière, 2005, s. p.).

Esta falta de definición, que, como afirma la propia Lempérière, no implica la ausencia de republicanos convencidos, dio origen a una agenda de gobierno −que no de nación− en donde la discusión de temas fundamentales, como el papel político de la Iglesia católica, por ejemplo, llevó a agrias disputas que transitaban con asombrosa facilidad de las curules al campo de batalla. Así, entre 1823 y 1855, el poder ejecutivo fue ostentado por 31 presidentes, lo que da una duración promedio de poco más de un año por mandatario. Resulta evidente que esta situación obstaculizó el desarrollo y la consolidación de las instituciones políticas al tiempo que dio protagonismo al ejército como un medio para hacerse del poder y generó un constante estado de guerra en México.

El final de la guerra entre México y Estados Unidos (1846-1848) marcó un parteaguas en la historia nacional, no porque se acabaran la violencia y la inestabilidad, más bien por el surgimiento de dos proyectos de nación definidos: el conservador (apegado a la tradición española) y el liberal (inspirado en Estados Unidos). Aunque cada uno de ellos tenía sus especificidades, y algunas coincidencias, como el respeto a la propiedad privada, el problema de la violencia radicó más con cuestiones de fondo que de forma. Los liberales se hallaban entonces en el poder y para muchos de ellos las leyes e instituciones eran instrumentos destinados a procurar el progreso del país: "Las convicciones al respecto van desde el fetichismo de la ley y la institución, asignando a éstas facultades milagrosas, hasta los que siguiendo un idealismo práctico creen que, dentro de ciertos límites, el derecho público ejerce una acción transformadora de la realidad" (Reyes Heroles, 1957: X).

El liberalismo mexicano impuso su proyecto de país, como lo hubieran hecho los conservadores de haberse hallado en su posición y bajo las mismas circunstancias, y aspiró a transformar a México por medio del control de los tres poderes de la Unión, de la publicación de leyes y de la promulgación de una nueva constitución –la de 1857– que afectaban a los dos grandes pilares del conservadurismo, pues quitaba privilegios al ejército y a la Iglesia, así como propiedades a la segunda. Este radicalismo y la debilidad de las instituciones políticas llevaría al estallido de la ya mencionada Guerra de Tres Años o de Reforma.

Esta confrontación dividió a liberales y conservadores, civiles y militares, laicos y clero, y aunque la ganaron los liberales, fue el preámbulo de otro conflicto, ahora de carácter internacional, que tuvo lugar entre 1862 y 1867, con la invasión del ejército francés y el establecimiento del segundo imperio mexicano, encabezado ahora por un europeo: Maximiliano de

Habsburgo. La resistencia republicana liberal, encabezada por el presidente Benito Juárez, no dio cuartel y tras sufrir cuantiosas bajas derrotó a los franceses y monárquicos y también consiguió "el triunfo de la posibilidad del ser republicano sobre la del ser monárquico; pero más profundamente, fue la conquista de la nacionalidad misma" (O'Gorman, 1986: 88). Con esta afirmación, polémica y discutible en la actualidad, O'Gorman parte de la idea de que, tras la victoria liberal y la fundación de la República Restaurada, en 1867, el proyecto de nación conservador dejó de ser viable y el conservadurismo no desapareció pero sí quedó como una ideología que perdió toda posibilidad real de alcanzar el poder.

Segundo proceso. Aplicación y reajuste de diversos proyectos de nación (1867-2022)

Como consecuencia del triunfo anterior, en la República Restaurada (1867-1877) y el porfiriato (1877-1911) se logró revertir el estado de guerra generalizada que había existido en México, establecer un sistema electoral más sencillo (voto universal masculino directo) y contar con gobiernos estables y fuertes que poseían un proyecto de nación de corte republicano liberal.

Estos 44 años en los cuales el ejército se mostró, en general, leal al poder ejecutivo, permitieron el desarrollo económico y material del país, no así el político, que se caracterizó por el autoritarismo y la simulación, condición que permitió a más de uno creer que la tan anhelada paz había llegado a México para quedarse de una vez por todas. En realidad, ello no sucedió. El proceso de pacificación, particularmente el encabezado por Porfirio Díaz, se basó en la conciliación con unos grupos, cierto, pero también en la represión a otros, como fue el caso de los indígenas. Muestra de ello fue la Guerra del Yaqui, por la que los indígenas de esta etnia se levantaron contra el gobierno para evitar ser despojados del agua y de sus tierras; un conflicto en el que:

La violencia ejercida por el Estado llegó al grado de que [...] muchos jefes y combatientes yaquis fueron deportados a otros estados del país en calidad de prisioneros de guerra y obligados a trabajar como esclavos o jornaleros con sueldos de miseria, en una maniobra de acoso y aniquilamiento que, de acuerdo con muchos estudiosos de la historia, constituyó un verdadero genocidio (Comisión Nacional de Derechos Humanos, s. f.).

Algo similar sucedió con los obreros, grupo social que creció rápidamente gracias al acelerado proceso de industrialización que protagonizó México en el gobierno del general Díaz. Dado que, por un lado, la Constitución no reconocía la existencia de este grupo y, por el otro, imperaba la noción de que "lo que la ley no contempla, está prohibido", el proletariado optó por pelear por sus derechos a través del estallido de huelgas. Si bien las más reconocidas en la historia nacional son la de Cananea, Sonora, en 1906 y Río Blanco, Veracruz, en 1907, sus orígenes se remontan a la década de los años ochenta del siglo xix. Afamados o no, estos movimientos concluían de la misma manera: la represión violenta a manos de las fuerzas del Estado.[5]

Si al alba del siglo xx México parecía ser una nación pacífica, la prosperidad económica de unos cuantos y la injusticia social en la que se hallaba sometida la mayoría de la población, el anquilosamiento de un gobierno encabezado por un dictador octogenario y el surgimiento de una generación de mexicanos que buscaba la democratización del sistema político fueron algunos de los factores que dieron origen a la Revolución mexicana (1910-1917) que, más allá de este epígrafe convencional, fue una nueva guerra civil.

La historiografía nacional ha atribuido a la lucha revolucionaria la muerte de entre 300 mil y 500 mil mexicanos (El Colegio Nacional, 2020).[6]

---

[5] En el caso de Cananea, se sumó un destacamento de los *Rangers* de Arizona a la represión de la huelga.

[6] El cálculo tradicional sobre el millón de muertos se basa en la diferencia entre el número de habitantes que manifiestan los censos de 1910 y de 1920. Varios investigadores, Javier Garciadiego entre ellos, cuestionan

A pesar de estas discrepancias, las cifras son de consideración, pues comprenden entre 2 y 3% de la población censada en 1910, y remiten a una lucha marcada por la violencia. Considero que hay dos factores que mucho abonaron a ello.

El primero es la duración. La Revolución no fue una lucha breve; por el contrario, se prolongó poco más de seis años, lo que representó una sangría continua, si bien un tanto irregular. Este hecho se puede explicar por el segundo aspecto al que me refiero: la división interna. La historiografía tradicional se ha referido a este evento en singular, como si quienes participaron en él hubieran peleado por un conjunto compartido de ideas y contra el mismo enemigo. Nada más lejos de la realidad. Hubo algunos momentos en los que los revolucionaron pelearon juntos (contra Porfirio Díaz y Victoriano Huerta), mientras que, en otros, la mayoría, combatieron entre ellos para imponer su proyecto revolucionario. Ello toma sentido si se tiene presente que cada revolucionario tenía su idea de lo que debía ser la lucha: para Francisco Madero implicaba la fundación de un nuevo orden político basado en la democracia; Venustiano Carranza la consideraba el camino para que la Constitución de 1857 recuperara su redacción original; para Emiliano Zapata era el camino para hacer justicia social a través del reparto de tierras comunales; en tanto que Francisco Villa la concibió como el recurso para convertir a los campesinos mexicanos en pequeños propietarios. Visto así, era imposible que estos líderes hubieran peleado por la misma causa.

El triunfo del proyecto de Venustiano Carranza marcó la culminación de la Revolución como lucha y el establecimiento de un gobierno militar, pero no el fin de las acciones armadas. Hubo varios líderes revolucionarios, como Emiliano Zapata, que optaron por seguir con sus levantamientos en aras de defender sus reivindicaciones sociales. La construcción del Estado revolucionario implicó, como condición necesaria para su existencia, el combate contra estos grupos disidentes, lo que no resultó sencillo en un principio, pues lo que anteriormente había sido el ejército mexicano, ahora

---

este dato porque no diferencia entre quienes fallecieron en la lucha revolucionaria y los que fueron víctimas de la influenza española (1918-1920).

era un conjunto de grupos y gavillas armadas, leales a sus jefes y no al presidente de la República, como lo establecía la Constitución de 1917. Para contar con fuerzas armadas leales, los presidentes, todos ellos militares, debieron llevar entre 1917 y 1940 una serie de reformas militares que en muchas ocasiones fueron verdaderas purgas.

En el marco de este proceso estallaría un nuevo conflicto, ahora de carácter religioso: la Guerra Cristera. Entre 1926 y 1929 el gobierno y la Iglesia católica tomaron de nueva cuenta las armas y por motivos similares a los vividos en el siglo XIX; es decir, por la confrontación entre dos proyectos de país: uno liberal y laico que abrevaba de la Leyes de Reforma y de la Constitución de 1917, y otro de carácter confesional que propugnaba por la reinstauración de un orden político basado en la unión entre la Iglesia y el Estado.

Aunque la confrontación no alcanzó dimensiones nacionales –pues no se combatió en gran parte del norte y del sureste del país sino que se focalizó en la región del Bajío–, fue bastante cruenta, de tal modo que se estima que en ella murieron 250 mil personas, además de que un número similar de connacionales tuvo que exiliarse en Estados Unidos (Danés Rojas, 2008: 82).

El año de 1929 no sólo marcó el fin de la Guerra Cristera, también fue el escenario para la fundación del Partido Nacional Revolucionario (PNR),[7] en un contexto en el que, según palabras de Plutarco Elías Calles, su fundador:

> la misma circunstancia de que quizá por primera vez en su historia se enfrenta México con una situación en la que la nota dominante es la falta de *caudillos,* debe permitirnos, va a permitirnos, orientar definitivamente la política del país por rumbos de una verdadera vida institucional, procurando pasar, de una vez por todas, de la condición histórica de país de un hombre a la de Nación de instituciones y de leyes (Cienfuegos Salgado, 2012: 39).

---

[7] En 1938 cambió su nombre a Partido de la Revolución Mexicana (PRM) y en 1946 tomó su nombre actual: Partido Revolucionario Institucional (PRI).

La razón de ser de esta institución era la de aglomerar y disciplinar a las cabezas revolucionarias, todas ellas militares, para acabar con la inestabilidad política, particularmente en los procesos electorales, e iniciar la construcción de un país estable y pacífico basado en instituciones controladas por los revolucionarios y ya no por liderazgos caudillistas.

Si bien lo anterior dio los resultados esperados, e incluso ayudó a que los civiles ocuparan la presidencia del país desde 1946, también se prestó para el establecimiento de una supuesta democracia tras la cual se hallaba una dictadura de partido que recurrió al corporativismo y a la represión. Así, a partir de 1947 la seguridad interna del país quedó en manos de la Dirección Federal de Seguridad (DFS), que hizo las veces de policía política y estuvo a cargo de la vigilancia y represión de grupos subversivos. Es de llamar la atención que esta instancia se creara menos de un año después de la llegada de los civiles al poder, bajo el gobierno de Miguel Alemán Valdés, y en el contexto de la *guerra fría*, en la que, si bien el presidente se declaraba al margen de este conflicto, terminaría por alinearse con los posicionamientos anticomunistas estadounidenses.

Los gobiernos mexicanos de fines de los años cuarenta y a lo largo de los cincuenta afirmaban tener una visión democrática de la política, cuando en realidad se oponían al "reconocimiento de la (co)existencia de grupos autónomos con intereses diferentes y a veces contrapuestos, y que la articulación de los mismos debe, necesariamente, pasar por su reconocimiento y participación" (Ermida Uriarte, 2005: 263).

Así, la simulación combinada con la falta de espacios públicos en los que los grupos sociales pudieran externar sus puntos de vista y dialogar con la autoridad llevó al surgimiento, en los albores de los años sesenta, y en determinados puntos de la geografía nacional, de grupos guerrilleros de filiación comunista –el Partido de los Pobres, la Asociación Cívica Nacional Revolucionaria y la Liga Comunista 23 de Septiembre, por mencionar algunos de los 490 grupos de los que se tiene registro– que, conscientes de la imposibilidad de llevar a cabo por la vía de la política los cambios políticos, económicos y sociales que deseaban, se vieron obligados a recurrir a la vía armada para alcanzarlos. Como el gobierno mexicano de entonces se hallaba en las antípodas de la política actual de "abrazos, no balazos", recurrió rápidamente a la DFS y a las fuerzas armadas para perseguir y silenciar a estos grupos y, con ello, dio origen a lo que conocemos como la "guerra sucia".

Aunque bajo este concepto englobamos una serie de prácticas ilegales por parte de la autoridad, como la desaparición forzada, la tortura, el asesinato, los "vuelos de la muerte" y la privación ilegal de la libertad, no existe un consenso entre los especialistas sobre su duración. Hay quienes la sitúan entre los años sesenta y ochenta, mientras que otros amplían su fin hasta el año 2000.

A reserva de lo anterior, a lo largo de las décadas, el proceder del gobierno mexicano respondió a una lógica que Camilo Vicente define como el circuito de la detención–desaparición. Tras un trabajo profundo de investigación y documentación, las autoridades identificaban a los elementos "subversivos" para proceder a su detención y aislamiento en un centro clandestino donde eran interrogados y torturados física y psicológicamente. El proceso podía culminar en alguna de las siguientes maneras: la aparición de los detenidos, ya fuera vivos o muertos, o, bien, su desaparición física (Vicente, 2018: 20-21).

El sometimiento de estos grupos permitió al gobierno recuperar la "paz social" sin necesidad de abrir espacios para entablar un verdadero diálogo político con los grupos que aspiraban a las grandes transformaciones sociales. Cierto es que asumió como necesario, más aún con la llegada del neoliberalismo a partir de 1985, el incremento de políticas asistenciales –Procampo y Pronasol son claros ejemplos de ello– que paliaran, más no que resolvieran, las condiciones de vida de los grupos sociales menos favorecidos, que eran los mismos que habían nutrido y defendido a las organizaciones guerrilleras en el pasado.

En este contexto, Camilo Vicente Ovalle defiende una hipótesis interesante, en la que afirma que el combate contra la insurgencia guerrillera ha continuado bajo la modalidad de la lucha/guerra contra el narcotráfico, y que a las formas de violencia anteriormente señaladas se sumaron el secuestro y la aparición de cuerpos con señales de tortura o mutilados

(Vicente, 2018: 567). En este sentido, el periodista William Finnegan escribió en el año 2012 que "antes del 2000, bajo el [mandato del] PRI, los grupos criminales prosperaron [...]. Había líneas bien entendidas que los cárteles no podían cruzar" (Finnegan, 2012: s.p.); éstas se empezaron a desdibujar con la llegada del Partido Acción Nacional al poder el 1º de diciembre del 2000.

A diferencia de la lucha contra los guerrilleros, la guerra contra el narcotráfico –aun antes de que el presidente Felipe Calderón la declarara oficialmente en el 2006– ha generado un conflicto armado en México de gran complejidad en el que ha aumentado el número de grupos involucrados (cárteles, marina, guardia nacional, autodefensas y ejército), así como la extensión de éste en casi la totalidad del país. Lo que hoy está viviendo México puede definirse como una guerra de baja intensidad cuya peculiaridad más grande es, a mi entender, que las formas de violencia que mencioné anteriormente ya no son monopolio del gobierno mexicano, como había sido en el pasado. Hoy en día los grupos de narcotraficantes también las aplican, al tiempo que cuentan con arsenales que rivalizan y en ocasiones superan a los que poseen las fuerzas armadas. Tal vez ésta sea una de las razones por las cuales de diciembre de 2006 a junio de 2021 ha habido "350 000 personas [muertas] y más de 72 000 continúan desaparecidas" (Pardo Veiras y Arredondo, 2021, s.p.).

A manera de conclusión

A la luz de los hechos analizados a lo largo de este texto, la guerra ha estado presente en México durante su historia como nación independiente. Lejos de ser una cuestión propia de la constitución del ser mexicano al que me referí en las primeras páginas –lo que implicaría la imposibilidad de cambio–, considero que esta situación encuentra su origen, y, en consecuencia, una de sus posibles soluciones, en el ámbito de lo político.

Una revisión de la historia nacional permite observar que los periodos de aparente paz se dieron bajo regímenes dictatoriales, encabezados ya fuera por individuos o por el partido hegemónico, en los que el orden se cimentó bajo las formas de la represión y las relaciones clientelares. Fuera de estos casos, el país ha vivido momentos de inestabilidad que fomentaron la confrontación, los cuales, bajo distintas manifestaciones, se han constituido en guerras intestinas (la Revolución, la Guerra Cristera, la "guerra sucia" y la encabezada contra el narcotráfico).

Detrás de ambos fenómenos subyace una misma problemática: la preponderancia de regímenes políticos poco eficientes en la defensa de la justicia social y la falta de construcción de consensos nacionales. Se requiere el respeto del marco jurídico, particularmente en lo concerniente a la administración de la justicia y la aplicación de la ley en todos los niveles, y el establecimiento de los mecanismos propios de un verdadero sistema democrático que dote a la ciudadanía de los instrumentos necesarios para hacerse escuchar y participar activamente en la toma de decisiones. Reconozco que la atención a estos aspectos no puede ser considerada como una solución definitiva en la materia, pero al menos representa la posibilidad de dar un paso firme hacia delante en la construcción de una cultura de la paz que tanta falta nos hace en México.

Referencias

ANÓNIMO (1811), A los americanos que militan baxo las banderas de los europeos Flon y Calleja, *El despertador americano*, 3 de enero, 24.

CIENFUEGOS Salgado, D. (2012), *Régimen jurídico electoral del presidente de los Estados Unidos Mexicanos*, México, El Colegio de Guerrero.

COMISIÓN Nacional de Derechos Humanos (s.f.), *Sublevación de los yaquis; las compañías deslindadoras extranjeras los despojan*. Disponible en ‹https://www.cndh.org.mx/noticia/sublevacion-de-los-yaquis-las-companias-deslindadoras-extranjeras-los-despojan#_ftn5›.

DANÉS Rojas, E. (2008), *Noticias del Edén: la iglesia católica y la Constitución mexicana*, Tamaulipas, Universidad Autónoma de Tamaulipas.

ERMIDA Uriarte, O. (2005), Diálogo social: teoría y práctica, *Derecho & Sociedad* (24), pp. 261-270. Disponible en ‹https://revistas.pucp.edu.pe/index.php/derechoysociedad/article/view/16980›.

FERNÁNDEZ de Velasco, M. (1967), El militarismo en la vida del mexicano hasta 1855, *Estudios de historia moderna y contemporánea de México* (2), pp. 97-113. Disponible en ‹https://doi.org/10.22201/iih.24485004e.1967.01.69228›.

FINNEGAN, W. (2012), The Kingpins. The fight for Guadalajara, *The Newyorker*, 25 de junio, s.p. Disponible en ‹https://www.newyorker.com/magazine/2012/07/02/the-kingpins›.

FOWLER, W. (2009), El pronunciamiento mexicano del siglo XIX: Hacia una nueva tipología, *Estudios de historia moderna y contemporánea de México* (38), pp. 5-34. Disponible en ‹http://www.scielo.org.mx/scielo.php? script=sci_arttext&pid=S0185-26202009000200001&lng=es& tlng=es›.

GALEANA, P. (2007), Antecedentes históricos del artículo 89 constitucional, *Anuario de Historia*, FFyL-UNAM, pp. 113-124. Disponible en ‹http://revistas.unam.mx/index.php/anuhist/article/viewFile/31580/29199›.

GONZÁLEZ Calleja, E. (2000), Reflexiones sobre el concepto de guerra civil, *Gladius*, 20, 301-309. Disponible en ‹https://doi.org/10.3989/gladius.2000.76›.

GOYENECHE, J. M. (1811), Oficio del Sr. Goyeneche al ilustre regimiento de Concordia, en *Gaceta del Gobierno de México*, 21 de diciembre.

LEMPÉRIÈRE, A. (2005), ¿Nación moderna o república barroca? México 1823-1857, *Nuevo Mundo Mundos Nuevos*, Biblioteca de Autores del Centro, 14 de febrero. Disponible en ‹http://journals.openedition.org/nuevomundo/648›.

MEMORIA política de México (2022), *1822 Proclama de Iturbide comunicando que el ejército y el pueblo de la capital lo han nombrado Emperador*, Disponible en ‹http://www.memoriapoliticademexico.org/Textos/2ImpDictadura/1822–P–ITA.html›.

O'GORMAN, E. (1986), *La supervivencia política novo-hispana. Monarquía o República*, México, Departamento de Historia-Universidad Iberoamericana.

PARDO Veiras, J. L. e I. Arredondo (2021), Una guerra inventada y 350 mil muertos en México, *The Washington Post*, 14 de junio, s.p. Disponible en ‹https://www.washingtonpost.com/es/post-opinion/2021/06/14/mexico–guerra–narcotrafico–calderon–homicidios–desaparecidos/›.

REYES Heroles, J. (1957), *El liberalismo mexicano*, tomo II, México, UNAM.

VICENTE, C. (2018), *Una historia de la desaparición forzada 1950-1980*, tesis de doctorado, UNAM.

CAPÍTULO 6

René Girard
y la guerra en los extremos

Vicente de Haro[1]

Introducción

En un artículo interesante de febrero de 2022, publicado en la revista *Contexto y Acción*, el filósofo de la Universidad de Granada, José Antonio Pérez Tapias (2022), reflexiona sobre el papel que debemos asumir "nosotros, los occidentales" ante la invasión rusa en Ucrania. El autor promueve una actitud crítica y, a la vez, proactiva, ante una situación en la que —afirma— no tiene caso discutir si hay *ius ad bellum* que justifique la actuación de Putin, ni *ius in bello* que encauce la conducta de los invasores en la batalla. No hay ninguno de ellos, subraya Pérez Tapias, ni hay manera razonable de presentarlos siquiera en el discurso. Especialmente inquietante es la afirmación, que muchos otros también han puesto sobre la mesa, de que la guerra en Ucrania ha actualizado el temor a la *guerra total*. En efecto, desde los inicios del conflicto ese temor ha pululado en el ambiente, en los medios de comunicación, en las redes, en la academia.

Para reflexionar sobre esa amenazadora posibilidad, un autor interesante es René Girard. De hecho, el propio Pérez Tapias lo menciona y señala que es con el libro de Girard titulado *Clausewitz en los extremos* que podemos evitar el engaño –*wishful thinking*– de esperar que la guerra sea siempre, de modo automático, el origen de algo bueno a desplegarse en la historia. En realidad, una guerra como ésta podría escalar hasta destruirlo todo y el caso de Ucrania nos lo ha puesto, de nuevo, ante los ojos. El texto de Pérez Tapias sigue otros derroteros, con constantes –aunque un tanto accesorias– alusiones a Hegel y observaciones sobre la coyuntura internacional. En este capítulo, quisiera apartarme un poco del escenario actual para explorar, aunque de manera un tanto general e introductoria, lo que la mención de Pérez Tapias sugiere buscar en Girard y lo que este peculiar autor francés, sumamente transdisciplinario, puede enseñarnos sobre el riesgo de la escalada de la violencia a los extremos.

El deseo mimético y la violencia fundacional

René Girard (Aviñón, 1923-Stanford, 2015) estudió filosofía en Francia y después se doctoró en Estados Unidos con un trabajo sobre historia medieval, luego, diversas circunstancias académicas y personales lo llevaron por el rumbo de la crítica literaria. Fue con su relectura de las grandes novelas francesas del siglo xix y principios del siglo xx –de Stendhal, de Flaubert, de Proust– que hizo un descubrimiento que constituiría el núcleo de toda su obra posterior (él mismo insistió en varios momentos en que no hizo más que desarrollar una única idea; una idea que encontraría también confirmada en el *Quijote*, en toda la obra de Shakespeare, en Dostoyevski...).[2] Esta idea es la del *deseo mimético* –en su libro inicial, enmarcado aún en la esfera de discurso de la crítica literaria, le llamó, siguiendo a Hegel, *deseo metafísico* (Girard, 1985: 44); después, en el despliegue antropológico de la intuición, encontraría su denominación definitiva.

---

[2]   Para una visión introductoria al pensamiento de Girard, sugiero la lectura de Llano (2004).

La idea es sencilla pero sumamente fecunda y, como se verá, lo es en más de un área de discurso: Girard argumenta que los protagonistas de todas esas grandes obras literarias –puede pensarse en Julián Sorel, en Emma Bovary– *copian* o *imitan* el deseo de alguien más, reflejando que el deseo específicamente humano –que habría que distinguir del más simple instinto compartido con otros animales– no es lineal (no surge espontáneamente de la bondad del objeto deseado o de la originalidad creativa del sujeto deseante), sino esencialmente *triangular*. Esto es: en el deseo específicamente humano –el que está siempre culturalmente mediado: el cual implica un *prestigio* de lo anhelado– siempre hay un modelo, alguien que posee o desea algo y que por eso nos lo señala como deseable. El ser humano, menos "fijado" por el instinto que sus compañeros de alma sensitiva, no sabe qué querer, percibe su ser insuficiente –Girard habla de ello en términos de una "enfermedad ontológica"– y cae en un juego de espejos con el que presupone que *el otro* sí sabe qué querer, por eso lo imita, aspira en última instancia, en una dinámica de falsa trascendencia, al ser del otro vía el deseo del otro, vía la imitación. El imitado padece de la misma enfermedad, pero ello no es visible desde la perspectiva de la tercera persona, dando por descontado que todos tratamos de parecer espontáneos, originales y de hacer ver a nuestros semejantes como impostores ante nuestra esforzada y muy elaborada "autenticidad".

Ese carácter imitativo del deseo humano sería la explicación del desarrollo cultural, de la ductilidad de nuestras aptitudes cognitivas, de nuestra capacidad de aprendizaje –el posterior descubrimiento de las "neuronas-espejo" que va precisamente en esta línea lo hicieron científicos que fueron discípulos de Girard en Stanford y reconocieron la deuda intelectual con el maestro–.[3] Pero es también el deseo mimético lo que explica que el ser humano no tenga el control instintivo de la agresividad intraespecífica como lo tienen el resto de las especies animales: es porque tendemos a querer *lo mismo* que resulta inevitable una agresividad latente

---

[3] Esta relación entre la teoría girardiana y el descubrimiento de las neuronas-espejo y sus aplicaciones en las neurociencias está bien explicada en Márquez Muñoz (coord.) (2020).

y multilateral, pues en todos los anhelos que suponen un posible conflicto distributivo –un juego de suma-cero, donde lo que yo tengo no lo tiene alguien más y viceversa– el modelo es a la vez rival, la admiración es a la vez envidia y la *mimesis* es por tanto principio de violencia mutua e inminente, violencia que puede llevar hasta el asesinato, pues el deseo mimético se impone –aquí la diferencia respecto de los controles instintivos de otros animales– por sobre la supervivencia misma (la evocación de la "lucha a muerte por el reconocimiento" en Hegel es inevitable y la herencia hegeliana en Girard, indiscutible).[4] Esto ocurre en lo que Girard (1985: 10) llama *mediación interna*, esto es, en los casos en que imitador y modelo/rival forman parte de un mismo espacio (físico o espiritual) y por eso pueden confrontarse: cuando hay *mediación externa* –hay distancia entre uno y otro, respeto, diferencia de nivel, como en el caso del Quijote respecto de Amadís, del creyente respecto de su Dios, etc.– no hay rivalidad posible.

¿Qué ocurre, según Girard, con aquella violencia inevitable de la mimesis interna, que de no controlarse o desahogarse de algún modo terminaría por destruir cualquier comunidad humana? (Girard sugiere que de hecho así ha ocurrido más de una vez en la historia). Lo común en tiempos antiguos –y aquí está el punto en el que nuestro autor trasciende la crítica literaria y llega hasta una antropología de la religión pasando por la antropología social– es que dicha violencia se desahogase también miméticamente: mediante un mecanismo del *todos contra uno* que Girard llama "mecanismo del chivo expiatorio" (siguiendo una figura del Levítico[5] que está bien asentada en el lenguaje coloquial en todas las lenguas occidentales). En el contexto de una crisis social, y a partir de una serie de estereotipos persecutorios (ante el extranjero, el que destaca, el que habla distinto, el privilegiado, el que padece alguna deformidad...), se da la acusación de algún crimen que afecte a toda la estructura social (incesto, parricidio: *crímenes indiferenciadores*), acusación que sólo se confirma porque se reitera miméticamente. Cuando la turba enfurecida expulsa o elimina al individuo

---

4   Cf. *Fenomenología del espíritu*, B, A–2.

5   Cf. Levítico, 16.

o grupo minoritario que ha señalado, su violencia mimética se desahoga, se da la *kátharsis* y los lazos sociales se restablecen: ahora aquel que era culpable de todos los males es la fuente de todos los bienes comunitarios y por ello es divinizado. Girard concluye que las figuras cruciales de todas las religiones antiguas, todas las divinidades paganas, se generaron así y ello explica su esencial ambivalencia moral: son tabúes, anatemas, *phármakoi*, a la vez veneno y remedio, principios de lo bueno y lo malo, de la salvación y a la vez de la impureza, porque fueron chivos expiatorios, víctimas de la violencia que contiene a la violencia, en el doble sentido de *contener*: ponerle límites sin que ella deje de comparecer. Lo sagrado-pagano se habría generado, así, de la violencia, y de esas estructuras sacrificiales surgirían después, por mediación del rito y la sedimentación, todas las instituciones sociales. Así lo explica Girard en libros tan sugerentes como *La violencia y lo sagrado* y *El chivo expiatorio*.

Un rasgo crucial de la propia teoría obliga a agregar una consideración más: el mecanismo del chivo expiatorio sólo funciona plenamente en su ocultamiento; es decir, cuando creemos genuinamente que el perseguido es culpable, que nuestros deseos son originales, que el impostor es el otro... ¿Cómo podemos tematizarlo entonces en tanto que tal, si según Girard esta *méconnaissance* es la pieza clave de todo nuestro sistema de representación cultural? Éste ha sido el punto más controvertido de la explicación girardiana: el autor francés sugiere que el mecanismo del chivo expiatorio ha sido puesto a la luz, ha sido revelado en su funcionamiento interno y en esa medida desactivado como generador de lo sagrado y principio de significación, por la tradición religiosa judeocristiana, que así decantaría en una religión de otro signo, en una religión que no diviniza la violencia sino que la señala como responsabilidad humana, por mediación de un Dios no ambivalente, el Dios de Jesucristo.[6] Esta revelación se puede constatar, argumenta Girard, desde el Antiguo Testamento (en el libro de Job, en los Salmos, en la historia de José...) y alcanza su plenitud en los

---

[6] La deconstrucción que propone Girard del concepto pagano de lo sagrado a partir de la revelación judeocristiana la he comentado en De Haro (2017).

Evangelios y de modo culminante en el relato de la Pasión, que presenta todas las fases y estereotipos del mecanismo sacrificial expiatorio pero invierte su sentido, pues las relata desde el punto de vista del perseguido y no ya del perseguidor; denuncia la violencia en lugar de justificarla, expone la inocencia de Cristo —lo presenta como Cordero de Dios y no ya como chivo expiatorio— y así, la injusticia del mecanismo desde dentro, desactivándolo para el futuro de aquellas comunidades a donde llegó el relato cristiano. Seguirán las persecuciones, los martirios, pero no tendrán ya capacidad fundacional: la violencia, piensa Girard, no será más lo divino ahí donde la religiosidad judeocristiana cambie las cosas para siempre. Así se explica en los antes citados libros de Girard y particularmente en *Veo a Satán caer como el relámpago*.

La consecuencia un tanto sorprendente es que, en términos bíblicos, el vino nuevo revienta los odres viejos: desprovista ya la sociedad humana del desahogo mimético y cíclico de su violencia por vía expiatoria, queda expuesta a una violencia desatada, a una violencia ahora no justificada pero tampoco controlada por sacrificios cíclicos con prescripciones rituales. Cerrado el camino del *todos contra uno*, queda la posibilidad del *todos contra todos* o de la lucha hasta el exterminio. Por ello, piensa Girard, hace sentido aquel desconcertante pasaje evangélico: "No crean que he venido a traer paz a la tierra. No vine a traer paz, sino espada [...]".[7] Sin el sucedáneo de los sacrificios humanos o de las persecuciones unánimes e indiscutibles, el ser humano se ve enfrentado a su propia violencia y ha de elegir entre una mimesis amorosa —siempre posible—[8] y la autodestrucción final, posibilidad que, según Girard, la revelación cristiana también tematiza: es el tópico del Apocalipsis. Ello conecta, finalmente, con la cuestión de la guerra en general y de manera más puntual de la posibilidad amenazante sobre la que nos propusimos reflexionar: la de la guerra llevada a los extremos

---

[7] Mateo 10, 34-35.

[8] Sobre esta mimesis positiva, aún insuficientemente desarrollada, cf. Adams (1996).

Mimesis, guerra, apocalipsis

Las premisas que he expuesto anteriormente debieran llevar con cierta transparencia a la conclusión que desarrolla Girard en *Clausewitz en los extremos*: hay guerra porque no somos lo suficientemente cristianos, porque seguimos enfrascados en rivalidades miméticas internas que son siempre simulacros de la verdadera trascendencia, porque seguimos hundidos en el engaño de que es el otro siempre el intruso, el impuro, el provocador (Girard, 2010: 10). A la vez, somos ya "demasiado cristianos" para sacralizar a un chivo expiatorio y fundar en ese desahogo una nueva unidad mimética. Tras la expansión por Occidente de la concepción cristiana de lo sagrado, "la violencia, que producía lo sagrado, ya no produce cosa alguna, excepto a sí misma" (Girard, 2010: 11).

Es esta posición "intermedia" la que encuadra la posibilidad de una escalada de la violencia a los extremos hasta el punto en que es pensable la extinción. Por ello Girard dedica el libro (en diálogo con Benoît Chantre) al militar prusiano Carl Philipp Gottlieb von Clausewitz, famoso autor de *De la guerra*, teórico, táctico, historiador y estratega de la guerra, cuya obra magna fue publicada póstumamente. Von Clausewitz (2022: 15) entrevió esa posibilidad de una guerra desatada, pues la concebía como un "duelo amplificado": "La guerra no es más que un duelo en una escala más amplia". Girard (2010: 25 y ss.) comenta esta analogía de la siguiente manera: la acción recíproca que la guerra supone podría aumentar de modo especular el sentimiento de hostilidad –la terminología es del propio von Clausewitz y remite a una pasión irracional– hasta el punto en que éste rebasase la "intención hostil" (en tanto decisión razonada, deliberada y calculada). En efecto, von Clausewitz alude sutil pero inequívocamente a los efectos especulares de la enemistad bélica: "Cada uno justifica al adversario y cada cual impulsa al otro a adoptar medidas extremas, cuyo límite no es otro que el contrapeso de la resistencia que le oponga el contrario" (Girard, 2010: 17). Es por esto, por el incremento imitativo de la violencia, que "hasta las naciones más civilizadas pueden inflamarse con pasión en un odio recíproco" (2010: 19).

Esto entronca perfectamente con la teoría girardiana del mimetismo. Von Clausewitz después da un paso atrás, descarta la idea de la guerra hasta el extremo y apuesta a que el apasionamiento bélico se acotaría siempre en función de cálculos y consideraciones estratégicas (von Clausewitz, 2022: 112). Dice von Clausewitz:

> Así, todo el acto de la guerra deja de estar sujeto a la ley estricta de las fuerzas impulsadas hacia el punto extremo. Dado que no se teme ni se busca ya el caso extremo, se deja que la razón determine en vez de ello los límites del esfuerzo, y esto sólo puede ser llevado a cabo de acuerdo con la ley de las probabilidades, por deducción de los datos que suministran los fenómenos del mundo real (2022: 33).

Pero Girard no se deja tranquilizar por este segundo movimiento del autor prusiano: recoge la pista anterior, la del apasionamiento hasta el extremo, y se propone, en el diálogo que presenta el libro, un abordaje de la realidad de la guerra y su tendencia a la escalada desde un enfoque antropológico, no temático o estratégico. Su apuesta está en que hoy en día, para comprender la guerra, las consideraciones antropológicas más radicales —en el sentido de que apuntan a la raíz, a lo esencial— son más pertinentes que las ciencias políticas (Girard, 2010: 21-22). Con este enfoque, Girard complementa la famosa afirmación de von Clausewitz "la guerra es la mera continuación de la política por otros medios" (von Clausewitz, 2022: 57) con la complementaria: la política es también la continuación de la violencia y puede ser no más que la proyección por otra vía de las más acendradas rivalidades miméticas. Es por esto, dice Girard en el libro sobre von Clausewitz, que los momentos de paz en los conflictos actuales no tranquilizan a nadie: la rivalidad persiste y las pausas de los conflictos amenaza siempre con un rebote que será peor en cuanto los odios y las falsas justificaciones han tenido tiempo y condiciones para crecer (Girard, 2010: 29).

No puedo dejar de subrayar que el concepto de *Wechselwirkung*, o acción recíproca, con el que von Clausewitz explica el crecimiento especular y exponencial del sentimiento de hostilidad, lo toma de la tabla kantiana de las categorías y se esfuerza por explicarlo en términos lógicos, sin rehuir a la dimensión propiamente filosófica del tema.[9] De este concepto de acción recíproca se sigue lo que más adelante en su estudio von Clausewitz llama el "principio de polaridad", que es prácticamente idéntico a lo que Girard llama mimesis rivalística (Girard, 2010: 43). La noción es útil para el análisis de cualquier conflicto bélico y en cualquiera de sus fases, no sólo en la del enfrentamiento ya desatado: la mimesis y su elemento de *méconnaissance* explican por qué el ser humano siempre se considera *ya agredido*, y en esa medida justificado, cuando empieza a actuar como agresor (2010: 46).

Girard, reitero, mucho menos optimista que su antecesor prusiano respecto al control que el cálculo político pueda ejercer sobre estas pulsiones, advierte además que hoy en día el proceso de globalización no ha hecho más que ampliar el rango de esa acción recíproca (Girard, 2010: 46). Ello y las nuevas técnicas de exterminio confluyen, piensa Girard, para que, en nuestros tiempos, ante cada nuevo estallido de conflicto, se abra la posibilidad de una peculiar "resolución sacrificial" de nuevo orden, en la que la víctima sea ahora la humanidad entera. El temor no es infundado, piensa el autor francés, si se tienen en mente los genocidios del siglo xx o las escaladas a los extremos en Yugoslavia, Ruanda, entre chiitas y sunitas o –afirma puntualmente– entre atentados e intervenciones estadounidenses (2010: 48-49). Otro ejemplo en esta preocupante dirección, podríamos agregar ahora, es la tensión entre Estados Unidos y China.

Todo esto conduce a la temática que Girard plantea desde von Clausewitz: la del apocalipsis. No es éste el lugar para una reflexión exegética al respecto. Me limito a señalar que Girard trata de reducir la extrañeza de la noción misma de apocalipsis, la inquietud que genera el texto bíblico, insistiendo en que este escenario en el que tanto la realidad humana como la realidad natural colapsan no es sino la consecuencia lógica del mimetismo rivalístico llevado hasta el final: "El apocalipsis no es más que la planeación de una abstracción, de una adecuación de la realidad a un concepto; y los hombres –es necesario tener la lucidez de afirmarlo– tienden por sí solos a

---

[9]   El propio autor lo admite en el prefacio (von Clausewitz, 2022: 10).

esa aniquilación" (Girard, 2010: 47). No hay, pues, violencia divina de por medio: toda la violencia −contra el prójimo y contra la naturaleza− es sólo humana, demasiado humana.[10] Por el contrario: lo que la revelación cristiana agrega es el reverso de la destrucción y de la guerra: la lucidez de la mutua dependencia, la opción de la reconciliación y del amor como única salida, el sentido último de las cosas. Comenta Girard (2010: 14): "El Apocalipsis no anuncia el fin del mundo; funda una esperanza. Quien repentinamente ve la realidad no está en la desesperanza absoluta de lo impensado moderno, sino que recupera un mundo en que las cosas tienen un sentido. La esperanza sólo es posible si nos atrevemos a pensar".

Conclusión

Esta esperanza, sin embargo, trasciende la historia. Por ello Pérez Tapias acierta cuando alude a Girard para desactivar falsos optimismos intramundanos y advertir que la posibilidad de la escalada a los extremos no es la de un temor infundado, sino la de una amenaza latente. Girard sintetiza así el punto, en una especie de resumen contundente de lo que él entiende por la visión cristiana del devenir global: "Tarde o temprano, los hombres renunciarán a la violencia sin sacrificio o bien harán saltar por los aires el planeta" (51).

Quisiera cerrar esta breve exploración tomando del libro de René Girard sobre Clausewitz una sugerencia planteada en el epígrafe del volumen. Cita ahí Girard este precioso y brillante pasaje de Pascal:

Es extraña y prolongada aquella guerra en que la violencia intenta oprimir la verdad. No pueden debilitar la verdad los afanes de la violencia

---

[10] Varios autores han trabajado ya, desde una inspiración girardiana y en sede exegética, el tema de la violencia en la Biblia y cómo, pese a lo que pudiera asumirse en una primera interpretación, en última instancia no es divina sino humana. Sobre esto se puede ver Williams (1991) y, sobre todo, Schwager (1989). El trabajo de Schwager fue crucial para el pensamiento maduro de Girard; fue este teólogo jesuita quien consiguió que Girard matizara sus opiniones respecto al concepto de sacrificio que le ponían en tensión con la tradición teológica católica. La relación intelectual entre ambos puede seguirse en Girard y Schwager (2016).

ni sirven más que para elevarla aún más. En nada pueden las luces de la verdad detener la violencia, ni hacen otra cosa fuera de irritarla aún más. Cuando la fuerza combate contra la fuerza, la más potente destruye a aquella que lo es menos; cuando se opone discursos contra discursos, aquellos que son veraces y convincentes confunden y disipan a aquellos que tan sólo cuentan con la vanidad y la mentira; sin embargo, nada pueden violencia y verdad una por sobre la otra. Pese a ello, no habrá de pretenderse por consiguiente que ambas cosas son iguales; en efecto, existe la enorme diferencia de que la violencia tiene sólo un decurso acotado por el orden divino: Dios guía sus efectos para gloria de la verdad que ella ataca, al punto en que subsiste eternamente la verdad, y triunfa al fin sobre sus enemigos; porque es eterna y potente como Dios mismo.[11]

En efecto, Pascal es buena compañía en el recorrido teórico que hemos hecho de la mano de von Clausewitz y Girard. Como ha subrayado Éric Méchoulan (2003), pocos autores han sido tan agudos al señalar el ansia de dominio y la necesidad con que se imponen los vínculos de la violencia. Pascal supo ver, incluso tras las instituciones sociales y políticas, los signos de esta fuerza de dominación, del odio y de la violencia, en última instancia de la guerra. En su aterradora lucidez, Pascal nos recuerda que la fuerza de los argumentos no aplacará el argumento de la fuerza, pero tiene una ventaja –más allá de este mundo, que es el único lugar dónde poner la esperanza y donde se podrá, finalmente, aprehender el sentido último de todo conflicto.

---

[11] Cito la traducción en el libro de Girard en castellano, que no ofrece la referencia, pero el texto procede de *Cartas provinciales*, XII.

Referencias

ADAMS, Rebecca (1996), The Goodness of Mimetic Desire. Interview with René Girard, en James Williams (ed.), *The Girard Reader*, Nueva York, Crossroad Herder, pp. 62-65.

BIBLIA de Jerusalén (2017), Bilbao, Desclée de Brouwer.

DE Haro, Vicente (2017), La deconstrucción de lo sagrado como reivindicación del cristianismo en René Girard, en Flamarique y Carbonell (eds.), *La larga sombra de lo religioso: secularización y resignificaciones*, Madrid, Biblioteca Nueva, pp. 273-291.

GIRARD, René (1982), *El chivo expiatorio*, Joaquín Jordá (trad.), Barcelona, Anagrama.

______ (1985), *Mentira romántica y verdad novelesca*, Joaquín Jordá (trad.), Barcelona, Anagrama.

______ (1995), *La violencia y lo sagrado*, Joaquín Jordá (trad.), Barcelona, Anagrama.

______ (2002), *Veo a Satán caer como el relámpago*, F. Díez (trad.), Barcelona, Anagrama.

______ (2010), *Clausewitz en los extremos: política, guerra y apocalipsis. Conversaciones con Benoît Chantre*, L. Padilla (trad.), Buenos Aires, Katz.

GIRARD, R. y R. Schwager (2016), *Correspondence 1974-1991*, Scott Cowdell, Chris Fleming, Joel Hodge y Mathias Moosbrugger (eds.), Chris Fleming y Sheelah Treflé Hidden (trads.), Nueva York, Bloomsbury Academic.

HEGEL, Georg W. F. (1996), *Fenomenología del espíritu*, Wenceslao Roces (trad.), México, FCE.

LLANO, Alejandro (2004), *Deseo, violencia, sacrificio: el secreto del mito según René Girard*, Pamplona, EUNSA.

MÁRQUEZ Muñoz, J. F. (coord.) (2020), A. M. Palacios Soto y A. Cárdenas Ureña. A. Sánchez Navarro (il.), *Anatomía de la teoría mimética. Aportaciones a la filosofía política*, UNAM/Aliosventos.

MÉCHOULAN, Éric (2003), On power: Theology and Sovereignty in Pascal's Pensées, *Romance Quarterly*, 50, 2, pp. 85-98.

PASCAL, Blaise (2011), *Cartas provinciales*, L. Ruiz y J. Bautista (trads.), Madrid, Ediciones Ibéricas.

PÉREZ Tapias, José Antonio (2022), La guerra de Putin y nosotros los occidentales, *Contexto y Acción*, 281. Disponible en ‹https://ctxt.es/es/20220201/Firmas/38867/perez-tapias-ucrania-rusia-otan-guerra-hegemonia-putin.htm›, consultado el 29 de julio de 2022.

SCHWAGER, Raymond (1989), *Brauchen wir einen Sündenbock? Gewalt und Erlösung in den biblischen Schriften*, Múnich, Kösel.

VON Clausewitz, Carl (2022), *De la guerra*, Buenos Aires, Vida-Global.

WILLIAMS, James G. (1991), *The Bible, Violence and the Sacred: Liberation from the Myth of Sanctioned Violence*, Oregon, Wipf & Stock.

Los filósofos ante la guerra
De la Grecia arcaica a la razón instrumental

Capítulo 7

Filosofía estoica y la guerra que importa

Leonardo Ramos-Umaña[1]

Non nobis solum nati sumus
(No nacemos para nosotros mismos)

Cicerón, *De officiis* (46 a.C.)

Tras varios meses de tensión, el 24 de febrero de 2022 el ejército ruso invadió territorios al oriente de Ucrania, y dio inicio a un conflicto bélico que ha arrasado ciudades como no se veía en Europa desde la segunda Guerra Mundial; ha lanzado a cerca de 10 millones de personas al exilio y ha dejado a su paso un sinnúmero de muertos, civiles y militares, de cada bando. Frente a hechos de esta magnitud, ¿qué puede decirnos la filosofía? El propósito del presente escrito es explicar, de manera clara y sencilla, qué lección sobre la guerra ruso-ucraniana nos compartiría la filosofía estoica. Veremos algunas ideas de la Stoa sobre cosmopolitismo, hermandad universal, los círculos concéntricos de Hierocles, lo *eph' hêmîn*, cómo ayudar al prójimo y, por supuesto, qué deberíamos hacer y sentir frente a la guerra entre Ucrania y Rusia.

[1] Universidad Nacional Autónoma de México.

Los peligros del patriotismo

Gracias a sus muchísimos libros, artículos, conferencias, entrevistas, etc., la profesora estadounidense Martha Nussbaum (n. 1947) tiene méritos de sobra para estar entre las filósofas más importantes del siglo xx. En su juventud, Nussbaum estudió teatro pues quería ser actriz, pero, gracias a su contacto con el teatro griego, decidió estudiar Letras Clásicas, ahí aprendió griego antiguo, lo cual la fue acercando a la filosofía griega. Le gustó tanto que decidió hacer una maestría, y después un doctorado, en Filosofía. Por eso se entiende que en sus planteamientos continuamente esté echando mano a ideas de filósofos griegos. Ése es justo el caso de *La fragilidad del bien* (1986), libro que la hizo famosa en todo el mundo.

Traemos a Nussbaum a colación porque en la última década del siglo pasado ella lanzó una pregunta tremendamente polémica: *¿es propio de una buena persona ser patriota?* En realidad, tal pregunta vino a modo de cuestionamiento contra lo expresado por el también filósofo estadounidense Richard Rorty (1931-2007). Él, en un editorial de su pluma publicado a inicios de 1994 en el *New York Times*, señalaba con alarma y amargura que en ciertos establecimientos educativos, especialmente de educación superior, estaban proliferando grupos de izquierda que renegaban del patriotismo. Según Rorty, esto era una tendencia en extremo peligrosa: en primer lugar, sin el patriotismo no podemos tomar como propios los problemas del país ni buscar resolverlos. En segundo lugar, el sentirse orgulloso de la nación, el sentir el pecho henchido de gusto por haber nacido en los Estados Unidos, es piedra angular para que tanto individuos como colectividades eviten ciertos comportamientos y los reemplacen por unos más adecuados y, en ese sentido, obrar de tal manera que el país progrese. El texto termina sin moraleja explícita —más bien, Rorty prefiere cerrar advirtiendo que esta izquierda representa el estancamiento, el destruir todo para lograr nada, por lo que les vaticina convertirse en objeto de desprecio—, pero puede fácilmente leerse entre líneas: las instituciones educativas, por no decir que la sociedad en general, deben fomentar el orgullo de ser estadounidenses y el sentimiento de afecto por aquel territorio y por quienes han nacido en él (cf. Rorty, 1994).

Es en ese contexto que Nussbaum quiere expresar su inquietud y su opinión. Pensemos que, aunque esta discusión se ubica varios años antes del ataque terrorista a las Torres Gemelas, Nussbaum se está metiendo en un terreno delicado, por no decir peligroso. Aunque es arbitrario hacer generalizaciones a partir de la nacionalidad de las personas, no es difícil reconocer que uno de los valores más importantes de la cultura estadounidense es el patriotismo. Pues bien, ¡contra eso es que se va a pronunciar Nussbaum![2] En su texto breve *Patriotismo y cosmopolitismo*, Nussbaum niega que el patriotismo sea algo positivo para la humanidad y, al contrario, advierte que puede *y suele* devenir en algo peligroso. ¿Por qué? Según ella, porque por culpa del patriotismo perdemos de vista valores universales como el de la justicia (cf. Nussbaum, 1999: 14). ¿Qué quiere decir con esto? Que puede que todos nosotros pensemos que debemos ser justos con el prójimo, *pero, debido al patriotismo, empezamos a creer que "prójimo" sólo es aquel que nació en nuestro mismo país* (cf. 1999: 16). Es decir, el patriotismo nos nubla la vista sobre a quiénes debemos ver y tratar como nuestros iguales.

¿Cuál es la alternativa que Nussbaum propone? El cosmopolitismo en la versión de las escuelas cínica y estoica.[3] Pero ¿qué es el cosmopolitismo?

---

[2] Como fácilmente puede imaginar el lector, ello le valió durísimas críticas de parte de eminentes pensadores contemporáneos. Su texto inicial, más las críticas que recibió, más su respuesta a algunas de éstas, pueden encontrarse en un estupendo librito titulado *For Love of Country* publicado en 1996 (en español rebautizado como *Los límites del patriotismo* y publicado en 1999, que es la edición que estaremos citando).

[3] Cabe aclarar que no se trata de dos versiones distintas del cosmopolitismo. No debemos olvidar que Zenón de Citio (c. 334-c. 262 a.C.), antes de fundar la escuela estoica hacia el 300, fue varios años seguidor del filósofo cínico Crates (c. 365-c. 285 a.C.) y no se separaron por grandes e irreconciliables diferencias filosóficas, sino por el tema del pudor (cf. Diógenes, 2013 [en adelante se citará *DL*]: VII.3). De modo que —y lo decimos sin pretender restarles mérito— múltiples de las principales tesis del estoicismo son desarrollos y articulaciones de ideas cínicas, precisamente como la del cosmopolitismo. Sobre el pensamiento de Diógenes, fundador del Cinismo, cf. Ramos-Umaña (2023a).

Sobre trapos y líneas imaginarias

Desde la perspectiva estoica, (1) las fronteras entre países no serían más que un invento ridículo del ser humano, una disculpa más para ver al otro como si fuera diferente de nosotros y, en ese orden, (2) decirnos mexicanos, colombianos, argentinos, etc., es ponernos una etiqueta puramente imaginaria, incluso ridícula, como si yo dijera que soy minotauro y tú eres unicornio o Pokémon. Para los estoicos, *lo único cierto es que todos nacimos en un mismo lugar*, a saber, en el planeta Tierra y por eso, en contra de cualquier patriotismo o patrioterismo actuales –algo que sólo ha hecho de nuestro mundo un lugar peor–, *la invitación estoica es a que, si hemos de hablar de patria, pensemos que la nuestra es el mundo entero y que nuestros compatriotas en realidad son todos los seres humanos por igual.* ¡En eso consiste ser *cosmopolita*!

"Cosmopolita" viene del griego *kosmopolítês*, palabra compuesta conformada por *kósmos* que significa "mundo" y *polítês* que significa "ciudadano". De modo que "cosmopolita" significa *ciudadano de mundo*, un concepto que se popularizó desde la modernidad hasta nuestros días gracias a Immanuel Kant (véase, p. ej., *La paz perpetua*), pero cuyo origen se remonta a Diógenes el Cínico (c. 412-323 a.C.), según podemos constatar en la siguiente anécdota: "Preguntado que de dónde era, [Diógenes] respondió: 'ciudadano del mundo'" (*DL* VI.63.3).[4]

Ahora, no sólo estamos relacionados con los demás seres humanos por cuanto son nuestros compatriotas, *sino también porque, incluso, son nuestros hermanos.* ¿Cómo sostener esto? *Prima facie*, parece descabellado pensar que todos los seres humanos somos iguales. Es decir, tenemos diferente color de piel, diferente altura y contextura, diferente fisionomía,

---

[4] "ἐρωτηθείς πόθεν είη, 'κοσμοπολίτης', έφη". Sin embargo, la paternidad de las ideas siempre es una querella bien compleja sobre la que a veces es mejor callar o, por lo menos, matizar cualquier afirmación, especialmente para no terminar sugiriendo el disparate del surgimiento de ideas filosóficas *ex nihilo*. Para el caso presente, bien podríamos reconocer como antecedente del cosmopolitismo la siguiente cita atribuida a Demócrito: "Toda tierra es accesible para el varón sabio, pues la patria del alma buena es todo el universo" (Eggers, 1986 [*DK* 68B 247]). Por su parte, Brown (2006: 552) enuncia algunos antecedentes entre ideas de sofistas como Antifonte o Hipias (*DK* 87B44; Platón, *Protágoras* 337c-d).

diferente cultura y un largo etcétera. Sin embargo, los estoicos nos reprocharían que *no nos estamos fijando en lo realmente propio del ser humano*. Para explicar mejor esta idea permítaseme echar mano de una terminología más bien aristotélica o moderna. Los estoicos señalarían que las diferencias que recién mencionamos se encuentran en el ámbito de las *cualidades puramente secundarias o accidentales*, pero que, a la luz de nuestras *cualidades esenciales o primarias*, todos somos iguales. ¿Qué significa esto de esencial y accidental? Muy someramente, en primer lugar, *las cualidades esenciales o primarias son todas aquellas que definen a un objeto como lo que es*, todo aquello que hace que un objeto *X* sea *X* y no un objeto *Y* o *Z*. En segundo lugar, *las cualidades accidentales son todas aquellas que están en el objeto*, pero que no determinan su ser. Veamos esto con un ejemplo: la cuchara es cuchara si es un utensilio compuesto por un mango unido a una pequeña superficie cóncava que sirve para tomar alimentos líquidos o blandos y llevarlos del plato a la boca sin untarnos las manos. Esto es lo esencial de ser cuchara, aquí está su cualidad primaria o esencial. No obstante, estar hecha de plata, de madera o de plástico, o ser blanca, negra o roja son cuestiones irrelevantes para su esencia de cuchara, estar hecha de esto o aquello, tener tal o cual color no la hace más o menos cuchara y, por tanto, son cualidades secundarias o accidentales.

Pues bien, algo análogo podemos declarar del ser humano: lo esencial del hombre es ser un animal racional y todo lo que podamos agregar a esa definición (*i.e.* blanco, negro, moreno, alto, bajo, gordo, flaco, rico, pobre, varón, mujer, etc.) es secundario. *Nuestra esencia es la misma, a pesar de que ésta esté en recipientes tan distintos.* Ahora, aunque podamos tener un hermano que tenga un color de piel muy diferente del nuestro y mida o pese mucho más o mucho menos que nosotros, sabemos que es nuestro hermano no por eso que vemos, sino por lo que no, por compartir una misma esencia, un mismo ADN. Ése es, justamente, el mensaje estoico: al enfocarnos en nuestra esencia podemos descubrir que todos compartimos algo esencial (a saber, nuestra racionalidad) y, en ese orden, logramos comprender que todos los seres humanos estamos hermanados.

Así pues, *queda dicho cómo todos los seres humanos no sólo somos compatriotas, sino también hermanos*. En ese sentido y relacionándolo con la ciudadanía global, se expresa Epicteto:

Si es cierto lo que dicen los filósofos sobre el parentesco entre la divinidad y los hombres, ¿qué otra cosa les queda a los hombres sino lo que decía Sócrates: al que pregunta "¿de dónde eres?", no responderle nunca "ateniense" o "corintio", sino "ciudadano del mundo"[5] (Epicteto, *Disertaciones* I.9.1-2).[6]

Por eso afirmábamos más arriba que, para Nussbaum, la mejor alternativa para construir un mejor porvenir para la humanidad es una mentalidad cosmopolita y, en el mismo espíritu, la mejor educación en todos sus niveles (primaria, secundaria, preparatoria y universitaria) debería no centrarse en esas cualidades accidentales para diferenciarnos y, con ello, distanciarnos, sino en resaltar las cualidades esenciales que nos hacen semejantes y, con ello, acercarnos (cf. Nussbaum, 1999: 16).

Además, podemos agregar otra razón en defensa de la mentalidad cosmopolita: en un mundo como el nuestro, lo que pasa en un país, con frecuencia no sólo afecta a dicho país, sino a los demás –incluso, a veces, a *todos* los demás–. Si se da una guerra civil en Siria, no sólo afecta a Siria, sino a toda Europa (pensemos, por ejemplo, en los millones de sirios que, huyendo de las balas, han migrado en búsqueda de un nuevo hogar). O,

---

[5] Como señalamos antes, la anécdota corresponde a Diógenes el Cínico, no a Sócrates, y no tenemos algún testimonio en Platón, Jenofonte o Aristófanes que apunte en esa dirección. Sin embargo, no deja de ser llamativo que, igual que Epicteto, también Cicerón adjudique tal respuesta a Sócrates (cf. *Disputaciones tusculanas* V.108). Brown (2006: 550-551) señala que la adjudicación estoica del cosmopolitismo a Sócrates no parece obedecer a otra cosa sino al deseo de mostrarlo como fuente de todas sus ideas fundamentales y que, aunque podríamos tratar de estirar algunos pasajes platónicos y jenofónticos para intentar mostrar la semilla cosmopolita en el pensamiento del hijo de Sofronisco, lo único claro e inequívoco, tanto de manera implícita como explícita, es que el cosmopolitismo es obra de Diógenes.

[6] Εἰ ταῦτά ἐστιν ἀληθῆ τὰ περὶ τῆς συγγενείας τοῦ θεοῦ καὶ ἀνθρώπων λεγόμενα ὑπὸ τῶν φιλοσόφων, τί ἄλλο ἀπολείπεται τοῖς ἀνθρώποις ἢ τὸ τοῦ Σωκράτους, μηδέποτε πρὸς τὸν πυθόμενον ποδαπός ἐστιν εἰπεῖν ὅτι Ἀθηναῖος ἢ Κορίνθιος, ἀλλ' ὅτι κόσμιος. Todas las citas de Epicteto provienen de la traducción de Ortiz (1993), con modificaciones nuestras.

por supuesto, el ejemplo casi inevitable por estos tiempos: si aparece una gripe especialmente mortal y contagiosa en una ciudad del oriente de China, no sólo afectará a China, sino a otros —*a los otros*— países del mundo.

Pues bien, para comprender tal interrelación, y para poder decidir de la mejor manera a la luz de ésta, hace falta comprender a los otros países, pero esa comprensión sólo es posible con una educación mucho menos centrada en lo local y mucho más en lo global. Mucho menos enfocada en promover patriotismos tradicionales y mucho más en promover un espíritu cosmopolita. *Conocer al otro y aprender a verlo como nuestro semejante nos permite reconocer nuestros deberes para con él, nos permite extender nuestro sentido de justicia hasta él.* A través de la mentalidad cosmopolita, la justicia se desborda; esto es, ser justo ya no es algo que sólo aplique para con mis connacionales o para con mis semejantes accidentalmente hablando, sino que aplica para con mis semejantes desde el punto de vista de la esencia y, en ese orden, para con todo el que sea humano.

Con excesiva frecuencia el tiempo le ha sabido dar la razón a los supuestos alarmismos de los filósofos, y se la dio a Nussbaum respecto de su advertencia sobre los peligros de patriotismo estadounidense. Como es bien sabido, Estados Unidos tiene uno de los ejércitos más grandes del mundo. Allá, en Estados Unidos, los soldados rasos y su cuerpo élite, los marines, por lo general tienen una conducta intachable. Es decir, en un país donde ha llegado a haber más tiroteos masivos que días del año (cf. Ledur *et al.*, 2022), son muy poco frecuentes noticias de soldados estadounidenses implicados en asesinatos, violaciones, secuestros, torturas, etc. Al contrario: es común verlos en desfiles y otras espectaculares demostraciones militares, visitando escuelas, prestando servicio a la comunidad, especialmente en tiempos de desastres naturales. Pero ¿qué pasa cuando esos soldados y esos marines son enviados a otro país, digamos Pakistán o Irak? Entre 2003 y 2004 diversos medios de comunicación de todo el planeta empezaron a reportar las torturas cometidas por soldados estadounidenses en la cárcel de Abu Ghraib, en el corazón de Irak. No fueron simples rumores, sino que muy pronto salieron a la luz pública fotografías y videos de los soldados perpetrando todo tipo de vejaciones contra los detenidos a su cargo. Por mero placer, los soldados estadounidenses golpearon a prisioneros, los obligaron a mantener posiciones incómodas durante horas, les aplicaron descargas eléctricas, les embarraron su propio excremento en la cara y cuerpo y los obligaron a permanecer así todo el día y toda la noche, abusaron sexualmente de ellos, incluso se reportó el asesinato de al menos un prisionero (de quien, por cierto, jamás se pudo comprobar su responsabilidad en crimen alguno), tras lo cual varios de los soldados posaron frente a la cámara, sonrientes y triunfales junto al cadáver, cual necrotrofeo.[7]

Años después, en 2010, se subieron en el portal de WikiLeaks más de 400 mil documentos del gobierno estadounidense, la gran mayoría de ellos de carácter confidencial, reportando usos excesivos de la fuerza, torturas, abusos sexuales, crímenes de guerra y, por supuesto, asesinatos perpetrados por militares de Estados Unidos y sus amigos en las guerras en Irak y Afganistán, la mayoría de los cuales, al sol de hoy, están en la total impunidad.

Frente a crasos asuntos como éstos es común preguntarnos: los militares que cometieron todos esos actos injustificables e imperdonables, ¿son personas absolutamente enfermas, quizá psicópatas no diagnosticados? Con una sensación de asco moral, podríamos sentirnos impulsados a responder que sí. Sin embargo, retomando la idea de Nussbaum, podemos intentar explicarlo de otra manera: puede que esos militares sean personas plenamente convencidas de que son injustos la tortura o el abuso sexual y que nunca en su vida se atreverían a hacerle algo así a sus semejantes; no obstante, si esos soldados sólo aprendieron a ver como a sus semejantes al evidentemente semejante, *i.e.* al que luce como ellos, al que habla como ellos, al que viste como ellos, al que tiene los mismos referentes culturales que ellos, al que sabe el mismo himno nacional que ellos, al que le reza al mismo dios que ellos, ¿entonces qué podrían haber pensado cuando

---

[7] Para hacerse a una idea de los abusos perpetrados por los militares estadounidenses en la cárcel de Abu Ghraib, invitamos al lector a leer la entrada *Abu Ghraib torture and prisioner abuse* en Wikipedia. Al tratarse de una página educativa, no muestra ninguna imagen extrema o explícita. Aun así, las fotografías y capturas de video que aparecen, consideradas aptas para todo público, son verdaderamente repugnantes. Los últimos párrafos de dicha entrada están dedicados a relatar, a partir de varias notas de prensa, la impunidad triunfante en tan atroz caso.

se encontraron con quienes no cumplían ninguna de las anteriores características, sino que no eran sus semejantes? Desprovistos de su humanidad, desprovistos de su dignidad, era apenas natural pensar que para con ellos todos los preceptos éticos, legales, incluso religiosos, no aplicaran. Entonces, repetimos, la clave para un mundo más justo está en establecer nuestros deberes, nuestros compromisos éticos, no en atención al que es o podría ser nuestro vecino, sino a cualquiera que es ser humano, pero para este fin el patriotismo tradicional puede ser, y con frecuencia ha sido, un obstáculo.

¿Cómo practicar estoicamente aquello de "ayudar al prójimo"?

Habiendo explicado todo lo anterior, cabe preguntarnos lo siguiente: ¿cómo un estoico, cosmopolita como debe ser, pondría en práctica aquello de ayudar al prójimo? Es decir, ya sabemos que "prójimo" es cualquiera que sea humano, ¿pero de qué manera procedería a brindar esa ayuda?

Para responder a esto, nada mejor –y Nussbaum (1999: 19-20) señala lo mismo– que tanto los gobernantes como el común de las personas tuviésemos presente *la teoría de los círculos concéntricos de Hierocles*, filósofo estoico del siglo ii a.C. Dicha teoría aparece formulada en un texto llamado *Sobre cómo comportarse con los familiares*, que sólo nos ha llegado fragmentado y por segundas manos.[8] A partir de lo que tenemos, podemos explicar tal teoría del siguiente modo (véase figura 1): imagina 10 círculos, uno adentro del otro. En el primer círculo estarías tú. En el segundo círculo estarían tus parientes en primer y segundo grado (*i.e.* tu padre y tu madre, tus hermanos, tu cónyuge, tus hijos). En el tercer y cuarto círculo estarían tus parientes en tercer y cuarto grado (*i.e.* tus tíos, primos, abuelos, sobrinos, etc.). En el quinto círculo estaría la gente de tu demo (que, en

---

[8] El lector puede acceder a dichos fragmentos, traducidos a nuestro idioma y maravillosamente comentados, en la monumental compilación realizada por Boeri y Salles (2014) o en la traducción al inglés de Konstant (2009), también con comentarios.

términos mexicanos, no del todo equivalentes, pero útiles para aproximarnos a la idea, serían los de tu colonia). En el sexto círculo estarían los de tu tribu (de tu municipio, en equivalencia aproximada mexicana) y en el séptimo estarían tus conciudadanos. En el octavo círculo estarían las personas de las ciudades aledañas a la tuya, en el noveno las ciudades de tu país entero y, finalmente, en el décimo círculo estaría el resto de la humanidad.

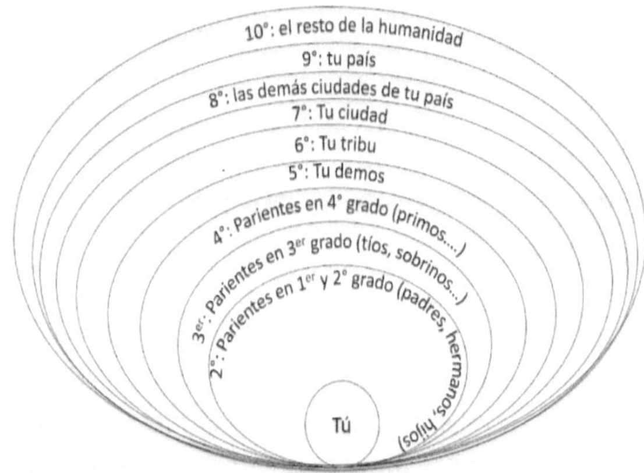

Figura 1. Círculos concéntricos de Hierocles.

Pues bien, Hierocles sostenía que, si queremos ser buenas personas, *debemos ser solidarios ocupándonos de lo micro, pero sin nunca dejar de considerar lo macro*. En otras palabras, si estoy enfrentando una problemática, no debo buscar lo que sólo me conviene a mí o a mis allegados, *no debo empezar mi deliberación resolutiva desde el o los círculos más pequeños ni limitarla a éste o éstos*. Como estoico cosmopolita, alguien que se reconoce miembro de una comunidad global donde sus partes están entrelazadas en innumerables sentidos, a la hora de buscar una solución a *X* problemática *no sólo debo buscar una que beneficie a mis círculos más cercanos, sino, también, que beneficie o, en su defecto, que no perjudique a los demás círculos.*[9]

Ahora, una cosa es *cómo debemos deliberar a la hora de encarar una problemática* y otra *cómo poner en práctica nuestra solidaridad*. Las teorías de los círculos concéntricos y del cosmopolitismo no pueden tener primacía ni, mucho menos, borrar la diaíresis estoica. ¿Qué es esto último? En términos muy sencillos, la *diaíresis* estoica es la fundamental distinción entre lo que es *eph' hêmîn* y lo que no. "Eph' hêmîn", menos desde la filología, más desde la filosofía, se puede traducir como "lo que está cien por cien bajo nuestro control y solamente bajo nuestro control". No es posible exagerar la importancia de la *diaíresis* porque, según los estoicos, antes de decidirnos por cualquier actividad anímica o corporal de cara a *X* situación, es imperante pasar eso que tenemos al frente por el filtro de la *diaíresis, i.e.* debemos preguntarnos si esa situación *X* está cien por cien bajo nuestro control y solamente bajo nuestro control. *Si la respuesta es positiva, entonces no debemos preocuparnos, simplemente debemos ocuparnos*, es decir, sin sentimientos de por medio ponernos manos a la obra; en cambio, *si la respuesta es negativa, entonces no debemos preocuparnos ni tampoco ocuparnos* y cualquier sentimiento de culpa o pesar sale sobrando.[10] Esta idea puede parecer trivial, pero –ya lo explicaremos un poco más abajo– constantemente no sólo estamos preocupados por lo que no es *eph' hêmîn*, sino que, incluso, caemos en el absurdo de querer ocuparnos (o pensar que estamos obligados a ocuparnos) de lo que no es *eph' hêmîn*.

---

[9] Al respecto, vale la pena compartir con el lector el siguiente pasaje de Nussbaum: "Al aire le traen sin cuidado las fronteras nacionales. Este hecho tan simple puede servir para que los niños aprendan a reconocer que, nos guste o no, vivimos en un mundo en el que los destinos de las naciones están estrechamente relacionados entre sí en cuanto se refiere a las materias primas básicas y a la supervivencia misma. [...], cualquier deliberación que se precie de inteligente sobre la ecología (como, también, sobre el abastecimiento de alimentos y la población) requiere una planificación global, un conocimiento global y el reconocimiento de un futuro compartido" (Nussbaum, 1999: 23). Con buen humor y acierto, Brown (2006: 554) señala que buena parte del cosmopolitismo estoico podría resumirse en una calcomanía para el parachoques que dijera "piensa globalmente, actúa localmente" (una frase popularizada en discursos ambientalistas a partir de los años setenta del siglo pasado).

[10] Sobre la *diaíresis* estoica y el rol de las creencias para el alcanzamiento de la vida feliz, cf. Ramos-Umaña (2021).

Ahora, aquello que no está cien por cien bajo nuestro control y sólo bajo nuestro control es lo que los estoicos llaman *lo indiferente* (*tó adiáphoron*). ¿Y cuál es la respuesta anímica adecuada frente a lo indiferente? *Ante lo indiferente, debemos responder con nuestra indiferencia.* Breve y claro lo expresa Marco Aurelio: "Pasar la vida de la manera más bella, esa posibilidad reside en el alma si se mantiene indiferente ante las cosas indiferentes" (Marco Aurelio, *Meditaciones* XI.16.1.1-3).[11]

Expliquemos esto con un ejemplo. Según la ONG Save the Children (2021), durante el año 2021 un aproximado de 260 mil niños africanos murieron de desnutrición o por complicaciones directamente asociadas. Eso significa que, en promedio, 712 niñitos africanos mueren de hambre cada día mientras tú, estimable lector, estás tan cómodo y tranquilo leyendo este texto. Si un niño muere cada dos minutos, ¿cuántos niños han muerto en lo que llevas de lectura de este libro? ¿Cuántos niños han muerto con las tripas pegadas al espinazo mientras tú te duchabas tan plácidamente con agua calientita? ¿Cuántos niños morirán, sin fuerza siquiera para espantarse las moscas de los ojos o la boca, mientras tú habrás de comer este fin de semana tan a gusto y, quizá, hasta el hartazgo? Pues bien, un estoico nos hablaría más o menos así: ¿de qué sirve preocuparnos o ponernos a llorar por esos niños africanos que mueren de hambre? *Absolutamente de nada.* Entonces, ¿para qué hacerlo, *excepto para que esos niños sigan muriendo y, además, tú te estés causando infelicidad*? En otras palabras, *los estoicos nos invitarían a ejercitar una sana indiferencia*, indiferencia por aquello en lo cual es nula nuestra injerencia. Ante lo indiferente, indiferencia.

No es fácil decirlo y es duro escucharlo, ora por nuestras raíces cristianas, ora por nuestros valores humanistas. Tampoco ayudan los delirios mesiánicos y otros cuentos de hadas (piénsese, por ejemplo, en los que Hollywood lanza de cuando en cuando) sobre individuos que salvan el mundo. Sin embargo, si te observas de arriba abajo, si analizas los medios de los cuales dispones, si revisas tus pesos (o, más bien, tus centavos) en el

---

[11] Κάλλιστα διαζῆν, δύναμις αὕτη ἐν τῇ ψυχῇ, ἐὰν πρὸς τὰ ἀδιάφορά τις ἀδιαφορῇ. Sin duda, esta afirmación debe matizarse en aquellos casos donde, si bien estamos frente a algo indiferente, *sí tenemos cierto grado de injerencia*, pero de este tema hablaremos en otro lugar.

banco, ¿podrías responder que sí está completa y exclusivamente en tu poder evitar la muerte de esos infantes? A menos que tú, estimable lector, seas Bill Gates, Jeff Bezos o, siquiera, Carlitos Slim, tendrás que responder que no depende de ti cambiar esa situación.[12] Repetimos la pregunta: ¿entonces de qué sirve preocuparnos por esos niños del décimo círculo? Ciertamente, no les quitamos el hambre con nuestra preocupación ni con nuestras lágrimas, mucho menos con nuestras oraciones y ayunos ofrecidos a la divinidad.[13]

Habiendo explicado lo anterior, preguntamos al lector, un poco retóricamente: ¿en cuál de los círculos de Hierocles estaría Ucrania con su guerra? ¿Y qué acabamos de afirmar sobre preocuparnos por lo que esté sucediendo en el décimo círculo? Afirmémoslo de manera clara y distinta: *desde la perspectiva estoica, tanto los niños que mueren de hambre en el África como la guerra ucraniana, al común de las personas que vivimos en México o América debe tenernos, absolutamente, sin cuidado.*

¿Por qué nos suena incómodo, chocante, reprobable, casi repugnante que alguien nos diga que la muerte y la guerra lejanas deben sernos indiferentes? Porque nuestras creencias nos juegan una mala pasada: si hacemos una introspección, descubriremos que tenemos un *especial apego por la preocupación* porque solemos tomarla como rasgo de una buena persona, *aun si dicha preocupación no viene acompañada de acción alguna.* Si nos enteramos de que Juan y Laura hacen nada por los niños del África, pero nos consta que Laura llora cada vez que ve una imagen de aquellos niños famélicos, ¿no nos sentiríamos inclinados a aseverar que Laura es mejor persona *porque ella, a diferencia de Juan, al menos sí se preocupa?* No obstante, si analizamos el ejemplo, tendremos que aceptar que la inutilidad de Juan y Laura es exactamente igual y que estamos cometiendo un error al juzgar su carácter por una demostración irracional de sentimentalismo. Por

---

eso, *en el estoicismo no es buena persona el que se preocupa por los otros* o, formulado de otra manera, *se puede ser una persona virtuosa y nunca jamás preocuparse por los demás.*

Desde la perspectiva estoica, *preocuparse por los demás sirve de nada –excepto si quieres ser infeliz–*. Los estoicos señalan esta idea cuando afirman que la compasión o el condolerse (ὁ ἔλεος en griego) es un movimiento o contracción irracional y, por tanto, nocivo, por cuanto *consiste en dolerse por algo que no está 100% bajo tu control* (cf. *DL* VII.111-112), muchas veces, además, inspirada en sucesos o cosas que no son realmente malas, como las guerras (cf. Epicteto, *Disertaciones* I.28.14-18).[14] Entonces, la invitación estoica es a *erradicar de nuestras vidas absolutamente toda preocupación por los demás, si en verdad deseamos ser felices.*

El ejemplo más cercano y sencillo de esto, muy pertinente –por cierto– para los estudiantes, es el de la tesis: por más tiempo y más intensamente que se preocupen, no por eso aparecerá escrita la tesis en su computadora. La tesis terminada depende de *ocuparse* de ella. Análogamente, *la filosofía estoica nos invita, sin que haya contradicción alguna, a no preocuparnos por los demás, pero sí a ocuparnos de ellos*. ¿De qué modo? *Ocuparnos de ellos en la medida de nuestras posibilidades, en la medida en que podamos tener un impacto en los diferentes círculos.* Así pues, a la hora de ejercer nuestra solidaridad, debemos *empezar con los que se encuentran en los círculos más cercanos y, después, en la medida de nuestras posibilidades* –hacemos mucho énfasis en esto–, *con aquellos que están en los siguientes círculos, hasta donde alcancemos*. Esto significa que la solidaridad empieza con el prójimo, pero acá "prójimo" lo estamos usando

---

[14] Según la Stoa, lo único en verdad bueno o malo es, respectivamente, la virtud o el vicio: "Lo que no hace peor al hombre, ¿cómo puede hacer peor su vida? [...] La muerte y la vida, la buena fama y la mala, el sufrimiento y el placer, la riqueza y la pobreza, todas esas cosas ocurren indistintamente a los hombres tanto a los buenos como a los malos porque no son ni hermosas ni vergonzosas. No son ni buenas ni malas (ὃ δὲ χείρω μὴ ποιεῖ ἄνθρωπον, πῶς ἂν τοῦτο βίον ἀνθρώπου χείρω ποιήσειεν; [...] θάνατος δέ γε καὶ ζωή, δόξα καὶ ἀδοξία, πόνος καὶ ἡδονή, πλοῦτος καὶ πενία, πάντα ταῦτα ἐπίσης συμβαίνει ἀνθρώπων τοῖς τε ἀγαθοῖς καὶ τοῖς κακοῖς, οὔτε καλὰ ὄντα οὔτε αἰσχρά. οὔτ' ἄρ' ἀγαθὰ οὔτε κακά ἐστι)" (Marco Aurelio, *Meditaciones* II.11.2.5-3.1; 2.4). Desde el catolicismo, líneas afines pronuncia san Agustín: "No temáis las afrentas, la cruz y la muerte: si dañasen al hombre, no las hubiera padecido el hombre asumido por el Hijo de Dios" (san Agustín, *El combate cristiano*, XI, 12).

desde su raíz etimológica: "prójimo" viene de la palabra latina *proximus* que significa, llanamente, "más cercano". Eso es lo que debemos hacer nosotros: *ayudar a los que tenemos más cerca en un sentido geográfico* y sólo después, *en la medida de nuestras posibilidades*, a aquellos que tenemos más lejos. Entonces, lo más probable es que quien lee este texto o que quien lo escribió no seamos capaces de ayudar a las personas del décimo círculo, quizá tampoco a las del noveno o del octavo. Pero, seguramente, sí podemos ayudar a las que están en los primeros cuatro o cinco círculos *y es nuestro deber hacerlo.*[15]

Entonces, los estoicos *no* dicen que no haya que ayudar a nadie, sino que hace falta vernos de arriba abajo para hacer un sincero inventario de con qué contamos y luego sí, con base en lo anterior, ocuparnos del *próximo, de aquel que está a nuestro alcance ayudar.* Seguro que aquello con lo que contamos tú y yo, estimable lector, no nos alcanza, ni remotamente, para quitarle el hambre a los niñitos africanos, o que lo que podamos decir o escribir vaya a servir para solucionar la guerra ucraniana, *y esas situaciones deben sernos indiferentes*, pero muy probablemente nuestras capacidades y nuestros medios sí nos alcanzan para darle una torta a un niño indigente que está a la vuelta de la esquina del lugar donde trabajamos o de nuestro hogar. Y ahí es donde debemos concentrarnos, ocupándonos en lo que está a nuestro alcance. El estoicismo no es una invitación a no ocuparnos de los demás, es una invitación a abandonar (auto)exigencias imposibles, a dejar de lado conductas que, más allá de generar autosatisfacción ("soy bueno porque al menos sí me preocupo"), sirven de nada. Se trata, en suma, del reconocimiento de cuándo y dónde podemos hacer algo. Como decía nuestro epígrafe, no nacimos sólo para nosotros —a fin de cuentas, *somos un animal sociable por naturaleza*—, pero tampoco nacimos para imposibles. *Sólo la solidaridad posible es nuestro deber.*

Ahora —y con esto cerramos—, por lo mismo que hemos explicado de los círculos concéntricos y de lo *eph' hêmîn*, cabe terminar este texto con

---

[15] Es importante señalar que, para el estoicismo, *no sólo se yerra por acción, sino también por omisión*: "Muchas veces es injusto quien no hace, no sólo quien hace (Ἀδικεῖ πολλάκις ὁ μὴ ποιῶν τι, οὐ μόνον ὁ ποιῶν τι)" (Marco Aurelio, *Meditaciones* IX.5).

una última aclaración: *ayudar a los seres humanos, hacer de este mundo uno mejor, necesariamente debe empezar como un ejercicio disciplinado y honesto del mejoramiento del ser humano que tenemos más próximo, esto es, de nosotros mismos.* Por exceso de conveniencia y déficit de sincera autocrítica, solemos culpar a los demás de las problemáticas y deseamos –¡exigimos!– que sean ellos quienes las solucionen. Sin embargo –y perdonará el lector que echemos mano del siguiente cliché–, cada vez que estiramos el brazo y extendemos el dedo índice para señalar a alguien –mejor: para *juzgar* a alguien–, tres de nuestros propios dedos nos están señalando. ¿Qué queremos expresar con esto?: que el esfuerzo por hacer un mundo mejor debe empezar por nosotros mismos. *Ésta es la guerra que más importa, la que más debería ocuparnos.* No Ucrania, sino el cuidado, el cultivo de nosotros mismos. Si tú haces eso, si todos hacemos eso desde nuestras sendas trincheras, la victoria, ese mundo que todos deseamos, sería simplemente inevitable. Por eso tiene todo el sentido del mundo cerrar este escrito con unas palabras del poeta Michael Jackson:

> I'm starting with the man in the mirror
> I'm asking him to change his ways
> And no message could have been any clearer
> If they wanna make the world a better place
> Take a look at yourself and then make a change.

Referencias

Boeri, Marcelo y Ricardo Salles (2014), *Los filósofos estoicos*, Academia Verlag.

Brown, Erick (2006), Hellenistic Cosmopolitanism, en Mary Gill y Pierre Pellegrin (eds.), *A Companion to Ancient Philosophy*, Malden, Blackwell Publising, pp. 549-560.

Cicerón, Marco Tulio (1987), *Disputaciones tusculanas*, Julio Pimentel (trad.), México, UNAM.

Diógenes Laertius [*DL*] (2013), *Lives of Eminent Philosophers*, T. Dorandi (ed.), Cambridge, Cambridge University Press.

Eggers Lan, Conrado *et al.* (1986), *Los filósofos Presocráticos*, vol. 3, Conrado Eggers Lan, María Isabel Santa Cruz y Néstor Cordero (trads.), Madrid, Gredos.

Epicteto (1993), *Disertaciones por Arriano*, Paloma Ortiz García (trad.), Madrid, Gredos.

Konstant, David (2009), *Hierocles the Stoic: Elements of Ethics, Fragments and Excerpts*, Atlanta, Society of Biblical Literature.

Ledur, Júlia, Kate Rabinowitz y Artur Galocha (2022), There have been over 300 mass shootings so far in 2022, *The Washington Post*, 5 de julio. Disponible en ‹https://www.washingtonpost.com/nation/2022/06/02/mass-shootings-in-2022/›.

Marco Aurelio (2005), *Meditaciones*, Francisco Cortés Gabaudán (trad.), Madrid, Cátedra.

Nussbaum, Martha (1999), Patriotismo y cosmopolitismo, en *Los límites del patriotismo*, Carme Castells (trad.), Barcelona, Paidós.

Ramos-Umaña, Leonardo (2021), Felices por siempre: estoicismo como educación de las emociones, en D. Fajardo-Chica y O. Hansberg (eds.), *La vida emocional en la pandemia*, UNAM, pp. 199-219.

Ramos-Umaña (2023a), *El cinismo es un humanismo: una aproximación a la ética de Diógenes el Perro* (en prensa).

Ramos-Umaña (2023b), *Epicteto y la lámpara de Aladino: ¿cómo desear conforme a la naturaleza (katà phýsin)?* (en prensa).

Rorty, Richard (1994), The Unpatriotic Academy, *The New York Times*, 13 de febrero, p. 15. Disponible en ‹https://www.nytimes.com/1994/02/13/opinion/the–unpatriotic–academy.html›.

San Agustín de Hipona (1954), *El combate cristiano*, Félix García, Lope Cilleruelo y Ramiro Flórez (trads.), Madrid, BAC (*Obras de san Agustín*, vol. XII).

Save the Children (2021), East Africa: Quarter of a million children may have died of starvation this year. Disponible en ‹https://www.savethechildren.net/news/east–africa–quarter–million–children–may–have–died–starvation–year›.

Wikipedia, Abu Ghraib torture and prisoner abuse. Disponible en ‹https://en.wikipedia.org/wiki/Abu_Ghraib_torture_and_prisoner_abuse›.

Capítulo 8

Agustín, Tomás y el mundo actual Breves reflexiones sobre la teoría medieval de la guerra justa

Mauricio Lecón[1]

Introducción

El 24 de febrero del 2022 el presidente de Rusia, Vladimir Putin, anunció el inicio de una "operación militar especial" en Ucrania y ordenó el avance de las fuerzas rusas a territorio ucraniano junto con las primeras acciones ofensivas. Putin ha justificado esta *operación especial* con un discurso histórico que, entre otras cosas, presenta el Estado de la Rus como el antecedente moderno de Rusia, Ucrania y Bielorrusia y que ensalza el imperio ruso (o el *Russkiy Mir)*, en general. Sin embargo, siendo alguien que ha utilizado la historia para tratar de definir y justificar su guerra en Ucrania, Putin ha caído en uno de los clichés más trillados: "Aquellos que no conocen la historia están condenados a repetirla".

En marzo de ese año se reportó el estancamiento de casi un centenar de tanques y soldados rusos en el lodo ucraniano. Putin, paradójicamente, desatendió a un viejo adagio medieval: "Nunca vayas a la guerra

---

al Este durante la primavera". El calentamiento del aire que se presenta en primavera, además de producir la floración de las plantas, el despertar de los animales que hibernan y el regreso de las especies migratorias, ocasiona importantes deshielos que, a su vez, aumentan los niveles de los ríos y lagos; lo cual, en su conjunto, produce inmensos lodazales que obstruyen caminos y otras vías de comunicación. El Este de Europa está conectado con otras regiones a través de un complejo sistema hidrográfico.

Históricamente, estos ríos permitían que las embarcaciones y, por tanto, las personas y las mercancías, se desplazaran ampliamente por la región, gracias a su anchura y a los numerosos porteos, puntos de transporte, entre los ríos. Durante el invierno, ese sistema de ríos era igualmente útil, pues cuando se congelaban se convertían en nuevas rutas de transporte, aunque a caballo, a pie o en trineo, en lugar de en barco, como se hacía durante los meses más cálidos del año. De esta manera, las condiciones climáticas de Europa Oriental históricamente condicionaron las empresas militares en la región debido a los desafíos que la primavera planteaba para la movilidad de soldados, armamento y recursos en general.

En el siglo XI, se presume que Vladimir I de Kiev ordenó reparar los caminos y puentes antes de marchar a Novgorod para pelear con su hijo, Yaroslav. En el siglo XIII, en múltiples invasiones a la Rus, los invasores también comprendieron que era mejor viajar durante las estaciones en las que el suelo era duro, ya fuera en invierno, cuando estaba congelado, o en verano, cuando estaba seco –como es el caso de la Batalla en el Neva entre los cruzados suecos que atacaban la Rus y el gobernante novgorodiano, Alexander Nevsky–. Incluso la llamada Horda de Oro conocía las condiciones y desventajas de la región: en 1237, en su ataque a la ciudad Riazan, y en 1240 cuando conquistaron Kiev, las hordas mongolas prefirieron moverse en invierno para aprovechar las autopistas que constituían los ríos helados y desplegar sus tácticas de combate. Éstas consistían en atacar rápidamente y retirarse de la misma forma, así como atraer a los enemigos a un claro mediante un amague para después atacarlos a voluntad –naturalmente, el movimiento rápido necesario para la carga y retirada hubiera sido imposible en el barro espeso de la primavera.

La pifia en la estrategia militar rusa confirma que la Edad Media no es un referente habitual para comprender nuestro mundo. Sin embargo, ciertamente, es un periodo del que podemos extraer importantes lecciones acerca de un fenómeno como la guerra; no sólo porque era algo frecuente en la época sino también porque las preocupaciones humanitarias, jurídicas y morales alrededor de ella eran muy parecidas a las nuestras. El mundo medieval no sólo fue un periodo colmado de conflictos bélicos, sino de reflexiones y acciones en torno a la evaluación, prevención y sanción de la guerra; las cuales, a luz de los recientes acontecimientos, tienen una enorme actualidad.

La teoría medieval de la guerra justa

El esfuerzo medieval por conciliar las advertencias cristianas contra la violencia con la desafortunada necesidad de la guerra obligaron a los teólogos y juristas a desarrollar lo que suele llamarse la "teoría de la guerra justa". Después de todo, es imposible seguir el mandato de Cristo de "amar al prójimo" en el campo de batalla, pues "poner la otra mejilla" en tal situación se antoja como una pésima estrategia militar.

El pacifismo cristiano proliferó en los primeros años de la Iglesia, y muchos creyentes se negaban a participar en el ejército romano. Cuando el imperio empezó a desmoronarse, el repudio cristiano a la violencia provocó una persecución oficial y cultural contra ellos. Algunos teólogos, como Orígenes y Tertuliano, defendieron el pacifismo y fueron mártires que enfrentaron mansamente la muerte. Sin embargo, la actitud cristiana ante la guerra se transformó cuando su religión quedó bajo el amparo del emperador Constantino y, después, Teodosio la convirtió en la religión oficial del imperio. El rechazo sin más a la violencia y a la guerra no era una opción intelectual para el cristianismo, pues cuando los cristianos se convirtieron en ciudadanos de pleno derecho también se obligaron a la defensa del imperio.

En consecuencia, la cuestión dejó de ser si está permitida la guerra, y pasó a ser una pregunta acerca de cuáles son las condiciones bajo las que está permitido hacer y participar en la guerra. La guerra se convirtió en un asunto espiritual para el cristianismo por sus causas y su necesidad para el plan divino. La guerra comenzó a concebirse como algo inevitable para la humanidad. La falta de paz en el mundo era un resultado obvio de que el hombre hubiera caído de la gracia. En la raíz de la guerra estaba el "pecado original" del ser humano, entendido como la preferencia humana por los placeres inferiores y físicos, como la comida, el amor humano y la riqueza, sobre los placeres superiores y espirituales, como amar a Dios y vivir moralmente. La naturaleza caída del ser humano es la raíz de la *libido dominandi* que comparece en los gobernantes (Russell, 1975: 16).

De ahí que, para algunos cristianos, como Agustín de Hipona, nunca podrá haber verdadera paz terrenal mientras los humanos estén en pecado. "[La ciudad terrena] busca cierta paz terrena aunque sea para cosas ínfimas, y desea alcanzarla incluso con la guerra" (Agustín, *Ciudad de Dios*: XV.IV). Así, la verdadera paz eterna es un ideal inalcanzable debido a la mancha del pecado; para conseguirla, el hombre debe elevarse por encima de su naturaleza finita.

Ahora bien, aunque la raíz última de la guerra sea el mal uso de la libertad de las personas, su desenlace al final involucraba un elemento divino. En la cosmología medieval, la victoria terrenal en una guerra, y la paz que le sigue, son "dones de Dios", pues sirven para el plan de salvación de la humanidad. La guerra es necesaria para la misión salvífica de la Iglesia siempre y cuando sirva como un tosco mecanismo para alcanzar la paz en la sociedad: la sociedad secular se percibe como indispensable para llevar a cabo su función de conducir a las personas hacia Dios. Al aceptar esta paz terrenal, la Iglesia se somete al gobierno secular en los asuntos no relacionados con la fe y no tiene más remedio que ceñirse a sus leyes, en lo terrenal, incluyendo las empresas bélicas.

De ahí que los autores cristianos –Agustín de Hipona y Tomás de Aquino, principalmente–[2] desarrollaran una doctrina sobre la guerra justa

---

[2] Aunque numerosos autores contribuyeron al desarrollo de estas ideas –Graciano, Cicerón, Isidoro de Sevilla, Christine de Pizan, etc.–, Agustín de Hipona y Tomás de Aquino fueron los principales responsables de estructurar la posición cristiana respecto del fenómeno de la guerra. Véanse Busek (2013) y Lynch (2014).

reflexionando acerca de las condiciones bajo las cuales los cristianos podían participar en la guerra legítimamente y sin pecado. "Frente a la aterradora perspectiva del predominio ilimitado de la fuerza bruta, cuando no se le pone atajo, tenemos que reconocer la validez jurídica y moral del uso de la fuerza. Pero este uso debería estar sujeto a una serie de normas y limitaciones, si queremos que la guerra se diferencie de un simple bandidaje" (Kakarieka, 2006: 48).

La teoría medieval de la guerra justa tiene dos partes: por un lado, refiere a los principios que definen el derecho de una comunidad soberana a emprender acciones violentas contra otra (*ius ad bellum*); por el otro, incluye las obligaciones que deben observarse y los límites que las acciones no deben transgredir durante la guerra para ser moral o legalmente aceptables (*ius in bello*).[3] Históricamente, la noción de "guerra justa" se asoció, fundamentalmente, al primer aspecto de la teoría –*i.e.* al derecho a la guerra–. Aunque no hubo una definición única del término, existen algunos elementos comunes a las distintas propuestas; a saber: la legítima autoridad del declarante, la existencia una causa justa y la recta intención de quien declara la guerra y participa en ella.

Ius ad bellum

El primer criterio (*i.e.* autoridad legítima) refiere a la necesidad de que la guerra "fuera declarada o consentida por una autoridad pública, con poder legalmente reconocido para hacer la guerra" (García Fitz, 2003, p. 37). *Prima facie*, esto no implicaba que todo acto violento, particular o comunitario, debía recibir la venía de una autoridad moral o jurídica; por ejemplo, las acciones de autodefensa no estaban sujetas a cumplir con tal requisito. Dichas acciones violentas, empero, no legitimaban el cautiverio de prisioneros o la captura de un botín, ya que no constituían guerras legales. Únicamente el príncipe o la máxima autoridad de una comunidad gozaban de la

---

[3] La teoría moderna de la guerra justa comprende reflexiones sobre las conductas y acciones debidas después de la guerra (*ius post bellum*). No me referiré a estas ideas porque se trata de un desarrollo ulterior a las contribuciones de los autores medievales. Para este tema, véanse Bass (2004) y Bellamy (2008).

potestad para declarar una guerra legal (y potencialmente justa). Al respecto, Tomás de Aquino escribe:

> No incumbe a la persona particular declarar la guerra, porque puede hacer valer su derecho ante tribunal superior; además, la persona particular tampoco tiene competencia para convocar a la colectividad, cosa necesaria para hacer la guerra. Ahora bien, dado que el cuidado de la república ha sido encomendado a los príncipes, a ellos compete defender el bien público de la ciudad, del reino o de la provincia sometidos a su autoridad (Aquino, 1994, *Summa theologiae* II-IIae, q. 40, a. 1).

Ciertamente, la fragmentación del poder civil en la organización medieval dificultaba determinar quién ostentaba dicha potestad o discriminar las competencias de otros poderes, como el sumo pontífice. Signo de ello es que, en diferentes lugares o momentos, las guerras locales (*i.e.* entre señores) eran frecuentes y legales. Precisamente, la intención de incluir el criterio de autoridad entre los exigibles para la consideración de la justicia de una guerra era procurar una cierta objetividad a las intenciones que motivaban un enfrentamiento y de esta manera superar la fragmentación política feudal, en materia de guerra, y entregar el monopolio de la violencia a la máxima autoridad para garantizar la estabilidad social y evitar que intenciones caprichosas o intereses personales detonaran una guerra.

Adicionalmente a la legitimidad de la autoridad declarante, los canonistas y teólogos medievales incluían la necesidad de una causa justa. Es decir,

> la existencia previa de un motivo suficiente que justificase el uso de la fuerza y suponía una actuación culpable por parte de un enemigo que le hiciera merecedor de un castigo. Dicho castigo no era otro que la guerra, concebida entonces como la reparación de la injusticia o del daño causado por el adversario y como el instrumento necesario para recuperar la situación de orden y de paz alteradas. Expresa o

implícitamente, la causa justa suponía un estado de necesidad, esto es, una situación en la que el empleo de la violencia resultase inevitable ante la imposibilidad de conservar la paz o de alcanzar la justicia por otros medios (2015: 48).

Esta noción medieval de causa justa está íntimamente ligada a la idea de *autodefensa*. Como si la guerra estuviera únicamente justificada cuando constituyera una respuesta a acciones culposas del adversario y persiguiera la reparación de un daño u ofensa. Lo cual convierte a la guerra en un mecanismo jurídico extraordinario para restablecer un determinado estado de cosas, entre comunidades o individuos, por una vía alterna a la judicial.

La guerra es, así, la enfermedad y el remedio social contra la ambición de poder. De muchas maneras podía quebrantarse la armonía social o política —y potencialmente, ser tenidas como posibles justificantes de una guerra defensiva—. Los autores medievales intentaron reducir las causas válidas para una guerra justa a recuperar los bienes que habían sido arrebatados por la fuerza o bien a arrojar del territorio propio a toda fuerza hostil que pretendiera instalarse. Dice Agustín de Hipona: "Suelen llamarse guerras justas las que vengan injurias, en el caso de que una nación o una ciudad, que hay que atacar en la guerra, ha descuidado vengar lo que los suyos han hecho indebidamente o devolver lo que ha sido arrebatado por medio de injurias" (Agustín, 1989, *Cuestiones sobre el Heptateuco*, 6, 10).

Finalmente, la teoría medieval del *ius ad bellum* estipula una condición subjetiva; a saber, la recta intención de los combatientes. Tomás de Aquino la describe como "una intención encaminada a promover el bien o a evitar el mal" (Aquino, 1994, *Summa theologiae* II-IIae, q. 40, a. 1). En este sentido, para que un enfrentamiento armado pudiera considerarse justo era necesaria cierta disposición de ánimo en los combatientes a restablecer la justicia y la paz perdida por la injuria de alguien externo. Así las cosas, forma parte de la justicia y legitimidad de una guerra que los participantes de una guerra defensiva combatan no por sólo en su propio beneficio y utilidad, sino anhelando un orden superior entre los hombres.

Paradójicamente, la exigencia de una recta intención en los combatientes convertía a la guerra en un acto de caridad hacia el enemigo, a quien debía reprendérsele violentamente en beneficio propio para librarle del pecado o apartarle de la injusticia y el mal camino. En otras palabras, la guerra justa exigía el afán de los individuos de impartir un castigo a los agresores. Contrario a lo que parece, dicho criterio no es producto de la ingenuidad de los autores medievales o de una visión ideal de la guerra o del ser humano.

Por el contrario, Agustín, Tomás y el resto de teólogos o canonistas que desarrollaron estas ideas sabían que los sentimientos de venganza, la búsqueda de riquezas y honores, el afán de dominio y otros parecidos acompañarían irremediablemente a los participantes de la guerra. Sin embargo, esta exigencia moral no apunta a la impasibilidad del guerrero durante el combate, cuanto a la necesidad de que las acciones violentas nazcan de un genuino anhelo de justicia. Indudablemente, la recta intención constituía un requisito de justicia difícil de sancionar debido a la naturaleza de las motivaciones humanas.

No obstante, a la fecha, la intencionalidad constituye un elemento clave en muchos sistemas penales para la tipificación de las acciones de una persona o la imposición de penas. En el mundo medieval se apelaba a la prudencia de jueces, confesores y moralistas para colegir las intenciones detrás de las acciones de las personas al momento de dirimir responsabilidades; por ejemplo, las acciones como la violencia innecesaria, la destrucción o el daño a otros infligido por un guerrero podían ser objeto de reclamo por parte de la víctima apelando a la mala fe o malicia de éste. En tal sentido, Agustín advierte que "el deseo de dañar, la crueldad en la venganza, el ánimo no aplacado e implacable, la ferocidad de la rebelión, la pasión de dominio y cosas semejantes: he aquí lo que, conforme a derecho, se considera culpa en las guerras" (Agustín, 1993, *Contra Fausto* 22, 74).

Ius in bello

De los criterios establecidos para librar una guerra justa se desprende la cuestión acerca de la manera en que los combatientes deben comportarse en estos conflictos. ¿Cabe esperar una contención de la violencia empleada, una proporción entre la fuerza utilizada y la agresión padecida o una moderación en los medios utilizados para la legítima defensa? O, por el contrario, ¿la licitud de la guerra ampara cualquier tipo de comportamiento o recurso empleado en la guerra? Los autores medievales de la guerra justa dedicaron poca atención a esta faceta de la guerra justa en comparación con su justificación.

No obstante, los pronunciamientos que existen al respecto dibujan posiciones ambivalentes que acusan una tensión entre las distintas exigencias morales impuestas a los individuos. Por un lado, Agustín y Tomás de Aquino parecen sugerir cierta proporcionalidad de la violencia empleada en el campo de batalla. Como si los guerreros sólo pudieran utilizar un mínimo de fuerza y debieran evitar los medios violentos que causan sufrimiento gratuito o provocan daños innecesarios. De no hacerlo, los combatientes obrarían inmoralmente y serían sujetos de pecado.

> Si uno, para defender su propia vida, usa de mayor violencia que la precisa, este acto será ilícito. Pero si rechaza la agresión moderadamente, será lícita la defensa, pues, con arreglo al derecho, es lícito repeler la fuerza con la fuerza, moderando la defensa según las necesidades de la seguridad amenazada (Aquino, 1994, *Summa theologiae* II-IIae, q. 64, a. 7).

La necesidad de contener la violencia ejercida responde a la caridad debida al enemigo, la cual debía manifestarse en distintas formas. Primero, a través de la obligación de moderar la propia fuerza con la que se combate al adversario. A esto, dice Agustín en una carta a Bonifacio:

> Cuando te armes para combatir, piensa ante todo esto: también tu fuerza corporal es un don de Dios. Así no pensarás en utilizar contra Dios el don de Dios. [...] La voluntad debe querer la paz, aunque la necesidad lleve a la guerra, para que Dios nos libre de la necesidad y nos mantenga en la paz. No se busca la paz para promover la guerra, sino que se va a la guerra para conquistar la paz. Sé, pues, pacífico aun cuando

combates, para llevar, al vencerlos, al bien de la paz a aquellos mismos contra quienes luchas. [...] Sea la necesidad, y no la voluntad, la que extermine al enemigo en armas. Así como se contesta con la violencia al que se rebela y resiste, así se le debe la misericordia al vencido y prisionero, especialmente cuando no se teme de él la perturbación de la paz (Agustín, 1993, *Ep.* 189, 6).

En segundo lugar, el guerrero justo no sólo reduce los daños materiales ocasionados, sino que su intención se mantiene firme en lo inmaterial. Aunque la confiscación de bienes y propiedades del enemigo eran prácticas consustanciales a la guerra y estaban plena y jurídicamente admitidas, estas actuaciones sólo eran lícitas cuando la intención del confiscador era la reconstrucción de la justicia y no el enriquecimiento a costa del enemigo.

Si los que saquean a los enemigos hacen guerra justa, aquellas cosas que por violencia adquieren en la guerra se convierten en suyas propias; en esto no hay razón de rapiña y, por consiguiente, no están obligados a la restitución. Sin embargo, aun estos que hacen una guerra justa pueden pecar por codicia al apoderarse del botín si es mala su intención, es decir; si pelean no por la justicia, sino principalmente por el botín (Aquino, 1994, *Summa theologiae* II-IIae, q. 66, a. 8, ad. 1).

Finalmente, la virtud de los combatientes de una guerra justa debía expresarse evitando el engaño de la palabra y en la obra. Esto implicaba, por un lado, el deber militar de evitar la mentira y respetar los pactos, promesas y acuerdos celebrados con el adversario. Advierte Agustín (*Ep.* 189, 6): "Cuando se promete fidelidad, hay que guardársela también al enemigo contra quien se combate". Tomás de Aquino reitera esta idea en la *Summa theologiae* reconociendo que, "en efecto, hay derechos de guerra y pactos que deben cumplirse, incluso entre enemigos" (II-IIae, q. 40, a. 3).

Por otra parte, el guerrero justo debía evitar el empleo de tácticas y estratagemas engañosas, siempre que no comprometieran la empresa militar. Conseguir de manera virtuosa la victoria debía ser la finalidad del hombre justo en oposición a los viciosos o perversos; quienes "aun cuando ambicionaban el honor; pero lo hacían valiéndose de malas artimañas, es decir, con astucias engañosas" (Agustín, 2007, *La Ciudad de Dios* V, 12).

En consecuencia, la doctrina medieval de la guerra incluye una llamada a sus participantes a limitar la fuerza y medios empleados durante el combate, así como a conservar la motivación recta al pelear, con el propósito de moderar los efectos de la guerra.

Ahora bien, tanto Agustín de Hipona como Tomás de Aquino parecen contradecir dichas recomendaciones morales y jurídicas favoreciendo un mayor pragmatismo militar. Al final, la justicia de la guerra pareciera imponer la necesidad a sus combatientes de que la causa justa resulte triunfante a toda costa. Si la guerra era considerada lícita, tanto por la autoridad que la declaraba, como por la causa que la provocaba y el ánimo con el que se libraba, no importaba el tipo de violencia y de actuación contra los enemigos; incluso si implicaba engaño, traición, crueldad, destrucción o la muerte de inocentes.

Por ejemplo, el propio Tomás de Aquino concede que los engaños por omisión (*i.e.* aquellos planes y acciones ocultos ideados para hacer mal a un enemigo, como emboscadas o ataques sorpresa) son lícitos y no se oponen a la justicia ordenada en una guerra justa (Aquino, 1994, *Summa theologiae* II-IIae, q. 40, a. 3). Esta licencia se extendía, también, a otras acciones violentas y a los medios empleados para el combate. Lo cual pareciera una contradicción o, al menos, arroja una imagen de la guerra opuesta a lo que los principios del *ius ad bellum* dibujan. Pues esto implica que el fin perseguido en una guerra justa es razón para alcanzarla por cualquier medio.

Es importante reparar, nuevamente, en la mentalidad medieval para evitar concebir a Agustín, Tomás y a otros pensadores como unos cínicos de la guerra. Ciertamente, en las guerras justas, la legítima causa, la reparación de una injusticia, la venganza de una ofensa, la defensa del bien común, legitimaban a los individuos al uso de todas aquellas vías e instrumentos necesarios para doblegar al enemigo; y, si no se llevaban a la práctica, se estaba tentando a Dios al obstaculizar la recomposición del orden y de la paz. Sin embargo, se trataba de una licencia extraordinaria –por decirlo de alguna manera–, en la medida en que las recomendaciones del *ius in bello* debían procurarse hasta donde la misión militar lo permitiera. En otras palabras, primero había que intentar la victoria mediante la aplicación de una fuerza moderada, y sólo en caso de un posible fracaso valerse de medios, estrategias y acciones más violentas.

Al final, la guerra justa, en tanto guerra defensiva, es un mecanismo jurídico para restablecer el orden alterado por los injustos, y así, los combatientes de estas guerras son meros verdugos que ejecutan un castigo (*i.e.* un bien para el injusto). De ahí que la virtud de los guerreros estuviera supeditada a la voluntad de la autoridad pública, a quien le debían plena obediencia. Como explica García Fitz, "la moderación y el ánimo recto y pacífico quedaban reservados a la disposición interna de los soldados y comandantes, al mundo de las intenciones, no al terreno de las acciones, donde la violencia ilimitada, puesta al servicio de la justicia de la guerra, encontró legitimidad plena" (2003: 66).

Conclusión

Los conflictos bélicos contemporáneos comprenden elementos que rebasan los alcances de las ideas medievales. No obstante, el pensamiento medieval no es del todo obsoleto al momento de pensar acerca de los acontecimientos bélicos actuales. Acontecimientos como la guerra entre Rusia y Ucrania –aunada a las decenas de conflictos bélicos que ocurren simultáneamente en el mundo– parecen confirmar que la violencia es algo intrínseco a la humanidad, como intuyeron algunos autores medievales. Pero más importante aún, nos recuerdan la necesidad de herramientas conceptuales que ayuden a pensar en el ineludible fenómeno de la guerra y que, a la postre, sirvan para elaborar mecanismos jurídicos que puedan regularla y sancionar a sus participantes.

A pesar de que las teorías medievales de la guerra no son, en sí mismas, el remedio conceptual buscado, la teoría medieval de la guerra justa ofrece los parámetros para construir un marco ético con el que se determine cuándo está permitido ir a la guerra. Contrario a lo que pueda pensarse, dicha teoría no es una prerrogativa cristiana ni un mecanismo arcaico para la justificación de la violencia por parte de algunos. Ciertamente, la teoría de la guerra justa fue desarrollada, fundamentalmente, por teólogos cristianos; pero sus ideas y propuestas no dependen enteramente de la doctrina cristiana, sino que pueden suscribirse y aplicarse en cualquier contexto ético secular. Además, es importante reparar en que el objetivo de los autores medievales de esta teoría no era tanto justificar las guerras, cuanto prevenirlas, demostrando que ir a la guerra, excepto en ciertas circunstancias limitadas, es un error. Así, la doctrina de la guerra justa no sirve para declarar una guerra como buena. Para la teoría medieval de la guerra justa, la guerra es siempre mala y la guerra justa es sólo un mal menor.

Al final, la teoría medieval de la guerra justa es relevante para esta época, pues recuerda la importancia de construir una guía para que las autoridades públicas la sigan en posibles situaciones de conflicto –aunque, ciertamente, también un individuo puede utilizar la teoría como ayuda para decidir si es moralmente correcto participar en una guerra concreta–. Adicionalmente, los individuos y los grupos políticos pueden utilizarla como marco para debatir sobre posibles guerras; por ejemplo, acerca de su legitimidad, sus consecuencias o de las implicaciones morales para quienes toman parte en ellas.

Referencias

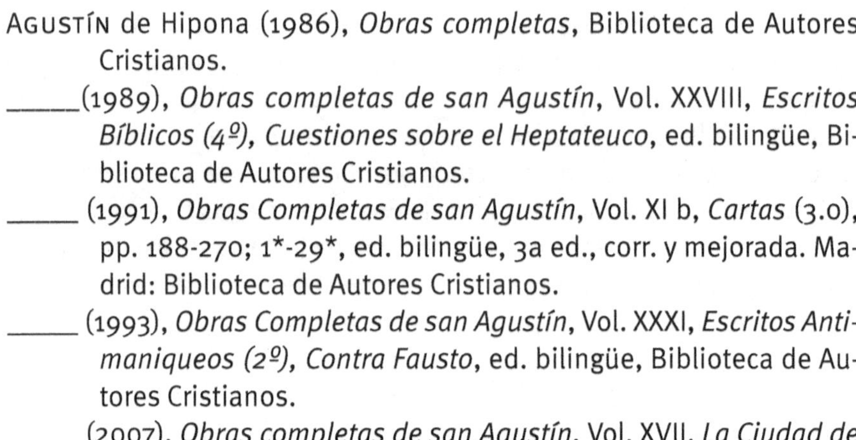

Agustín de Hipona (1986), *Obras completas*, Biblioteca de Autores Cristianos.

______(1989), *Obras completas de san Agustín*, Vol. XXVIII, *Escritos Bíblicos (4º), Cuestiones sobre el Heptateuco*, ed. bilingüe, Biblioteca de Autores Cristianos.

______ (1991), *Obras Completas de san Agustín*, Vol. XI b, *Cartas* (3.0), pp. 188-270; 1*-29*, ed. bilingüe, 3a ed., corr. y mejorada. Madrid: Biblioteca de Autores Cristianos.

______ (1993), *Obras Completas de san Agustín*, Vol. XXXI, *Escritos Antimaniqueos (2º), Contra Fausto*, ed. bilingüe, Biblioteca de Autores Cristianos.

______ (2007), *Obras completas de san Agustín*, Vol. XVII, *La Ciudad de Dios (2º)*, 6ª ed., Biblioteca de Autores Cristianos

Aquino, Tomás de (1994), *Suma de teología (Summa theologiae)*, 2ª ed., Vols. 3-4, Biblioteca de Autores Cristianos.

Bass, G. (2004), Jus Post Bellum, *Philosophy and Public Affairs*, 32(4), pp. 384-412.

Bellamy, A. J. (2008), The Responsibilities of Victory: "Jus Post Bellum" and the Just War, *Review of International Studies*, 34(4), pp. 601-625.

Busek, R. (2013), Defenders of the Faith: Augustine, Aquinas, and the Evolution of Medieval Just War Theory, *Saber and Scroll*, 2/1, pp. 7-19.

García Fitz, F. (2003), *Edad Media: guerra e ideología: justificaciones jurídicas y religiosas*, Ediciones Sílex.

Kakarieka Siliute, J. (2006), La doctrina de la guerra justa en san Agustín, *Revista Católica Internacional Communio de Lengua Hispana para América Latina*, 10, pp. 35-48.

LYNCH, L. (2014), Protecting the non-combatant: Chivalry, Codes and the Just War Theory, *Ex Historia*, 6, pp. 59-80.

RUSSELL, H. F. (1975), *The Just War in the Middle Ages*, Cambridge University Press.

CAPÍTULO 9

Theodor Adorno y Max Horkheimer: reflexiones sobre el origen de la violencia

Cecilia Coronado[1]

*Habrá muchos individuos o pueblos que piensen,
más o menos conscientemente, que todo extranjero es un enemigo.
En la mayoría de los casos esta convicción yace en el fondo de las almas
como una infección latente; se manifiesta sólo en actos intermitentes
e incoordinados, y no está en el origen de un sistema de pensamiento.
Pero cuando éste llega, cuando el dogma inexpresado se convierte
en la premisa mayor de un silogismo, entonces,
al final de la cadena está el Lager.*
Primo Levi, *Si esto es un hombre* (1947)

Introducción

Una de las formas más habituales en las que Adorno y Horkheimer se refieren al Holocausto es hablar del suceso como una recaída en la barbarie. Se

---

[1] Universidad Panamericana, Instituto de Humanidades.

refieren a Auschwitz como una asesinato programado, sistematizado, producto no de la *barbarie* del hombre sino de su civilización. En esta primera formulación se pone de manifiesto una paradoja en la que quisiera reparar: la relación entre *civilización* y *barbarie*. Habitualmente se ligan a la palabra *civilización* conceptos como los de progreso, mejora, calidad, industria e, incluso, orden. Pero en este enunciado no. La matanza a la que aluden estos autores se realiza a través de medios técnicos; es planificada, racionalizada y en medio de la civilización. También es claustrofóbica y violenta:

> Se puede hablar de la claustrofobia de la humanidad en el mundo administrado, de un sentimiento de estar encerrado en un nexo socializado por completo, tupido como una red. Cuanto más tupida es la red, más quiere la gente salir, pero más difícil es conseguirlo. Esto refuerza la ira contra la civilización. La lucha contra ella es violenta e irracional (Adorno, 2009: 601).

Este párrafo –que parece una descripción de la *jaula de hierro* de Max Weber– muestra el problema que Adorno quiere señalar. Dado que cada aspecto del desarrollo de la sociedad está tan administrado, asfixia y no deja salida a los individuos. Al final, su esfuerzo por salir, sin lograrlo, sólo genera más frustración, la cual termina traduciéndose en ira y violencia. El objetivo de este capítulo es explicar cuáles son las causas que, en opinión de algunos de los autores de la Escuela de Frankfurt, desencadenan tales hechos violentos. De esta manera se demostrará por qué es relevante acudir a sus ideas para entender el problema general de la violencia, incluso en sus formas actuales y no sólo en el contexto del Holocausto. Para ello, explicaré una primera causa de la violencia, a saber, el autoritarismo (1). Luego, explicaré la segunda causa que, en mi opinión, se centra en sus estudios sobre la racionalidad instrumental (2). Una vez analizados ambos temas, se entenderá por qué la Escuela de Frankfurt es una buena plataforma o referente teórico para explicar el origen de la violencia, así como un interesante punto de partida para abonar a una solución a partir de su propuesta educativa (3).

El enfoque que utilizaré para analizar ambos problemas será distinto en cada uno de los apartados. En la primera parte –el autoritarismo– se hará una aproximación sociológica y experimental al tema. A partir de distintos escritos durante el nazismo, Adorno y algunos de sus colaboradores se preguntaron por las causas de la violencia atendiendo a diversas estadísticas y entrevistas que luego fueron publicadas en libros. También Horkheimer habla del tema de autoritarismo, aunque su enfoque termina atendiendo más a temas de autoridad paterna y de la familia. De ahí que esta sección estará más centrada en Adorno y se apoyará en un caso llamado "La tercera ola" que permite explicar por qué las causas de la violencia no sólo se dan en contextos determinados. El segundo tema –la racionalidad instrumental–, se explorará desde una perspectiva más teórica o reflexiva. Para esta parte me apoyaré mayormente en el pensamiento de Horkheimer, dado que fue él quien acuñó este término, en 1944, bajo las coordenadas específicas del Holocausto, durante su estancia en Columbia, al dictar una conferencia dirigida a estudiantes, la cual se transformaría en su libro *Eclipse of Reason*. En ella se explican los efectos que, en su opinión, provoca un uso unilateral de la razón. A partir de dichas descripciones se entenderá por qué ambas aproximaciones aportan claridad a las causas de los eventos violentos actuales y ayudan a reflexionar sobre posibles vías de solución.

Autoritarismo

Para introducirnos a este tema vale la pena destacar que, entre las causas que los autores de la Escuela de Frankfurt mencionan para describir el origen de Auschwitz, no se encuentra ninguna referencia al pueblo alemán. De hecho, incluso descartan la posibilidad de que sea alguna característica específica de este pueblo lo que dio origen a Auschwitz. Lo que sí mencionan es que se originó por un nacionalismo agresivo.[2] Es decir, un sentimiento

---

[2] "El genocidio tiene sus raíces en esa resurrección del nacionalismo agresivo que desde finales del siglo xix se produjo en muchos países" (Adorno, 2009: 600).

que se gesta poco a poco y por diversas circunstancias, el cual termina por incidir directamente en la forma de relación con lo semejante y con lo otro, con lo desconocido. No por nada Huntington (1997) señalaba años atrás en *El choque de las civilizaciones* que lo conocido genera cierta paz, mientras que lo desconocido cierto rechazo o desprecio. En otras palabras, nos sentimos más cómodos con lo conocido que con lo desconocido. Adorno (2009) concluye que este tipo de nacionalismo lo engendran individuos con una personalidad determinada, en donde destacan: 1. Una identificación ciega con un colectivo. 2. Un carácter manipulador. 3. La incapacidad de identificación personal.

En cuanto a lo primero –la identificación ciega con un colectivo– menciona que las personas que se integran ciegamente a una masa tienen la peculiaridad de borrarse como seres autodeterminados. Y una vez que se elimina su identidad, son capaces de despersonalizar al "otro" y tratarlo como cosa. Sobre el carácter manipulador, indica que éste se caracteriza por una especie de "furia organizativa", causada por la incapacidad de tener experiencias humanas inmediatas, por un realismo exagerado y por una carencia de emociones. Se trata de una persona que sólo quiere "hacer cosas" (*doing things*), pero sin importarle el qué está haciendo, su contenido. El tercer aspecto, a saber, la incapacidad de identificación personal es una especie de consecuencia o resultado de las dos primeras: sólo aquel que no logra una identificación personal auténtica es quien puede integrarse ciegamente a un colectivo y adoptar sin reparo un carácter manipulador.

La obra *Personalidad autoritaria* nace de una preocupación concreta por el antisemitismo, en ella los autores trataron de hallar referencias empíricas a la teoría sobre el carácter autoritario. Para Maslow, Erikson y Fromm el autoritarismo puede describirse como una tendencia general a colocarse en situaciones de dominación o sumisión frente a los otros como consecuencia de una básica inseguridad del "yo" (Adorno *et al.*, 1965). El autoritarismo significa una predisposición defensiva a conformarse acríticamente a las normas y mandatos del poder conferido al sujeto de autoridad (Adorno *et al.*, 1965). Desde el punto de vista individual, los autoritarios son personas que invariablemente se hallan dispuestas a coincidir con las autoridades porque necesitan la aprobación (o la supuesta aprobación) de éstas como un alivio de su ansiedad personal:

> En la corriente acelerada de la transformación social, vemos un mundo dividido por facciones encontradas, donde la búsqueda de enemigos y la preocupación por las fronteras, parece ser una necesidad de los hombres y de los grupos para afirmar la medrosa imagen que tienen de sí mismos. Por lo tanto, es de positivo valor en estos momentos indagar en los procesos o tendencias que llevan a discriminar, odiar y perseguir a las minorías, a los débiles o a los diferentes (Adorno *et al.*, 1965: 3).

Para los autores de *Personalidad autoritaria*, ocurren tres clases de procesos motivacionales en la adopción de determinadas ideologías políticas: 1. La necesidad de racionalidad o de dar un sentido al mundo que nos rodea. 2. La necesidad de aceptación social y de ser como los demás. Y 3. La necesidad de defender al "yo" de un monto excesivo de ansiedad. Es este último punto el que caracteriza la predisposición a adoptar ideologías autoritarias. Para Maslow, el individuo autoritario ve el mundo "como una jungla en la que la mano del hombre está necesariamente contra otro hombre y en que los seres humanos son concebidos como egoístas, malos o estúpidos" (Adorno *et al.*, 1965: 5). Por ello, tiene la tendencia a considerar a los demás como rivales que, o son superiores y, por consiguiente, deben ser temidos, adulados y admirados, o son inferiores y, por tanto, han de ser despreciados, humillados y dominados. Los autores de este libro ponen el acento en la visión que tiene el sujeto autoritario de una rígida estructuración jerárquica del mundo. Es decir, que, en lugar de la lucha de todos contra todos, aquí se enfatiza el sometimiento a un orden preestablecido. Hannah Arendt, en *Los orígenes del totalitarismo*, también analiza la personalidad sumisa que caracteriza a las personas que se unen a determinados colectivos. Contrario a lo que podría pensarse, su análisis no concluye que los que poseen una personalidad definida son los que se unen a los colectivos. Al contrario, se trata de personas sin una concepción fuerte de sí mismos y que carecen de motivaciones personales o de sentido de vida. Este tipo de personas se adhieren con mayor facilidad a algún líder carismático que parece integrar ideales y anhelos de los que ellos carecen.

El caso de "La tercera ola" refuerza este hecho y explica cómo la personalidad manipuladora y fenómenos como Auschwitz no surgen en territorios determinados, sino que residen de forma latente en cualquier época, lugar y situación; siempre y cuándo se cumplan determinadas condiciones. Se trata de un experimento realizado por el profesor de historia Ron Jones, quien pretendía explicar el surgimiento del nazismo a sus estudiantes de secundaria en el instituto de Palo Alto, California, en 1967 (hace 55 años). Jones, al no poder explicar a sus alumnos por qué los ciudadanos alemanes permitieron que el partido nazi exterminara a millones de judíos, intentó mostrárselos a través de un ejercicio. El profesor comenzó a implementar su idea en cosas simples, por ejemplo, estableciendo normas disciplinarias en el salón de clases, formas de actuar o distintivos para el grupo, de esta forma logró convertir a su clase en un grupo con un gran sentido de pertenencia. De pronto, toda la escuela se unió al movimiento con actitudes de superioridad y desdén hacia los que no pertenecían a ésta, así como hacia los débiles o diferentes, desembocando en formas de violencia importantes.[3] Los resultados de este estudio muestran que incluso las sociedades libres y abiertas no son inmunes al atractivo de ideologías autoritarias y dictatoriales. Además, evidencia –como muchos otros estudios lo hacen–[4] la maleabilidad de la mente del ser humano, así como su predisposición al sentimiento de superioridad. Y más importante aún, el experimento refleja cómo estos sucesos violentos no surgen en un pueblo determinado ni fueron impulsados por una lengua o tierra específica. Tristemente, es un hecho que puede darse en cualquier circunstancia, como se ha visto en cada momento histórico.

---

[3] Para más información sobre el experimento puede consultarse: ‹https://www.thewavehome.com/›.

[4] Como el experimento de Milgram o la cárcel de Stanford. Para más información al respecto pueden consultarse: S. Milgram (1963), S. Kuhl (2007) y P. Bocchiaro y Z. Philip (2017).

El análisis que la Escuela de Frankfurt hace del autoritarismo sirve, entre otros motivos, para informar de la importancia de reparar en las razones que llevan a los victimarios a cometer sus crímenes. Los estudios del tema, en su opinión, deben reparar en esos casos más que en las víctimas. Aunque sería ingenuo pensar que aquello conduciría a la eliminación de la violencia, sí considero que promover la reflexión filosófica en este sentido es un paso hacia la dirección correcta en la búsqueda de posibles soluciones. La tarea posterior, quizás, será concretarla o aterrizarla. Esto puede ser un estudio de interés para la Filosofía aplicada o para estudios interdisciplinares serios.

Razón instrumental

Horkheimer considera que el sentido de instrumento tiene que ver con "aquello para lo que algo es creado". Su concepto de "razón instrumental" se comprende mejor a la luz de la teleología, que a la luz de la eficiencia o la mecánica. De ahí que, al intentar encontrar otros autores que traten este término o que hagan referencia a ciertos ámbitos en donde se despliega el uso instrumental de la razón, la referencia más clara es Max Weber cuando utiliza el término "racionalidad con arreglo a fines" o cuando describe algunas características del "proceso de racionalización" en *Economía y sociedad*. Aludiendo a otros autores, hay que pensar en Adorno cuando habla de "acción estratégica" o hace referencia al "mundo administrado" en *Crítica de la cultura y la sociedad*; lo mismo ocurre en el caso de Herbert Marcuse cuando alude al término "razón unidimensional" en *El hombre unidimensional*; y también en Habermas cuando habla de "razón estratégica" en *Ciencia y técnica como ideología* o –en algún sentido– cuando utiliza la expresión de "colonización del mundo de la vida social" en *Teoría de la acción comunicativa*.

En términos generales, puede decirse que Horkheimer entiende por "razón subjetiva" lo que desde Max Weber se conoce como "acción racional con arreglo a fines" y, en contraparte, la "razón objetiva" es lo que Weber entiende por "razón sustantiva". Horkheimer considera que la razón está fragmentada: por un lado, se desarrolla la razón objetiva y por otro la subjetiva. Ambas se manifiestan en el hombre a través de un largo proceso histórico y se despliegan a la par. Dicha división no representa dos mundos separados e independientes, sino una misma razón expresada de dos modos distintos. El problema surge cuando la segunda toma prevalencia sobre la primera, reforzando el reinado de la razón instrumental. De acuerdo con Horkheimer, la razón subjetiva se concibe como la búsqueda de los medios más apropiados y útiles para un fin determinado. En consecuencia, los fines son considerados racionales en la medida en que sirven a los intereses de un individuo para su autoconservación. Como bien señala Lohmann, dicha manera de concebir la razón hace de ella misma un instrumento de auto-preservación, algo supeditado a otra cosa; de ahí que Horkheimer nombre "instrumental" a dicha concepción de la razón.[5] A la vez puede llamarse "subjetiva" porque no se preocupa de algo objetivamente razonable, sino que sólo se ocupa de lo razonable para el que piensa, para el sujeto. Es decir, la razón subjetiva no procura adecuarse a verdades objetivas, sino que, simple y llanamente, somete al mundo a sus dictados. En definitiva, la verdad sería meramente instrumental en tanto que se trata de cualquier cosa que el sujeto pueda imponer a la realidad como verdad. Por tanto, se trata de la reducción de la razón a la capacidad de calcular probabilidades y determinar los medios más adecuados para un fin dado.[6] Para la razón instrumental la pregunta por la racionalidad de los fines o la discusión por la preeminencia de un fin respecto de otro carece de importancia, dado que éstos se encuentran establecidos de antemano. Así, la razón subjetiva se caracteriza por rechazar la idea de que algo puede ser razonable por su propia virtud. Es decir, que algo pueda ser un fin en sí mismo más allá de la autoconservación. La racionalidad instrumental se limita a su capacidad de cálculo y de análisis, cuyo único objetivo es sacar la mayor ventaja y

---

[5]   Cf. G. Lohmann (1993).

[6]   Al respecto abunda Denham cuando afirma: "Where objective reason was concerned with values, goals, and principles, subjective reason was concerned with 'the ability to calculate probabilities and thereby to coordinate the right means with a given end'" (1997: 152).

beneficio con el menor costo y esfuerzo posibles. En definitiva, nos encontramos ante un término que define a la razón por su capacidad intelectual de coordinación, cuya eficacia puede ser aumentada mediante el uso metódico o la simple exclusión de factores no intelectuales como pueden ser las emociones.

En contraposición, la razón objetiva puede entenderse como: 1. La capacidad que contiene en sí misma el concepto de crítica. 2. Un instrumento capaz de entender los fines y determinarlos. Y 3. La inteligencia capaz de regular las relaciones entre el hombre y la naturaleza. Se trata de una razón que vincula a ella conceptos tales como la libertad, la justicia y la verdad, y que está representada por los grandes sistemas filosóficos. La razón objetiva se centra en las presuntas estructuras inherentes a la realidad, de acuerdo con las cuales el comportamiento teórico y práctico de los individuos debe alinearse. Ciertamente, a través del uso objetivo de la razón, el individuo dirige su acción hacia fines supremos y, por ende, su existencia no está entregada al azar. Por este motivo, a partir del uso de la razón objetiva la vida humana conserva su sentido, dado que está inscrita en un mundo de fines.

Al oponer dichos usos de la razón, se muestra que existe una gran diferencia entre concebir la razón como un principio "inviscerado en la realidad y en ella operante" (*i.e.* razón objetiva) y la doctrina que sólo ve en ella una capacidad para ponderar entre los distintos medios (*i.e.* razón subjetiva). Antes la razón se consideraba como una y la misma para todos los hombres al mismo tiempo, pero ahora se convierte en un signo sin sentido. Horkheimer hace una denuncia radical a la absolutización del uso instrumental de la razón en tanto que esto constituiría el fin de la razón.[7] La razón reducida a mero instrumento va en última instancia en menoscabo incluso de su carácter instrumental. La razón subjetiva pierde toda espontaneidad,

---

[7] Sin embargo, el llamado "fin de la razón" expuesto por Horkheimer es, sobre todo, un "lamento teñido de recomendaciones para salvarla". Cf. P. Stirk (1992: 166). Se trata de un lamento a la idea de que la razón es la encargada de determinar el modo como los hombres deben actuar; por tanto, no expresa el fin absoluto de la razón sino la decadencia de un concepto de razón en favor de otro: el declive de la razón objetiva en favor de la subjetiva. Cf. P. Stirk (1992: 158 y 166).

toda productividad, pierde la fuerza necesaria para descubrir contenidos de nuevo tipo y conferirles vigencia, pierde lo que conforma su subjetividad. Como una hoja de afeitar afilada ya demasiadas veces, este "instrumento" se convierte en algo demasiado delgado y al final ni siquiera puede afrontar con éxito las tareas de índole puramente formal a las que estaba limitado.

Naturalmente, el asumir a la razón instrumental –de la forma en que Horkhiemer la presenta– como una manera de entender el mundo y de tratar a la humanidad conduce no sólo a un trato violento entre individuos sino a una justificación de dichos actos.

Relevancia del estudio de la Escuela de Frankfurt para comprender el problema de la violencia

Más allá de describir a detalle lo que los autores de Frankfurt entienden por genocidio –dado que se ha escrito bastante al respecto–,[8] me interesa mencionar las razones por las que es relevante estudiar el origen de la violencia desde los pensadores de Frankfurt. Primero, el contexto histórico de los autores hace que estas ideas sean interesantes no por ser la primera vez que se dicen, sino porque es la primera vez que se dicen dentro de este contexto. Sabemos que desde los pensadores griegos se explican los problemas del uso unilateral de la razón, o lo que ellos entendían por razón instrumental, Aristóteles ya hablaba de "fines instrumentales". Lo interesante de la Escuela de Frankfurt es que atiende estos problemas a partir de un contexto muy particular: los campos de concentración, situación desde la cual son interpelados directamente. En resumen, de la Escuela de Frankfurt se aprende que un hecho histórico determinado puede cambiar la forma de reflexionar sobre los problemas sociales, de modo que ya no se puede escapar de ellos al momento de reflexionar al respecto.

En segundo lugar, me parece que uno de los puntos centrales de la reflexión de la teoría crítica consiste en la relevancia que le dan al tema de

---

[8]   Cf. S. Sagall (2013), S. Kelley (2015), etcétera.

la educación. Esto tampoco es una propuesta nueva. Sin embargo, considero que la educación, aunque difícil, sigue siendo el camino adecuado cuando se habla de cambiar una forma de pensamiento. Algo de tales dimensiones como lo es la violencia y como lo es reflexionar sobre lo que desencadenó Auschwitz, requiere de una propuesta no menos grande ni complicada. La educación será la clave, no para acabar con los criminales ni con la violencia, pero sí para mitigar, de cierto modo, el daño que causa que gente sin criterio –desde abajo y como siervos– justifique la ejecución de asesinatos en el cumplimiento de órdenes. El ejemplo más habitual de este tipo de lógica es, desde luego, el comportamiento de Eichmann.

Finalmente, la tercera razón por lo que me parece relevante atender a las causas de la violencia desde los pensadores de Frankfurt es porque la forma en la que analizan el origen de la barbarie puede ser aplicado a cualquier otra guerra o situación de violencia. En concreto, me refiero a la forma en la que describen la conciencia cosificada, la relación con la técnica, la falta de identificación personal, etc. Adorno considera que la incapacidad de identificarse fue la condición psicológica más importante para que Auschwitz pudiera suceder en una nación con personas hasta cierto punto educadas y aparentemente inofensivas. Añado que aquí es importante, en contraste, impulsar los estudios sobre el reconocimiento; tema fuertemente impulsado por Axel Honneth, quien reflexiona sobre la importancia de encarnar el reconocimiento en la intersubjetividad. En suma, añadir a estos estudios un análisis sobre los mecanismos que posibilitan las relaciones intersubjetivas auténticas puede ser de gran relevancia.[9]

Según Adorno, una de las salidas más sugerentes que pueden suscitarse para evitar la repetición de estos sucesos consiste en conocer los mecanismos que vuelven a las personas capaces de cometer esos crímenes.[10] Estudiar las causas que las llevan a tener esa relación "cosificadora" con el otro, así como estudiar la relación que tienen con ellos mismos. De ahí la

---

[9] En este punto destacan los trabajos de Axel Honneth al respecto: véanse Honneth (1997; 2004; 2007; 2010).

[10] "Hay que conocer los mecanismos que vuelven a las personas capaces de cometer estos crímenes, hay que mostrarles estos mecanismos y despertar una consciencia general de los mismos que impida que ellas hagan de nuevo esas cosas" (Adorno, 2009: 601).

necesidad de hacer un estudio genuinamente interdisciplinar al respecto, donde el papel de la psicología puede resultar increíblemente iluminador. Más aún, para que un estudio sea relevante en esta cuestión debe incluir investigación sobre la "conciencia cosificada" y la "relación con la técnica". Además, se debe considerar estudiar las repercusiones de darle un protagonismo inadecuado a la tecnología en la vida humana. En opinión de Adorno, esto genera "seres humanos tecnológicos". En otras palabras, seres con una especie de "velo tecnológico": incapaces de comprender cabalmente a la técnica, que la conciben como una fuerza con naturaleza propia y olvidan que es la prolongación del brazo del hombre más no un fin en sí misma.

En definitiva, la principal aportación de los autores de Frankfurt es señalar el problema de deificar las "cosas", lo cual esclarece la discusión actual sobre el origen de la violencia: los objetos abandonan su verdadero lugar y se convierten en cosas con cualidades propias y con fines propios; como si lo relevante fuera el martillo y no el hombre que martilla. Por ello, una de las características propias de la violencia es verter una percepción incorrecta sobre la realidad. De ahí la importancia de la educación en libertad y sin coacción.

Conclusiones

Las principales conclusiones a las que he llegado a partir de este análisis se enmarcan en los siguientes puntos: 1. La reflexión sobre el origen de la violencia es necesaria, dado que seguimos siendo testigos de ella en distintos momentos y situaciones por razones difíciles de explicar y, por tanto, importantes de clarificar. 2. Pensar el tema desde los términos de la Escuela de Frankfurt ayuda a poner el acento en estudios sobre los victimarios más que en las víctimas. 3. Enfatizar y analizar la relación del hombre con la técnica resulta vigente y necesario en nuestros días. 4. Es importante impulsar una educación basada en la autorreflexión crítica, de modo que el individuo no ceda fácilmente a ideas dominantes, que pueden estar ideologizadas. 5. No es trivial comprender que el problema no se debe a un momento o situación determinada sino que está presente en diversas estructuras sociales y momentos históricos.

En concreto, considero que las reflexiones de Adorno y Horkheimer sobre el origen de la violencia, a saber, el autoritarismo y la razón instrumental, nos permiten entender el problema de la violencia en las sociedades actuales, y, como consecuencia, avanzar en la dirección correcta hacia un intento de solución. Pienso, además, que atender a las causas y al problema de la violencia desde un ámbito teórico no carece de importancia, pues es sobre lo que se cimienta lo práctico. Sin embargo, es imperativo que dichos enfoques se formulen de manera adecuada para que sienten las bases de iniciativas prácticas, interdisciplinares y colaborativas, que ayuden a incidir en el modo de estructuración de ciertas instituciones sociales que ya funcionan de manera violenta sin que exista mayor reparo o reflexión acerca de su erróneo funcionamiento.

Referencias

ADORNO, T. (2009), "Auschwitz", en Educar después de T. Adorno, *Crítica de la cultura y sociedad II*, Madrid, Akal.

ADORNO, T., E. Frenkel-Brunswik, D. Levinston y R. Stanford (1965), *La personalidad autoritaria*, Buenos Aires, Proyecciones.

ARENDT, H. (1973), *The Origins of Totalitarianism*, California, Harvest Books.

BOCCHIARO, P. y Z. Philip (2017), On the Dynamics of Disobedience: Experimental Investigations of Defying Unjust Authority, *Psychology Research and Behavior Management*, 10, pp. 219-229.

DENHAM, H. (1997), "The Cunning of Unreason and Nature's Revolt: Max Horkheimer and William Leiss on the Domination of Nature", *Environment and History*, Vol. 3, núm. 2, pp. 149-175.

HONNETH, A. (1997), *La lucha por el reconocimiento: Por una gramática moral de los conflictos sociales*, Barcelona, Grijalbo.

______ (2004), "Recognition and Justice. Outline of a Plural Theory of Justice", *Acta Sociológica*, Vol. 47, núm. 4, pp. 351-364.

______ (2007), *Reificación. Un estudio en la teoría del reconocimiento*, Buenos Aires, Katz.

______ (2010), "Reconocimiento y criterios normativos", en G. Pereira, Entrevista a Axel Honneth, *Andamios*, Vol. 7, núm. 13, mayo-agosto, pp. 323-334.

HORKHEIMER, M. (1996), "Sobre el concepto de razón", en M. Horkheimer y Th. Adorno, *Sociológica*, Madrid, Taurus.

______ (2009a), "Razón y conservación", en M. Horkheimer, *Teoría tradicional y teoría crítica*, Barcelona, Paidós.

______ (2009b), *Teoría tradicional y teoría crítica*, Barcelona, Paidós.

______ (2010), *Crítica de la razón instrumental*, Madrid, Trotta.

HUNTINGTON, S. (1997), *The Clash of Civilizations and the Remaking of World Order*, Nueva York, Touchstone.

KELLEY, S. (2015), Hermeneutics and Genocide: Giving Voice to the Unspoken, *Palgrave Communications* 1.1. Disponible en ‹https://ssrn.com/abstract=2676602› o ‹http://dx.doi.org/10.1057/palcomms.2015.31›.

KUHL, S. (2007), Welcome to the Club. The Discussion about the Organizational Character of the Deportation Experiment, the Soda Cracker Experiment, the Stanford Prison Experiment and the Milgram Experiment, *Zeitschrift für Soziologie* 36 (4), pp. 313–319.

LOHMANN, G. (1993), "The Failure of Self-Realization: an Interpretation of Horkheimer's *Eclipse of Reason*", en S. Benhabib *et al.* (eds.), *On Max Horkheimer. New Perspectives*, Londres, The MIT Press, pp. 388-389.

MILGRAM, S. (1963), "Behavioral Study of Obedience", *The Journal of Abnormal and Social Psychology*, 67, pp. 371-378.

SAGALL, S. (2013), *Final Solutions: Human Nature, Capitalism and Genocide*, Londres, Pluto Press.

SCHNÄDELBACH, H. (1993), "Max Horkheimer and the Moral Philosophy of German Idealism", en S. Benhabib *et al.* (eds), *On Max Horkheimer. New Perspectives*, Londres, The MIT Press.

SHAW, B. (1985), "Reason, Nostalgia, and Eschatology in the Critical Theory of Max Horkheimer", *The Journal of Politics*, Vol. 47, pp. 160-181.

STIRK, P. (1992), *Max Horkheimer: A New Interpretation*, Gran Bretaña, Harvester Wheatsheaf.

Arte, belleza y guerra

CAPÍTULO 10

El desencanto de la prosperidad
La Revolución mexicana en *Pedro Páramo*

Gustavo Esparza[1]

Introducción

De acuerdo con la teoría estética desarrollada por Ernst Cassirer, la cual, de manera sintética plantea que el Ser expresa haciéndose manifiesto mediante la simbolización de las actividades humanas (mito, lenguaje, ciencia, arte u otros),[2] es posible establecer que la guerra es una expresión cultural.[3] La modalidad de expresión que se puede derivar de ella necesariamente requiere de un símbolo de intermediación a través del cual se posibilite su interpretación. En este sentido, la pregunta que se quiere proponer es: ¿qué tipo de expresión o sentido se puede derivar de la guerra? Sobre la pregunta

---

[1] Universidad Panamericana, Instituto de Humanidades, Aguascalientes.

[2] Ésta es una de las tesis centrales del autor, la cual manifiesta en cada uno de los volúmenes de su obra magna. Particularmente, en el tercer volumen, dedicado a la *Fenomenología del conocimiento*, plantea lo siguiente: "Cuando se designan al lenguaje, al mito y al arte como 'formas simbólicas' esta expresión parece presuponer que todas ellas, como modalidades espirituales de configuración, se remontan a un último estrato de lo real que en ellas sólo se vislumbra como a través de un medio extraño. Parece que nosotros sólo podemos captar esa realidad en la peculiaridad de estas formas; sin embargo, esto implica que ella no sólo se revela, sino también se oculta en ellas" (Cassirer, 1998: 13).

[3] Para una interpretación del problema de la guerra como "expresión cultural" en Cassirer, se pueden consultar los siguientes trabajos: Esparza (2017); Dreizik, Ríos Flores, Lumerman (eds.) (2020).

hay que tener en cuenta que el propio Cassirer en *El mito del Estado*[4] y en "La técnica de los mitos políticos modernos",[5] se opuso enérgicamente a la guerra al considerarla una expresión mítica devastadora e irracional. En ese sentido, en la presente exposición no queda más que manifestar que estamos ante un modo de expresión cultural contraria a la propia forma y esencia de la cultura, es decir, una modalidad contra–cultural. Sin embargo, la pregunta que queremos responder no es directamente respecto de la guerra, sino en atención a aquellas expresiones que han querido reconstruir el fenómeno bélico, para entender si es posible una estética del horror.

Para resolver el problema previo: responder si es posible una estética del horror bélico, se elabora una lectura de *Pedro Páramo* y su visión sobre la Revolución mexicana; se mostrará que la destrucción de Comala y su posterior defensa de los grupos armados[6] se deriva de una visión individualista y ególatra de Pedro Páramo (PP). En la propia novela se advierte la capacidad del cacique de Comala para resguardar a los pobladores de una invasión, lo que expresa un control político absoluto, pero al mismo tiempo refleja la experiencia de un Estado totalitario que destruye el bien comunitario en favor del bien del gobernante.

El desencanto de la prosperidad. Dialéctica entre abundancia y destrucción

La novela comienza con la llegada de Juan Preciado, quien emprende un viaje para reclamarle a su padre el olvido en que los dejó, pero en la prefiguración del camino el hijo pródigo asume como visión permanente la idea de una región fértil:

---

[4]   Cassirer (2003).

[5]   Cassirer (2020).

[6]   Esta relación la deja en claro el propio Rulfo en una entrevista concedida a Juan Soler: Soler Juan y Juan Rulfo (1977).

Yo imaginaba ver aquello a través de los recuerdos de mi madre, de su nostalgia entre retazos y suspiros. Siempre vivió ella suspirando por Comala, por el retorno; pero jamás volvió. "Hay allí, pasando el puerto de Los Colimotes, la vista muy hermosa de una llanura verde, algo amarilla por el maíz maduro. Desde ese lugar se ve Comala, blanqueando la tierra, iluminándola durante la noche". Y su voz era secreta, casi apagada, como si hablara consigo misma... Mi madre (González Boixo, 2018: 176).

En cambio, al mirar la desolación del lugar, Juan descubre que toda la región se ve "tan triste"[7] y eventualmente descubre que la prosperidad de la que gozaba la tierra se debía a la violenta administración de su padre. Al respecto, José González Boixo ha hecho notar que la transmutación del paraíso que era Comala hacia un infierno se debe al despojo de los bienes individuales: "Cuando Pedro Páramo echa a su gente y se sienta en su equipal, cara al camino, el paraíso comienza a transformarse en infierno" (González Boixo, 1984: 79). Esta degradación no sólo representará la pérdida de la riqueza de la región, sino la real reconfiguración espacial de Comala; dos son los factores que inciden en esta condena: primero, ante la imposibilidad de perdón del padre Rentería por los pecados que él había cometido, se pierde a su vez la posibilidad de redención de todas los habitantes del poblado, lo que se traduce en el eventual errar de almas, pero este primer punto no lo consideraremos en el presente capítulo.[8] El segundo corresponde, precisamente, a la administración de Pedro Páramo.

---

[7] En el diálogo que Juan tiene con su medio hermano Abundio se describe este asombro por el contraste entre imagen y realidad:
—¿Cómo dice usted que se llama el pueblo que se ve allá abajo?
—Comala, señor.
—¿Está seguro de que ya es Comala?
—Seguro, señor.
—¿Y por qué se ve esto tan triste?
—Son los tiempos, señor (*Pedro Páramo*, §1, 176).

[8] Para este caso, véase el trabajo de Rafael Camorlinga (2004); sin embargo, conviene contrastar las conclusiones que este autor propone sobre la función del padre Rentería, para ello se recomienda el trabajo de González Boixo (2018).

Pedro Páramo asume el control político y administrativo de la región a través de las matanzas, los engaños y el despojo ilegal de las tierras. La única ilusión de Pedro Páramo era casarse con Susana San Juan, y luego de matar a su padre logra vivir con ella. En ese momento estalla la Revolución mexicana, la cual es descrita a través de los continuos atropellos y vejaciones cometidos por el protagonista. Como parte de estos horrores se pueden mencionar cuatro ejemplos claros: 1. No existe ninguna institución social que esté por encima del gobernante; ya previamente se mencionó el carácter infructuoso del padre Rentería para protestar y reclamar contra las violaciones y excesos de PP como gobernante. 2. Las mujeres y hombres por igual se encuentran a merced de la voluntad del gobernante; todas las mujeres deben estar con PP, las que lo evitan, o mueren o son infértiles.[9] 3. No existe un Estado de derecho, la voluntad del gobernante es el Estado

---

[9] El caso más claro es el de Eduviges, quien a pesar de su ilusión por ser esposa y madre no puede cumplir con su deseo; el contexto de la novela deja en claro que se trata de una maldición que se cierne sobre Comala, un estado infernal creado por PP. Así le explica ella misma su situación a Juan Preciado antes de desvanecerse entre los cuartos de la hostelería en donde se encontraban: "Ahora que estoy muerta me he dado tiempo para pensar y enterarme de todo. Ni siquiera el nido para guardarlo me dio Dios. Sólo esa vida arrastrada que tuve, llevando de aquí para allá mis ojos tristes que siempre mirando de reojo como buscando detrás de la gente, sospechando que alguien me hubiera escondido a mi niño. Y todo fue culpa de un maldito sueño. He tenido dos: a uno de ellos lo llamo el 'bendito' y al otro el 'maldito'. El primero fue el que me hizo soñar que había tenido un hijo. Y mientras viví, nunca dejé de creer que fuera cierto; porque lo sentí entre mis brazos, tiernito, lleno de boca y de ojos y de manos; durante mucho tiempo conservé en mis dedos la impresión de sus ojos dormidos y el palpitar de su corazón. ¿Cómo no iba a pensar que aquello fuera verdad? Lo llevaba conmigo a dondequiera que iba, envuelto en mi rebozo, y de pronto lo perdí. En el cielo me dijeron que se habían equivocado conmigo. Que me habían dado un corazón de madre, pero un seno de una cualquiera. Ése fue el otro sueño que tuve. Llegué al cielo y me asomé a ver si entre los ángeles reconocía la cara de mi hijo. Y nada. Todas las caras eran iguales, hechas con el mismo molde. Entonces pregunté. Uno de aquellos santos se me acercó y, sin decirme nada, hundió una de sus manos en mi estómago como si la hubiera hundido en un montón de cera. Al sacarla me enseñó algo así como una cáscara de nuez: 'Esto prueba lo que te demuestra'" (González Boixo, 2018: 234).

de derecho.[10] 4. Todo bien público es necesariamente bien de PP; los continuos despojos de las tierras tienen como fundamento la voluntad de PP.[11]

La Revolución mexicana estalla como un reflejo metafórico de estos abusos cometidos contra la población, sin embargo, PP logra controlar todo intento de sublevación contra su pequeño Estado totalitario a través de la gestión de la guerra. El siguiente pasaje es ilustrador:

> Pardeando la tarde, aparecieron los hombres. Venían encarabinados y terciados de carrilleras. Eran cerca de veinte. Pedro Paramo los invitó a cenar [...]
>
> —¿Cuánto necesitan para hacer su revolución? —Preguntó Pedro Páramo—. Tal vez yo pueda ayudarlos.
>
> [...]
>
> —Pos yo ahí al cálculo diría que unos veinte mil pesos no estarían mal para el comienzo [...]
>
> —Les voy a dar cien mil pesos —les dijo Pedro Páramo—. ¿Cuántos son ustedes?
>
> —Semos trescientos.

---

[10] El caso más claro es el contexto y proceso de ahorcamiento de Aldrete, un campesino que reclama el robo de tierras por parte de PP y quien, por órdenes directas de él, le pide a Fulgor Sedano —su capataz— que lo juzgue por "usufruto o de lo que a ti se te ocurra" y como castigo lo asesinan en la hostelería propiedad de Eduviges; el alma de Aldrete, a raíz de dicha injusticia, permanecerá gritando hasta el día en que Juan se hospeda en ese lugar. Estos pasajes ocurren en *Pedro Páramo* (§ 17-19, 205-212).

[11] Como ejemplo de esto, se reproduce este diálogo entre el campesino Galileo y su hermano, dos personajes fantasmas que se le aparecen a Juan Preciado previamente a su muerte, en la plaza. Aquí se detalla parte del *modus operandi* de Pedro Páramo:
—Te digo que si el maíz de este año se da bien, tendré con qué pagarte. Ahora que si se me echa a perder, pues te aguantas.
—No te exijo. Y sabes que he sido consecuente contigo. Pero la tierra no es tuya. Te has puesto a trabajar en terreno ajeno. ¿De dónde vas a conseguir para pagarme?
—¿Y quién dice que la tierra no es mía?
—Se afirma que se las has vendido a Pedro Páramo.
—Yo ni me le ha acercado a ese señor. La tierra sigue siendo mía.
—Eso dices tú. Pero por ahí dicen que todo es de él.
—Que me lo venga a decir a mí.
[...]
—Pues son de Pedro Páramo. Seguramente él así lo ha dispuesto (González Boixo, 2018: 216).

—Bueno. Les voy a prestar otros trescientos hombres para que aumenten su contingente. Dentro de una semana tendrá a su disposición tanto los hombres como el dinero (González Boixo, 2018: 271).

Se aprecia en este diálogo la capacidad de control de PP para jugar en su favor y buscar su propio bien. Esto se maximiza cuando, como gobernante, espera que toda la comunidad llore junto a él una perdida individual y al no encontrar respuesta, se cruza de brazos y deja morir a la población. De acuerdo con Martín Lienhard, con la sentencia "–Me cruzaré de brazos y Comala se morirá de hambre. / Y así lo hizo" (1997: 291) se desarrolla una magia destructiva; todos los componentes rituales se cumplen en este breve pasaje: primero, existe una formulación lingüística dictada por el gobernante –"Comala se morirá de hambre"–; lo segundo, corresponde a la representación corporal del modo en que él condenará a la población: "Me cruzaré de brazos [...] Y así lo hizo"; de este modo, palabra y obra se conjuntan en un mismo acto traduciéndose en una imposición mágica y violenta. Esto es posible porque, en ese punto, el control total de la comunidad es asumido por PP.

Si bien podríamos decir que la muerte de Susana San Juan manifiesta el inicio del estado de descomposición de Comala como Lienhard propone, es importante tener como contexto lo que Rebeca Janzen plantea sobre las causas de la destrucción de la región; no sólo se trata de un abandono administrativo por parte de PP, sino que es un reflejo claro de un México sumido en el caos y la destrucción derivada de una administración pública violenta. El interés de los distintos caudillos por apropiarse de cualquier tipo de bien, sin importar ningún bien comunitario, se hace evidente en la intrusión de los revolucionaros a Comala. En la propia novela, en el diálogo de ultratumba que sostienen Eduviges y Juan Preciado, ella explica lo siguiente:[12]

---

[12] Hay que recordar que la primera parte de la novela es un diálogo entre dos muertos, Juan y Eduviges que se están narrando uno a otro sus recuerdos (cf. González Boixo, 2018: 233). La segunda parte se concentra en la vida de PP y ya no aparecen las fragmentaciones temporales iniciales, ello se debe a que la novela se concentra en presentar la vida del personaje principal.

Y ya cuando le faltaba poco para morir [a Susana San Juan] vinieron las guerras esas de los cristeros y la tropa echó rialada con los pocos hombres que quedaban. Fue cuando yo comencé a morirme de hambre y desde entonces nunca me volví a emparejar (González Boixo, 2018: 254).

Con ambos contextos –abandono administrativo de PP y estallido de la Revolución mexicana– se puede advertir, a su vez, el fracaso de la administración pública de México. Ante el levantamiento armado se delinea la incapacidad del gobierno para garantizar los derechos individuales de quienes vivían en las regiones rurales. Todo el esfuerzo de la novela de PP en buena medida se orienta a reflejar el fracaso del proyecto revolucionario y, en menor medida, el sentido infructuoso de la Guerra Cristera; a través de la figura del padre Rentería, quien se enrola en el movimiento armado para protestar, se advierte que ninguna de las guerras logra ofrecer un bien comunitario para la población. Ambos levantamientos armados se ven claramente descritos en la novela de Rulfo, teniendo cada uno un personaje central como figura de representación: mientras que PP manifiesta el abandono de la administración de Porfirio Díaz y su desigual trato en la sociedad, el padre Rentería representaría la desesperación y coerción que sufría la Iglesia en México.[13] Nuevamente es Eduviges quien detalla el proceso de empobrecimiento de la comunidad debido a un interés individualista de su gobernante:

Estoy por decir que nunca quiso a ninguna mujer como a ésa. Ya se la entregaron sufrida y quizá loca. Tan la quiso, que se pasó el resto de sus años aplastado en un equipal, mirando el camino por donde se la habían llevado al camposanto. Le perdió interés a todo. Desalojó sus tierras y mandó quemar los enseres. Unos dicen que porque ya estaba

---

[13] En el presente trabajo no se aborda el problema de la Guerra Cristera ni el papel que juega en ella el padre Rentería, únicamente se menciona como parte del problema: la estética bélica que se encuentra dentro de la novela. Queda para otra ocasión el análisis del tema.

cansado, otros que porque le agarró la desilusión; lo cierto es que echó fuera a la gente y se sentó en su equipal, cara al camino.

Desde entonces la tierra se quedó baldía y como en ruinas. Daba pena verla llenándose de achaques con tanta plaga que la invadió en cuanto la dejaron sola. De allá para acá se consumió la gente; se desbandaron los hombres en busca de otros bebederos. Recuerdo días en que Comala se llenó de adioses y hasta nos parecía cosa alegre ir a despedir a los que se iban. Y es que se iban con intenciones de volver. Nos dejaban encargadas sus cosas y su familia. Luego algunos mandaban por la familia, aunque no por sus cosas, y después parecieron olvidarse del pueblo y de nosotros, y hasta de sus cosas. Yo me quedé porque no tenía adonde ir. Otros se quedaron esperando que Pedro Páramo muriera, pues según decían les había prometido heredarles sus bienes, y con esa esperanza vivieron todavía algunos. Pero pasaron años y años y él seguía vivo, siempre allí, como un espantapájaros frente a las tierras de la Media Luna (González Boixo, 2018: 253-254).

Todos estos escenarios, se traducen en la gradual pérdida del valor y riqueza de la región, lo cual ocurre mientras Dolores se encuentra autoexiliada de Comala. De acuerdo con José González Boixo, la entrada de Juan Preciado a Comala y el desencanto de mirar por primera vez la región desolada, es un duro contraste entre la belleza del recuerdo de la madre y la sórdida realidad heredada por el padre. En el hijo se conjuntan la dialéctica de la esperanza narrada por Dolores y la destrucción impuesta por PP, pero, sobre todo, por el estallido e irrupción de la Revolución mexicana. Una parte del éxito de la labor de Juan Rulfo, por ende, se encuentra en la construcción de una estética bélica en donde la belleza técnica de la narración se entremezcla con la desesperanza de la propia historia que cuenta, traduciéndose en una dialéctica negativa entre prosperidad, anhelo y desencanto.

Conclusiones

Pedro Páramo es una novela mexicana que narra el desencanto de la prosperidad y la irrupción de la Revolución mexicana en la comunidad de Comala, pero cuyas expresiones y detalles puntuales operan como una metáfora de la realidad mexicana de finales del siglo xix y principios del xx. A través del control político, PP impuso una voluntad individual sobre una voluntad comunitaria. El horror de lo descrito por Juan Rulfo se entremezcla con la magistral redacción y composición narrativa con la que construye su novela. La tan característica fragmentación del tiempo no es más que el reflejo de la fragmentación de una realidad mexicana que, a pesar de su riqueza natural, se vio consumida por el saqueo y descontrol de una administración pública que fue incapaz de mirar en la política un instrumento de bienestar, y en su lugar se cruzó de brazos y dejó morir a su pueblo.

Con lo anterior, se puede aseverar que la novela del mexicano Juan Rulfo, ofrece una estética de la guerra en la que, con la fuerza y prevalencia de la literatura, se desprecia todo intento de gobernanza en el cual la población se vea despojada del bien comunitario que le corresponde. *Pedro Páramo* es un grito: Dolores como madre pide y exige la restauración del bien despojado; es la solicitud de restaurar la prosperidad que ella había dejado como herencia para todos nosotros, sus hijos.

Referencias

Camorlinga, Rafael (2004), "La figura del sacerdote en *Pedro Páramo*", *Fragmentos*, 27, pp. 57-77.

Cassirer, Ernst (1998), *Filosofía de las formas simbólicas. Fenomenología del conocimiento*, Armando Morones (trad.), México, FCE.

______ (2003), *El mito del Estado*, Eduardo Nicol (trad.), México, FCE.

______ (2020), La técnica de los mitos políticos modernos, en Pablo Dreizik, Pablo Ríos Flores y Alejandro Lumerman (eds.), *Filosofía, mito y fascismo. Releyendo* El mito del Estado *de Ernst Cassirer*, Buenos Aires, RAGIF, pp. 21-50.

Dreizik, Pablo, Pablo Ríos Flores y Alejandro Lumerman (eds.) (2020), Filosofía, mito y fascismo. Releyendo El mito del Estado de Ernst Cassirer, Buenos Aires, RAGIF. Disponible en ‹http://ragif.com.ar/wp–content/uploads/2020/11/RAGIFCassirerwebxDobles.pdf›.

Esparza, Gustavo (2017), La formación simbólica de la cultura de la paz: mito y política en Ernst Cassirer, en Ethel Junco, Claudio C. Calabrese y Francisco García Costa (eds.), *Los humanismos y la cultura de la paz*, Zacatecas, Texere, pp. 121-142.

González Boixo, José (1984), *Claves narrativas de Juan Rulfo*, 2ª ed., León, Universidad de León.

______ (2018), *Juan Rulfo. Estudios sobre literatura, fotografía y cine*, Madrid, Cátedra.

Janzen, Rebeca (2015), "Pedro Páramo's Bad Blood: Bare Life and Exclusion from the Mexican Miracle in Juan Rulfo's Narrative (1946-1958)", en Rebecca Janzen, *The National Body in Mexican Literature. Collective Challenges to Biopolitical Controll*, Nueva York, Palgrave Macmillan, pp. 53-86. Disponible en ‹https://doi.org/10.1057/9781137543011›.

LIENHARD, M. (1997), El substrato arcaico en Pedro Páramo: Quetzal-
cóatl y Tláloc, en Claude Fell (ed.), *Toda la obra. Juan Rulfo*, 2ª
ed., Madrid, ALLCAXX/Universidad de Costa Rica, pp. 944-952.
SOLER, Juan y Juan Rulfo (1977), Entrevista con J. Soler. Programa "A
Fondo" (RTVE, 17 de abril). Disponible en ‹https://www.youtube.
com/watch?v=KzxUhkYkw7Y›.

CAPÍTULO 11

¿Qué tiene que ver Aristóteles con la guerra? La presunción de Juan Ginés de Sepúlveda a favor de la gloria

Rómulo Ramírez Daza y García[1]

*No dudo en dar el principado a Aristóteles en toda la filosofía,
ora se dispute de la natura de las cosas cuyo conocimiento
se puede alcanzar por razón natural, ora se hable de las costumbres
y leyes de bien vivir, parte por su divino ingenio e increíble doctrina,
la cual en muchos libros con maravillosa sutileza demostró Aristóteles,
como juez árbitro dado por la natura, tan sabiamente quitó
las controversias de los primeros filósofos y tan prudentemente determinó
de la fuerza de las cosas naturales y de la forma de bien
y fuertemente vivir, que sus dichos a juicio cuasi
de todos los doctos parece que son no sentencias
de filósofos sino ley de natura y decretos de la derecha razón.*

Juan Ginés de Sepúlveda, *Diálogo llamado Demócrates* (1535)

---

[1] Universidad Panamericana, Instituto de Humanidades, Guadalajara.

La justificación de Sepúlveda con supuestas bases aristotélicas

Después de tantas batallas en nombre de Dios durante la Edad Media en el posicionamiento dominante de Occidente, sobre todo a razón de las Cruzadas, los sabios renacentistas como Nicolás Maquiavelo o Ginés de Sepúlveda empezaron a impulsar en el siglo xvi —cada uno en su situación geopolítica específica— la validez del estatus bélico desde un ámbito teórico-práctico del poder. El florentino lo hizo desde el punto de vista del poder de los príncipes; el cordobés, en cambio, se fundamentó desde una justificación moral e histórica de pretensión universal. En Maquiavelo encontramos una teoría del poder y una filosofía de la acción, mientras que en Sepúlveda encontramos una supuesta justificación causal y teleológica de la guerra; en ambos hallamos un pensamiento expansionista y belicista a ultranza. Pero más allá del paralelismo de ambos pensadores, el español estudia las bases de los conflictos bélicos a la luz de la filosofía política de Aristóteles (máxima inspiración sepulvediana para la fundamentación de su filosofía política) y este tema será objeto de este estudio.

Ginés de Sepúlveda explora las razones que hacen posible que exista el conflicto bélico, como la última opción racional en defensa del bien común y de la ley natural inscrita en el corazón mismo de la esencia humana, si bien este criterio aplica cuando las negociaciones y diplomacias han fallado, "y es que para eso la naturaleza [...] armó a todos los animales con muchas defensas, preparó al hombre para toda guerra, dándole las manos [...] porque puedan manejar todo género de armas. Dióle [...] talento e industria sagaz y diligente, facultades naturales del ánimo, que Aristóteles nombra prudencia y virtud" (Sepúlveda, 1996: 77). Esta reinterpretación de la filosofía de Aristóteles es una reformulación originaria de las tesis políticas que pueden derivarse de su *Política* y representan una visión novedosa y naturalista respecto de las lecturas medievales que sobre el tema se hacían durante la Edad Media; pero, sobre todo, es el pensamiento del filósofo cordobés el que sale al primer escenario en este tema.

Sepúlveda fue un gran comentador renacentista de Aristóteles, y le utiliza en sus presupuestos para justificar la acción bélica, pero a lo que sabemos, el filósofo griego nunca estuvo a favor de las campañas militares de Alejandro, y cuando no vio opción a sus ideas conservadoras en la materia, dado el ímpetu expansionista de su discípulo, aconsejó tratar a los extranjeros o bárbaros como bestias y no como griegos. Pero más allá de eso no parece avalar la guerra tan enfáticamente como nos dice Juan Ginés.

Más bien pareciera que el pozoalbense ve en Aristóteles y en sus postulados casi a un Tucídides, hablando de la esencia de la naturaleza humana en sus límites extremos. Y es que como afirma la fórmula de Leo Strauss: "Entender la guerra del Peloponeso es –para Tucídides– captar los límites de todas las cosas humanas" (Strauss, 2007: 153). La razón de ser de esta analogía que hacemos del historiador griego ateniense respecto a Aristóteles, es porque Sepúlveda curiosamente afirma que Aristóteles avala con sus postulados que: todo el despliegue de lo relevante en la virtud para la humanidad sea posible a través de la guerra, pues a su juicio: "Todos los grandes ingenios ambicionan con ansia la gloria guerrera, y es el modo en el que su propia gloria alcanza mayor extensión y pervive en la posteridad" (Sepúlveda, 2001: 212). Ahora bien, esta atribución al Estagirita nos parece una franca maniobra envolvente argumentada, con la que Ginés de Sepúlveda quiere que a partir de una fundamentación universal metafísica en los principios de acción racional se justifique una política castrense imperialista.

Siguiendo esta idea sepulvediana, que es también y sin quererlo hasta cierto punto tucidideana, lo que importa en el relato del historiador griego no es el relato como tal sino cómo nos presenta a la humanidad en su naturaleza agresiva y en sus límites libertarios, en que el ser humano es llevado a cometer atrocidades por diversas causas inclusive a riesgo de pasar por alto la moral en turno. En el fondo hay que decir que Aristóteles es ajeno a teorizar la situación límite de la humanidad, antes bien, piensa su situación ideal, y en este sentido parece más bien la antípoda de Tucídides más que su aliado.

Sepúlveda insiste, sin embargo, en un aporte humanista, de naturaleza racional y causal, de los hechos bélicos de la guerra justa con los postulados aristotélicos, pues está convencido de que "no somos inferiores [léase 'los españoles'] en gloria guerrera a ninguno de los mortales" (Sepúlveda, 2001: 213), y que morir en batalla es la inmolación más bella que puede uno tener, pues con la muerte "se alcanza entre los hombres una gloria inmortal. Para un hombre instruido en ideales nobles no debe existir nada mejor que esta gloria, nada más deseable" (2001: 218). Y entre los sabios

> debe buscarse [...] en aquellos filósofos de quienes se juzga que más sabiamente trataron de la naturaleza y de las costumbres y del gobierno [...] y, especialmente, de Aristóteles, cuyos preceptos, exceptuadas muy pocas opiniones referentes a cosas que exceden la capacidad del entendimiento humano [...] no parecen ya palabras de un solo filósofo, sino sentencias y opiniones comunes a todos los sabios (Sepúlveda, 1996: 69).[2]

Juan Ginés diseña una fundamentación racional enderezada a favor de la llamada *guerra justa*,[3] que no es otra cosa que una guerra justificada contra el enemigo. Tesis que redimensiona para la actualidad de su tiempo, fundamentándose en la filosofía política de Aristóteles, y fundiéndola con su propia postura filosófica.[4] Como filósofo, Sepúlveda es cercano a la teoría y postura política de Nicolás Maquiavelo, aunque su justificación racional descanse en un aristotelismo acomodado o forzado, que bien

---

[2] Nótese que el recurso retórico a la autoridad de Aristóteles es un tópico muy utilizado en la época, pero además hay una aplicación del tópico del sabio, y del sabio entre los sabios, que Sepúlveda considera que es el Estagirita.

[3] El término "guerra justa" responde a un concepto que acuñó la escolástica medieval desde Tomás de Aquino y Pedro de Alvernia en su *Comentario a la Política de Aristóteles*, y revivido tras la problematización del derecho internacional y del *Derecho de gentes*, a la zaga de la Escuela de Salamanca, desde Francisco de Vitoria hasta Francisco Suárez.

[4] Es común en la historia de los aristotelismos de toda índole –y de la filosofía en general–, que se fusionen con sus modelos otro tipo de posturas teóricas. Así lo podemos constatar a lo largo de la historia de todos los aristotelismos filosóficos, entre los cuales Sepúlveda no sería la excepción.

podríamos denominar –tomando prestados de Foucault estos términos– como una "microfísica del poder" o una "teoría de guerra en miniatura", impensable desde la Escolástica. Razón por la cual sustenta también su discurso y consejería política en la imagen histórica y romántica que tenía del imperio romano. Postura enteramente comprensible desde su posición renacentista.

Cronista del imperio carolingio y capellán real de su majestad, fueron los títulos que le facultaban para dimensionar un imperio militar y espiritual sobre el nuevo mundo y sobre las tierras europeas del imperio español, que también creía que podían conquistar a los moros y a sus tierras como una revancha histórica a las incursiones del pasado.

Para Ginés de Sepúlveda la guerra está entendida como una categoría reguladora de lo humano en situaciones difíciles, así como Tucídides en su momento la pensaba, y que era la demostración de la virtud misma que resumía el valor de su pueblo y es "que los hombres de espíritu elevado y valeroso han de anteponer la gloria a los demás bienes mundanos y a la vida misma; de hecho no se me presenta ningún hecho ilustre que no provenga de un espíritu que se conduce sobre todo por la gloria" (Sepúlveda, 2001: 219), afirma con radical determinación. Y es bajo este axioma que dice que la gloria bélica debe anteponerse a la vida misma. Planteadas así las cosas, ¿qué otro argumento puede caber?

Por cuanto atañe a sus fuentes y referentes, tanto metódica como conceptualmente, hemos sostenido en otros documentos que Sepúlveda es en cierto sentido tanto socrático como aristotélico: socrático, por su apego a los temas humanos y por su modo mayéutico de proceder en los discursos dialogados, como lo hace en el *Gonzalo. Diálogo sobre la apetencia de gloria* o el *Democrates Alter*. Aristotélico, tanto por sus contenidos netamente conceptuales de fundamentación y doctrina, como por su lenguaje aristotélico de raigambre.

Ginés de Sepúlveda se basa en las destrezas de defensa que tienen los seres humanos, al igual que los demás animales, para resguardar su vida en términos de sobrevivencia y de naturaleza. Es francamente un vivir y morir por honor, por encima del valor de la vida terrena. Si el animal se defiende por instintos vitales, el hombre también lo hace por cuanto a su parte animal; pero añadido a esa voz natural, se remonta encima de su animalidad por el deseo de gloria, y en ello consiste "discernir correctamente lo más apropiado, tanto por la superioridad de su naturaleza, como por su notable experiencia, pues considera que nada es preferible para vosotros a la gloria, que ninguno de los bienes humanos se ha de anhelar en mayor medida que ella" (Sepúlveda, 2001: 220).

El radicalismo del pozoalbense estriba en su voluntad belicista, que trata de afincarse en la estructura misma de la naturaleza; así es como dice que: "Un principio que es el fundamento de la presente cuestión [se refiere a la guerra] y de otras muchas es que todo lo que se hace se hace por derecho o ley natural" (Sepúlveda, 1996: 59). Como se echa de ver, la base de apoyo está sostenida en la concepción del *Zoón politikón* aristotélico (Aristóteles, 1994, 1253a 9-10). Muchas explicaciones del mismo Ginés se fundamentan en la filosofía del Estagirita.

Y más aún, en la naturaleza misma, como acabamos de decir, pues "todas las leyes naturales [...] se dirigen a conservar en esta vida la sociedad humana, que se funda principalmente en [...] la benevolencia que se conoce principalmente en guardar las leyes" (Sepúlveda, 1996: 63). Y es que la ley y la base efectiva de toda legislación es actuar sobre el soporte "del derecho natural en que la sociedad humana está fundada" (69), y es por esa razón que la legítima defensa contra los infractores está justificada; o bien, si hablamos de una ofensiva por la justicia, la virtud y la gloria, la guerra es el camino. De hecho, es así como "los reinos más poderosos y los Estados más afamados fueron fundados desde un inicio y luego crecieron por el concurso de aquellos que se proponían como recompensa a sus esfuerzos sólo la gloria" (Sepúlveda, 2001: 220-221). Nótese cómo dice que aun cuando no haya infractores o enemigos se justifica una "ofensiva por la justicia, la virtud y la gloria, la guerra es el camino"; esta fórmula cuasi aforística no está justificada racionalmente. Es el caso de la falacia *post hoc propter hoc*: yo quiero la gloria, entonces hago la guerra; yo quiero justicia, entonces hago la guerra; yo quiero alcanzar la virtud, entonces hago la guerra.

Lo interesante es que nuestro doctor cree que la fuerza armada es incuestionable para alcanzar la gloria, como resultante natural de la aplicación universal de la ley inscrita en el corazón de los hombres, que utilizan su razón para develarla. Bajo este postulado, "la ley natural es aquella por la que nos es lícito resistir la fuerza dentro de los límites de la justa defensa" (Sepúlveda, 1996: 59), ya que por fuerza de necesidad, en aras de la sobrevivencia y de la perfección del hombre, "la vida civil [...] se basa en los preceptos acomodados [...] y en las leyes naturales" (Sepúlveda, 1996: 61). Pero esta formulación pareciera ser una petición de principio si no fuera porque tiene su causalidad final asentada en principios metafísicos. De lo que se duda un poco, es si de eso se sigue la guerra y su búsqueda de gloria inmortal, que pensamos en parte es más propiamente una vanagloria, y que Aristóteles es utilizado para sus propios fines, más que para expresar la concepción como tal del filósofo griego.

La causa final para el hombre –según Aristóteles– reside en el conocimiento y práctica de la virtud, y tan es así que constituye su propia referencia esencial de perfectibilidad, pues "siendo constante, que todas las leyes deben encaminarse a la práctica de la virtud [...] siendo la virtud natural apetecible principalmente [...] resulta que las mejores leyes han de ser las más acomodadas a la naturaleza" (Sepúlveda, 1996: 65). Y hasta aquí estamos de acuerdo; pero de ello no se sigue que

> no sólo en el campamento y en la vida militar suele el apetito de gloria consumar las más valerosas acciones superando las dificultades, sino en todo afán por la virtud, que suele servirse del elogio para incitar a los espíritus libres. Jamás creeré que aquellos que florecieron con la mayor brillantez en el cultivo de las letras (Homero, Sócrates, Platón, Aristóteles, Demóstenes) habrían llegado a tal esplendor, de no ser porque habían aliviado los más denodados esfuerzos y las continuadas vigilias con la esperanza de una gloria que no habría de perecer. Es por esto que este deseo concentra nuestro mayor esfuerzo (Sepúlveda, 2001: 224).

El fin de los seres naturales en su sentido de ser, hablando en términos metafísicos, es la permanencia de su entidad a través de la correlación de interrelaciones que lo constituyen armónicamente en el orden conjunto de la realidad. Y para Sepúlveda la defensa natural de ello está en la defensa y ofensiva —que para el humano está en el arte de la guerra— como vehículo de sobrevivencia, tanto como ejercicio vital como camino a la trascendencia histórica, o lo que él llama: "la gloria".

Ginés de Sepúlveda ante la crítica de la metafísica aristotélica

Si hacemos un análisis de la dimensión de la guerra, podríamos decir que en casos extremos de injusticia sí parece que es necesaria su existencia en algún sentido, siempre que en nuestras posibilidades esté forzar a otros hombres a respetar el orden natural del que somos partícipes, pues las consecuencias resultantes de tal desorden alterarían de manera catastrófica a la humanidad como tal o al menos a las comunidades que estuvieran bajo esa alteración no natural. Esta posibilidad y derecho que tiene el hombre como garantía de la ley se constituye en un deber moral que arraiga en el pensamiento político. Y sólo en este sentido podría justificarse el ejercicio del "espíritu magnánimo y arrojado" con fines de justicia restaurativa.

Pero de eso —que, por la gravedad de las consecuencias en dimensiones humanas, es un recurso de última opción—, Aristóteles diría que se aplicara el criterio del menor de los males posibles, en un caso de tan ominosa circunstancia de otro modo insalvable; y eso es muy diferente y entendible respecto a idealizar por el contrario esa situación, como si fuera la ocasión propicia para demostrar las virtudes de "tan notable eminencia por el deseo de la gloria, que se realiza pensando que no debíase perseguir ni ansiar ningún otro bien humano" (Sepúlveda, 2001: 229).

La argumentación de Sepúlveda para anclarse en la metafísica de Aristóteles le lleva a precisar la noción de ley, en orden a responder a la situación que promueva el castigo a los infractores del orden común, a saber:

Los filósofos llaman ley natural la que tiene en todas partes la misma fuerza [...], para el hombre es la participación de la ley eterna en la criatura racional [...] que conserva el orden natural y prohíbe que se perturbe. De esta ley eterna es partícipe el hombre, por la recta razón y la probidad que le inclinan al deber y a la virtud" (Sepúlveda, 1996: 67).[5]

La guerra es así para el pozoalbense el escenario ideal del valor, la magnanimidad del arte que resguarda tales principios en situaciones de presión, de peligro y de abuso. Para Sepúlveda, la guerra debe posicionarse como un recurso válido y virtuoso frente a la defenestración o desajuste del orden público.

Sepúlveda tiene una mente de jurista que en aras al iusnaturalismo defendido por la espada del espíritu magnánimo del guerrero —entiéndase el pueblo español— pueda castigar por medio de la guerra el desorden infringido por un grupo o cultura histórica en concreto —como para él eran el mundo árabe y el nuevo mundo americano—. Es entonces demostración de la libertad humana, de una voluntad recta y natural que alejada de las inclinaciones humanas enturbiadas por el vicio y el pecado accedan a la claridad racional del gobierno más conveniente, pues

la luz de la recta razón es lo que se entiende por ley natural; esta es la que declara, en la conciencia de los hombres de bien, lo que es bueno y justo [...] en todos aquellos que no han corrompido la recta naturaleza con malas costumbres, y tanto más cuanto cada uno es mejor y más inteligente (Sepúlveda, 1996: 67).

Si bien es cierto que Aristóteles contribuye a un esclarecimiento de la virtud como resguardo del bien común y hace ver las consecuencias del bestialismo y de las naturalezas corrompidas por el vicio como un alejamiento

---

[5] En el *Democrates Alter* fortalece esta idea cuando afirma: "El hombre por la razón es propenso al bien. Y así la recta razón y la inclinación al deber y a aprobar las obras virtuosas, es y se llama ley natural" (Sepúlveda, 1996: 67).

de la vida eudemonista, no puntualiza en ningún momento que para evitar o rehuir lo inconveniente deba de emprenderse la guerra como tal. La meta bélica y el sueño de grandeza de Alejandro Magno no fueron nunca los de Aristóteles, la conquista de la virtud no es en modo alguno una demostración de fuerza frente al otro, como quiere Ginés de Sepúlveda. En efecto, nos dice: "Yo estoy convencido de que es ley natural lo que ha parecido bien en cualquier época a varones muy aventajados y nacidos para asistir a la humanidad y defender la ciudadanía y sus congregaciones con el arte de la guerra y con el gobierno del Estado" (Sepúlveda, 2001: 232). Pero, ¿cuándo dijo eso Aristóteles?

Para Sepúlveda, es razón suficiente decir que la virtud es llevar a cabo una guerra justa, que "tenidas en cuenta todas las circunstancias, la razón de fin es la principal. Porque el fin de las acciones, según enseñan los filósofos, es como las suposiciones matemáticas" (Sepúlveda, 1996: 71); o sea, el fin justifica los medios, tal como suscribiría Maquiavelo tratándose de la guerra, pero añadiendo un soporte supuestamente humanista, bajo la salvedad de que hay que aprobarla y sólo hay que garantizar los menos estragos posibles en quienes se infringe esa máxima penalidad, como castigo y rectificación de "acciones nefandas".[6]

De aquí nace el concepto de "guerra justa" a diferencia de la guerra *a costa de morte* maquiavélica, pues a diferencia de cualesquiera otras que sólo buscan el acrecentamiento del poder y el aprovechamiento de los recursos del enemigo, en una guerra justa "se requiere ánimo probo; esto es, buen fin y recto propósito, porque ésta es la condición de la virtud y del

---

[6] Sepúlveda argumenta de modo formalista pero sin evidencias directas de las tierras americanas; en efecto, el pozoalbense nunca fue un testigo ocular del maltrato y vejaciones que hicieron los encomenderos y la soldadesca a los naturales americanos, los cuales documentaron los frailes misioneros: fray Bernardino de Sahagún, fray Jerónimo de Mendieta y fray Bartolomé de las Casas. Por esta simple razón, los hechos de experiencia refutan el derecho de aplicar esos principios de legítima defensa, en términos de "guerra justa" contra los indios. Y es por eso que Sepúlveda perdió la polémica de Valladolid, frente al padre las Casas en el Consejo de Indias, pues la comisión tenía un fin humanístico y antropológico, y no desde la argumentación formal sepulvediana.

deber [...], y si no es enteramente perfecta debe perder el nombre de virtud" (Sepúlveda, 1996: 71).[7]

Pero a todo esto, preguntémonos realmente: ¿qué guerra justa ha existido?, ¿qué guerra ha cubierto esas condiciones?, ¿cuándo ha dejado de haber abusos en el dominio castrense? Estas preguntas se responden con la historia de los pueblos de una manera casi hobbesiana o rousseauniana y, si nos remontamos a los clásicos, Tucídides ya había mostrado en la *Guerra del Peloponeso* la naturaleza perversa del ser humano, por lo que la moral y la aplicación de las leyes se hace indispensable. En donde no se ve cabida a toda esta propuesta de Juan Ginés es justamente que quiere hacer aceptar con elaboradas argumentaciones que la guerra es el vehículo hacia la gloria, como si ésa fuera la finalidad teleológica del ser humano en plenitud. A nuestro juicio, parece más bien que todo ese cúmulo de argumentaciones sepulvedianas no nos llevan a un fin eudemónico, tal como pretendía Aristóteles, sino a una visión política del dominio del más débil con fines de acrecentar la vanagloria personal y el poder específico de un Estado pujante.

Según Sepúlveda, "la paz es la felicidad más grande que puede caer sobre una ciudad, así como el carecer de ella es la mayor desdicha" (1996: 51), y esto es verdadero, tal que si por alguna causa se pusiera en tela de juicio dicho estado de excelencia y de bien común, sin haber conseguido volver a la equidad por vía dialógica o por convenios entre las partes, la guerra parece ser el único medio efectivo de justicia restitutiva. Por estas razones, nos dice que la guerra "ha de hacerse de tal suerte que no parezca sino un medio para buscar la paz [...] pues sólo debe emprenderse después de madura deliberación, y por causas justísimas" (Sepúlveda, 1996: 53). El problema de este enfoque es que en otros lugares que ya hemos anotado cambia la retórica de su discurso y avala por todos los medios la búsqueda intencional de la gloria mediante la gesta bélica.

---

[7] Si pudiésemos aplicar estas razones formales al caso de la conquista del nuevo mundo por el imperio español, vemos que no se justifica tal empresa desde ninguno de estos puntos de vista que apunta la teoría, porque los abusos que se perpetraron en estas tierras fueron tan atroces y nefandos, que no puede llamarse ni de lejos "guerra justa".

De este modo, no nos parece que la argumentación de Sepúlveda sea convincente ni consistente: en unos pasajes dice una cosa y luego se contradice a sí mismo queriendo imponernos su idea *a priori*; porque por una parte explica que la justa guerra no es la antítesis de la paz sino su aliada –"porque no se busca la paz para ejercitar la guerra, sino que se hace la guerra para adquirir la paz" (Sepúlveda, 1996: 55)–, con lo que uno podría estar hasta cierto punto de acuerdo; pero, por otra, afirma:

> y si es ambición anhelar con ansia una gloria de esta índole, nada opondré a que se me considere y denomine ambicioso; y por ello justificaré aquello de lo que yo estoy convencido, pues yo quiero que sea apetecida esa gloria que se sustenta en profundas raíces y que se alcanza únicamente a través de la virtud y que es la única recompensa a la misma (Sepúlveda, 2001: 232).

Ahora, si bien una cosa es que se tenga por necesidad hacer una guerra por legítima defensa en caso de una agresión artera, y en ese sentido es cierto que "no nacen las causas de la guerra de la probidad de los hombres [...], sino de sus crímenes y de las nefandas atrocidades de que está llena la vida humana" (Sepúlveda, 1996: 55), eso no avala que hacerla sea algo virtuoso y menos aún que sea el resultado de la virtud y del carácter esforzado de los hombres justos. Y, si "por fin es justo que todas las cosas se denominen tal cual son, de tal modo que, deban ser llamadas como en verdad les corresponde" (Sepúlveda, 1996: 71), pues entonces, lejos de considerar que la guerra sea la virtud de los fuertes, la bandera de los justos y el escudo de los defensores de la paz del género humano, en realidad ser promotor de la guerra va en contra de la vida del espíritu, del modelo eudemónico aristotélico y de una visión realmente humanista por la que pretende hacerse pasar.

De esta manera hay que considerar que "mucho importa, pues, para la justicia de la guerra, saber con qué ánimo la emprende cada cual; es qué fin se propone al guerrear" (Sepúlveda, 1996: 71); esto es, "hacer la guerra por el bien público" (Sepúlveda, 1996: 73). Queda entonces claro que "la guerra nunca se ha de apetecer por sí misma, como no se apetece ningún género de males, por más que estas calamidades y molestias que nada tienen de deshonroso, hayan de ser toleradas [...] con ánimo recto y pío [...], con la esperanza de algún bien muy grande" (1996: 53); que, como ya vimos, es la perfección humana y la posesión del bien común en una convivencia civil, pacífica y ordenada. Pero esta conclusión no es la misma que Sepúlveda propone en el *Gonzalo* (Sepúlveda, 2001).

Si bien es cierto que "la salud y comodidad pública que se propone el gobierno natural, es la felicidad [...]. Esta consiste en el uso de la virtud, como los filósofos, principalmente Aristóteles, declaran; y es el camino" (Sepúlveda, 1996: 65). Pero ese camino, de verdad aristotélico, no es el que detalla Juan Ginés de Sepúlveda en otros pasajes de su argumentación probelicista e imperialista, en los que afirma de mil maneras su amor por la guerra cual Marte romano. En efecto, "hasta tal punto estaba imbuido de este parecer preconcebido mientras guerreaba, que no tengo esperanza alguna de que albergue virtudes excelsas aquel carácter al que no estimule la gloria y que soporte con ánimo apaciguado que la fama de sus iguales supere la suya" (Sepúlveda, 2001: 233). Y esto nos parece francamente antiaristotélico con todas sus letras.

Para el doctor Ginés de Sepúlveda, las virtudes que deben tener los que emprendan la guerra justa, son todas las que puede tener un ser humano cabal, y todo género de virtudes tiene que ver con la milicia: arrojo, fuerza, valentía, sagacidad, visión estratégica, racionalidad. Pero, independientemente del empleo de las virtudes en estado de lucha o batalla, Sepúlveda pone como causa final a la gloria como virtud máxima. Y esto es lo que es contradictorio frente al tema de la paz y frente a otras virtudes relacionadas: pacificación, tolerancia, empatía, capacidad dialógica, altruismo y virtudes hermanas.

Lo escandaloso es que la justicia sea para Sepúlveda una virtud suprema, pues está de más decir cómo es que piensa lo justo, que podríamos reducir a la fórmula de la ley del más fuerte. Pero esto no es análogo ni mucho menos con los pensadores que han muerto por la justicia, como es el caso de Sócrates (que incluso fue a la guerra por su querida Atenas, pero que nunca apoyó una visión imperialista). La virtud tiene que ver directamente con el orden, y éste, para lo humano, está regulado por el gobierno, tanto en el aspecto personal como en el político. Lo contradictorio puede observarse cuando afirma que "justicia es lo que contiene la suma de todas las virtudes. Y [...] no puede preciarse de poseerla quien ejerza imperio injusto sobre ninguna clase de gentes" (Sepúlveda, 1996: 47); pero ¿cómo atreverse a hacer esta clase de afirmaciones, cuando en otros lugares afirma que lo justo es dominar al débil para gloria del fuerte? La única explicación al respecto es por los efectos de retórica persuasiva que quiere alcanzar según el oyente en turno. El fin que persigue es el mismo: hacer la guerra para alcanzar la virtud, la gloria suprema.

Para el pozoalbense, la virtud está en la guerra, la guerra es lo justo y lo justo es la fuerza desplegada en honor de quien la ejerce. Esta idea queda enarbolada en la sobrevivencia natural, es por ello que "de la virtud, estrictamente considerada, que es el uso balanceado por mediación racional del entendimiento, no hay quien pueda abusar, como el mismo filósofo [Aristóteles] declara" (Sepúlveda, 1996: 77). Podríamos resumir el argumento de Sepúlveda de la siguiente manera: la guerra es la vía del cuidado del Estado, la vigilancia prudente y la acción justiciera deseable ejercida sobre los enemigos del orden y del bien del Estado, y ello justifica el uso de la fuerza, acción virtuosa cuando de lo que se trata es de alcanzar la gloria. De esta manera:

> Tanto en el emprender como en el hacer la guerra, se requiere moderación no menos que buena voluntad. Porque el fin de la justa guerra es el llegar a vivir en paz y tranquilidad, en justicia y práctica de la virtud, quitando a los hombres malos la facultad de dañar y de ofender. En suma, la guerra no ha de hacerse más que por el bien público, que es el fin de todas las leyes construidas, recta y naturalmente en una República (Sepúlveda, 1996: 73).

Considérese en esta visión de violencia autorizada que, por derecho y justificación de racionalidad instrumental, podemos atacar a quien viola la integridad de los particulares o a quien pone en tela de juicio a todo un reino, al punto de castigarlos según la proporción de la merma que ejerzan o destruirlos, si su daño fuese gravoso. Esto es racional y la razón está del lado de la ley natural en el hombre, inscrita y ejemplificada en la misma naturaleza que vemos en la justicia de ataque y defensa de los animales. El problema del planteamiento de Juan Ginés es que más allá de la legítima defensa, el ataque por acrecentamiento del poder y de la gloria de un pueblo no se justifica.

Ante una brutalidad, hay que escarmentar con una brutalidad mayor a quien la comete, a tal punto que quede inhabilitado y que no pueda volver a cometer abusos aberrantes; y el mejor método para lograrlo es la brutalidad misma, pues es mejor impedir al mal agente, a que por negligencia éste dañe a los demás, mediante su mal proceder. Inclusive, está latente el peligro de que el corruptor inficione a otros más al error o al vicio que él acomete, poniendo el orden civil en peligro de desorden o de resquebrajamiento. La acción justiciera restitutiva será así un freno para los malditos que osen atacar la naturaleza. Es ésta para Sepúlveda una causa justísima, que

> es el imponer la merecida pena a los malhechores que no han sido castigados en su ciudad, o lo han sido con negligencia, para que de este modo, castigados ellos y los que con su consentimiento se han hecho solidarios de sus crímenes, escarmienten para no volver a cometerlos, y a los demás les aterre su ejemplo; [...] esta causa debe ser tenida por ley de naturaleza (Sepúlveda, 1996: 77).

La siguiente causa de restitución se hermana con la anterior en seguimiento del castigo. Consiste en la arquitectura de contribución a quien fuera violado en su fuero y en sus pertenencias. Es el castigo a quien ha hecho perjuicio sin razón, meramente por vicio o latrocinio, y éste consiste "en recobrar las cosas injustamente arrebatadas, [...] pues es lícito no sólo el recobrar las cosas propias injustamente arrebatadas, sino también las de los amigos, y defenderlos y repeler sus injurias como las propias" (Sepúlveda, 1996: 77). Cabe señalar que ésta sí es una de la tesis aristotélicas de la amistad (*EN* 1145a15-1163b28) y de la forma griega de concebir la amistad: hacer bien a los amigos y mal a los enemigos.[8]

Ahora bien, los hombres que emprendan la guerra deben tener ciertos atributos o disposiciones espirituales virtuosas, a saber: poseer la fuerza suficiente para repeler una fuerza menor que la que ellos guardan para toda ocasión, tener fortaleza moral y valentía para castigar lo suficiente a los infractores, aun cuando se tenga que ser sanguinario para lograrlo. Además, lo que motiva ese proceder a juicio del doctor Ginés de Sepúlveda no es la sinrazón, como podría pensarse en una primera instancia, sino el amor por la guerra en sí misma en razón de la justicia y de la gloria que acarrea, así como saber hacerla con estrategia militar y destreza operativa. En efecto,

> es muy necesario que quien emprende guerra, no lo haga con ánimo abatido y remiso, sino con presencia y fortaleza de ánimo, y no dude arrojarse a los peligros cuando su deber lo pida. Y aun el deleitarse con la guerra misma, sea cual fuere su causa, es indicio de ánimo varonil y esforzado, y prenda de valor ingénito y adulto (Sepúlveda, 1996: 53).

La ley de las especies es la ley natural; la guerra es nuestra naturaleza pasada por el tamiz de la cultura, y el arte de la guerra es la expresión de una moral potente y esforzada. Si el pez grande no se come al chico no sobrevivirá ni sobrevivirán ambos en la cadena, y esa lucha por la sobrevivencia entre las especies es un hecho consumado, una verdad de suyo evidente. El esfuerzo por permanecer en su ser –principio ontológico de supervivencia– se trata de un destino, y no de un violento desorden como pensaría una mente vulgar. En el caso del ser humano, nuestra delicada especie necesita el pensamiento en todas sus modalidades, prometeicamente, para poder sobrevivir y mantenerse en el ser. De ahí que

> entre las causas de justa guerra, la más grave, a la vez que la más natural, es la de repeler la fuerza con la fuerza, cuando no se puede

---

proceder de otro modo; porque [...] permítese a cada cual el rechazar la agresión injusta, sobre todo porque en la raza humana se cometen las mayores atrocidades. Y para eso la naturaleza [...] armó a todos los animales con muchas defensas, preparó al hombre para toda guerra, dándole las manos [...] porque puedan manejar todo género de armas. Dióle [...] talento e industria sagaz y diligente, facultades naturales del ánimo, que Aristóteles nombra prudencia y virtud [de hecho:] una guerra, cualquiera que ella fuere, siempre que se haga con esas condiciones [...], será una guerra justa (Sepúlveda, 1996: 73-77).

Conclusiones

La justificación de la teoría de guerra en diversos lugares de la obra sepulvediana, tiene momentos contradictorios entre sí en la lógica de conjunto. Esto al parecer se explica por los diversos destinatarios a los que iba dirigida tal o cual obra –siguiendo aquello de la variación discursiva en dependencia directa de la imperfección del oyente, que Aristóteles observaba en la *Retórica*–. Pero Aristóteles nunca justifica una falta de coherencia interna en la obra de un pensador, mucho menos en la obra propia.

Ginés de Sepúlveda quiso interpretar la guerra desde los cánones de la escritura aristotélica, abriendo una manera distinta para la época y a la vez antigua de abordar su objeto, tratando de justificarla argumentativamente desde la teoría de las causas, para fundamentarla metafísicamente desde sólidos principios filosóficos que arraigan en lo real. Pero, lejos de tener razón en su forma de justificar la violencia invasiva de los ejércitos a los que enarbola de virtudes, muestra un lado antihumanista y sanguinario, mismo que el espíritu lascasiano había denunciado en su momento, desde otras baterías argumentativas que seguían el canon teológico y antropológico del momento.

Toda la base de su teoría quiere afincarse en el naturalismo de Aristóteles, entresacado de valiosos pasajes de la *Política* y de la teoría ética de las causas y finalidades del hombre. Y, a pesar de considerar a Aristóteles como la mayor autoridad en todo el orbe, "tal que sus dichos a juicio cuasi de todos los doctos parece que son no sentencias de filósofos sino ley de natura y decretos de la derecha razón" (Sepúlveda, 2012: 77), en el fondo y a nuestro entender no justifica satisfactoriamente su belicismo. Su argumentación es de altura, pero no asertiva a sus propios fines, más que en partes muy loables en las que se nota su fino manejo de las fuentes.

Los numerosos pasajes que muestran el hambre de la gloria guerrera sólo nos develan a un hombre ansioso, a un belicista con sueños de grandeza, a un pensador lleno de odio por los enemigos históricos de su pueblo y de su raza. El doctor Juan Ginés de Sepúlveda, por su imperialismo, es muy parecido al pensamiento amoral de Nicolás Maquiavelo, sólo que, a diferencia de éste, quiere forzar a Aristóteles a que diga lo que aquél quiere que diga y, en el fondo, es un recurso retóricamente válido pero hermenéuticamente incorrecto.

Por último, hay que decir como colofón que su pureza filológica es enorme: tradujo varias obras del Estagirita (se conocen ocho tratados) y sus aportaciones en esta línea son aún vigentes y reconocidas por grandes helenistas actuales. Ginés de Sepúlveda fue un pensador que quiso torcer el curso de los hechos históricos dado que era una persona influyente en su contexto: fungía como capellán mayor de su majestad con Carlos V y consejero del rey Felipe, conocido del papa Clemente VII y bien posicionado con la escuela italiana; pero, pese a todo ello y a todo su ingenio, no le valió frente al mundo. Las comisiones le censuraron algunos libros, el fallo de la polémica de Valladolid frente a las Casas estuvo en su contra, y por su radicalismo político se granjeó múltiples enemistades con la orden dominica. Pese a ello, hasta el final de sus días escribió a favor de la guerra y su pujanza en la escritura nunca cesó en su empeño por la defensa de sus propias posturas y manejó varios géneros literarios. Finalmente, de alguna manera alcanzó la gloria histórica que perseguía en las lides literarias.

Referencias

Aristóteles (1994), *Política*, M. G. Valdés (trad.), Madrid, Gredos.

Casas, Bartolomé de las (1965), *Tratados*, México, FCE.

Castilla Urbano, Francisco (2012), Estudio preliminar, en Juan Ginés de Sepúlveda, *Diálogo llamado Demócrates*, Madrid, Tecnos, IX-LXXXIII.

Gómez Robledo, Antonio (2001), *Tratados* (Vol. V). *La teoría bélica de Juan Ginés de Sepúlveda* (pp. 35-39), México, El Colegio Nacional.

Hernández Franco, Juan Abelardo (2008), "La jurisprudencia como instrumento cultural en el siglo XVI", *Tópicos, Revista Filosófica* (34), pp. 141-156.

Patiño Palafox, Luis Aarón Jesús (2013), *Juan Ginés de Sepúlveda y su pensamiento imperialista*, México, Novohispania.

Ramírez Daza, Rómulo (2016), "Tesis e implicaciones aristotélicas en la teoría de la guerra justa en Ginés de Sepúlveda", en *Sincronía. Revista de Filosofía y Letras*, Universidad de Guadalajara, 69, pp. 189-205.

______ (2021), *La amistad argumentada. Teoría y práctica aristotélica*, Guadalajara, México, Universidad de Guadalajara.

Sepúlveda, Juan Ginés (1987), *Historia del Nuevo Mundo*, Antonio Ramírez de Verger (trad.), Madrid, Alianza Universidad.

______ (1996), *Democrates Alter. De las justas causas de la guerra contra los indios*, M. M. Pelayo (trad.), México, FCE.

______ (2001), *Acerca de la monarquía; Del rito de las nupcias y de la dispensa; Gonzalo, diálogo sobre la apetencia de Gloria*, Elena Rodríguez Peregrina (edición crítica y trad.), Excmo. Ayuntamiento de Pozoblanco (volumen 6 de *Obras completas*).

______ (2012), *Diálogo llamado Demócrates*, Francisco Castilla Urbano (trad.), Madrid, Tecnos.

Soto, Domingo de (2006), *Controversias entre Bartolomé de las Casas (obispo que fue de Chiapas) y Ginés de Sepúlveda*, Valladolid, Maxtor.

Strauss, Leo (2007), *El renacimiento del racionalismo político clásico*, Amelia Aguado (trad.), Buenos Aires, Amorrortu.

Capítulo 12

Consonancias y disonancias: la guerra en la música

Roberto Rivadeneyra[1]

Soldier boy, made of clay
Now an empty shell.
Twenty-one, only son
But he served us well.
Bred to kill, not to care
Do just as we say.
Finished here, greetings death
He's yours to take away.

Metallica, "Disposable Heroes", *Master of Puppets* (1986)

Varias veces he escuchado algo que no he logrado saber si es un mito o fue un hecho que sucedió tal y como se narra, pero se dice que durante las operaciones *Blitzkrieg* los soldados que manejaban los panzer escuchaban, mientras se dirigían a Bélgica, la *Cabalgata de las valquirias*, de Wagner. Quienes hemos escuchado el principio del tercer acto de *La valquiria*, la

---

[1]   Universidad Panamericana, Instituto de Humanidades, Ciudad de México.

segunda ópera de la tetralogía *El anillo del nibelungo*, entendemos el poder que esa pieza puede generar en el oyente. Al parecer era una de las piezas favoritas de Hitler. Más allá de la leyenda, lo que podemos obtener de ella es el poder que la música tiene sobre nosotros.

En la búsqueda por su *pólis* ideal, Platón decide que dos disciplinas deben ser enseñadas a todos los guardianes y sus auxiliares: música y gimnasia. La primera por su capacidad para armonizar al alma y hacerla llegar a la excelencia, y la segunda porque logra lo mismo con el cuerpo, que al final debe cuidarse para que el alma pueda elevarse hacia la virtud. El plan pedagógico es sumamente cuidado por Platón. Entiende que la poesía es música que puede alterar el camino hacia la excelencia y por ello decide realizar una edición de las epopeyas de Homero y las descripciones culturales de Hesíodo. No para que nunca se lean, sino para que se lean cuando la mente sea capaz de distinguir entre las sombras y la luz, las apariencias y las realidades, las copias y las Ideas.

La recomendación de Platón incluye un desglose detallado de las armonías e instrumentos que deben estar presentes en la educación y cuáles evitarse. No se han de permitir armonías quejumbrosas, que en el contexto de Platón son la lidia mixta y la lidia tensa (*República*, III 398d y ss.). Las armonías aptas para canciones de bebedores son las jonias y las lidias, las cuales no recomienda bajo ninguna razón para quienes van a la guerra. Para éstos, se pide que sea una armonía con la que se pueda "imitar adecuadamente los tonos y modulaciones de la voz de un varón valiente que, participando de un suceso bélico o de un acto cualquiera de violencia [...] afronte el infortunio de forma firme y valiente" (399a–b). Todo apunta a que serán la doria y la frigia las armonías para el guerrero, pero también para el moderado. Asimismo, hay que observar cuáles son los ritmos que le permiten al hombre vivir ordenada y valerosamente (399e). Por ejemplo, los ritmos apropiados para la guerra son el enoplio, el dáctilo y el heroico. El primero, concretamente, es una marcha militar. Ritmo y armonía son responsables de mover el aparato afectivo y de ordenar o turbar a la razón.

Platón así lo cree, pues escribe que "el ritmo y la armonía son lo que más penetra en el interior del alma y la afectan más vigorosamente, trayendo consigo la gracia, y crea gracia si la persona está debidamente educada" (401d). ¿En la república dirigida por Platón podrían existir los siguientes géneros musicales: reguetón, heavy metal, punk? Definitivamente no. Ninguno sería aprobado para ser escuchado o tocado al interior del Estado platónico. Más allá de la discusión sobre si el reguetón es o no música, en los tres géneros mencionados podemos palpar cómo el alma es afectada por el ritmo y la armonía.

Cada uno de los géneros mencionados pretende algo, busca mover o provocar movimientos, sensaciones o ideas en el oyente. La música puede servir para incendiar la fogosidad de un soldado, esto es incuestionable. Los cantos que realizan cuando de madrugada salen a correr 10 km son prueba de ello. Lo que cantan y cómo lo cantan inyecta la energía necesaria para cumplir con el trayecto. Son melodías que causan un cambio en quien las escucha motivándolo a realizar valientemente actos que bajo otras circunstancias probablemente le resultarían arduos.

En este escrito, sin embargo, no pretendo adentrarme demasiado en cómo la música puede ser utilizada para la guerra, sino en cómo la música sirve para comprender la guerra. El rechazo a los conflictos bélicos ha sido una constante en la historia de la humanidad.

La música como protesta antibélica

La famosa *Obertura 1812* de Tchaikovsky es una celebración de la victoria rusa sobre los franceses en el intento de Napoleón por tomar Moscú. El compositor ruso escribió esta obra con motivo de la consagración de la iglesia del Redentor (Moscú), templo erigido en memoria de la Campaña de Napoleón, si bien modestamente llegó a escribir que había hecho una composición menor, con poco entusiasmo. El 20 de agosto de 1882, en la plaza, frente a la iglesia, se estrenó esta pieza ante un número importante de rusos que celebraban aún los acontecimientos del 7 de septiembre de 1812 (fecha en la que Tchaikovsky aún no había nacido).

La estructura de la *Obertura* inicia con una "Introducción" que sugiere las salmodias de los fieles pidiendo la derrota del enemigo invasor, del ejército francés cuyo objetivo era la capital rusa. En la medida que avanza la introducción puede percibirse el miedo que se intensifica, la angustia que liberan los oboes junto con la brutalidad de la ejecución de los chelos. Y es que la batalla se aproxima, las fanfarrias tapadas de la madera, el redoble del tambor militar –símbolo de *La Marsellesa*– y la orquesta estalla: la revolución contra el *statu quo* está en pie para defender lo que le pertenece y expulsar al conquistador, al anticristo. Sin embargo, no sería la última vez que los rusos debieran defenderse del tirano ni tampoco la última en que actos bélicos produjeran los acordes más memorables.

A principios del siglo xx, en 1906, nacería Dmitri Shostakovich en la ciudad de San Petersburgo, lo cual sería determinante para la composición de su séptima sinfonía. El mundo se hallaba inmerso en la segunda Guerra Mundial con la Triple Alianza, formada con la firma del Pacto de Acero entre Alemania, Italia y Japón y que se conocería también como la Alianza del Eje. Con estos países dominando la guerra, Alemania sabía que para ganar el conflicto debía conquistar Moscú, una tarea en la que otro autoproclamado emperador ya había fallado. La estrategia consistía en agruparse para formar el Frente Oriental, que sitiaría la ciudad de Leningrado (actualmente San Petersburgo). Los rusos, entonces soviéticos, lograron despistar a los nazis, quienes cuando en septiembre de 1941 buscaban asediar la ciudad se encontraron con una intrincada defensa soviética. Ante tal acontecimiento, los nazis sitiaron la ciudad con la finalidad de evitar que entrara o saliera alguien de allí, llevando a cientos de miles de civiles a morir de frío y de hambre.

Richard Bidlack y Nikita Lomagin (2012: 1) calificaron la brutalidad de los nazis como otro genocidio:

Después del Holocausto, el asedio de Leningrado fue el mayor acto de genocidio en Europa durante la segunda Guerra Mundial, ya que Alemania, y en menor medida Finlandia, intentaron bombardear y hacer que Leningrado se sometiera de hambre. [...] El número de civiles que murieron de hambre, frío y bombardeos enemigos dentro del territorio bloqueado o durante e inmediatamente después de la evacuación se estima razonablemente en alrededor de 900 000.

Mientras esto ocurría, en 1941 Shostakovich iniciaría la composición de lo que se conocería como su *Séptima sinfonía*, aunque existe una polémica alrededor de esta aseveración, pues algunos musicólogos rusos consideran que el primer movimiento se escribió antes de la invasión nazi. Independientemente de si la obra en su totalidad tuvo como motivación representar la angustia y el dolor por el asedio que los alemanes tenían sobre la Unión Soviética durante la guerra, lo cierto es que esta sinfonía llenó de esperanza a una parte de la humanidad.

El propio Shostakovich le confesó a su amigo Volkov que en realidad la *Séptima sinfonía* no pretendía ser sobre Leningrado específicamente, sino sobre todos los conflictos bélicos, incluyendo al propio Stalin y su gobierno hacia los soviéticos. La voz del compositor que recoge Volkov (1984: 156) es la siguiente: "De hecho, no tengo nada en contra de titular a la séptima la sinfonía [sic] de Leningrado, pero no trata sobre el asedio de Leningrado, sino sobre el Leningrado que Stalin destruyó y que Hitler casi aniquila". En la introducción a las memorias de Shostakovich, Volkov (1984: xxxiii) aprovecha para hablar del tema: "El mayor valor propagandístico [de la *Séptima*] lo obtuvo Stalin de las llamadas 'sinfonías militares', la séptima y la octava, que aparecieron durante la segunda Guerra Mundial. [...] La trágica séptima era un reflejo del destino prebélico tanto del compositor como de Leningrado".

La pieza fue estrenada el 5 de agosto de 1942 en Kuibyshev, pues el gobierno soviético había obligado a los ciudadanos a salir de Leningrado. Poco tiempo después se estrena en Moscú, y de allí, las partituras son enviadas a Estados Unidos de América, en forma de microfilme, para que la Orquesta sinfónica NBC de Nueva York la interpretara el 19 de julio de 1943. Esta sinfonía de Shostakovich gozó de alta popularidad durante la guerra, al representar el espíritu de resistencia y lucha humanas frente al enemigo opresor, causante del sufrimiento y la pérdida de la libertad. La obra es un grito de fortaleza para que no sea el miedo sino la valentía aquello que se imponga ante la funesta amenaza de todo el que atente contra la dignidad humana. No importa si la historia oficial soviética quiso adjudicársela como una obra antinazi, lo que importa es el corazón que late en el fondo de la misma y la semilla de esperanza y de lucha contra el horror que toda guerra, intestina o no, provoca.

Para concluir con esta sección, hablemos de la *Novena sinfonía* de Beethoven. Esta sinfonía no tiene en sí misma nada de bélico o de antibélico, pero la presencia antibélica de ésta es indiscutible. Como dice Steinitzer (1980: 127) sobre el último movimiento de esta sinfonía: "El final comienza con un grito doloroso y desengañado, que parece sobreponerse a lo humanamente soportable participando toda la orquesta, con un acorde en el que resuenan a un tiempo mismo, de un modo disonante, todas las notas de una escala de re menor". La *Novena* fue una de las sinfonías, si no es que la más, tocada por ambos frentes durante la segunda Guerra Mundial. Es conocida la inclinación que Hitler tenía por Wagner. Sin embargo, Beethoven fue uno de los compositores que más sonaron durante el Tercer Reich. Varios músicos alemanes formaron parte de las juventudes nazis y del partido nacionalsocialista. Entre ellos están Wilhelm Furtwängler y Herbert von Karajan, rivales en su momento por sus simpatías y antipatías con el partido nazi. De ambos directores, fue Furtwängler quien tuvo una relación complicada durante el III Reich.

Los nazis llegan al poder en Alemania en 1933 y Furtwängler, en protesta, decide tocar a Mendelssohn, quien estaba prohibido por el partido. Posteriormente sería vetado para estrenar la ópera *Mathis der Maler* de Paul Hindemith, ante lo que renunció a su puesto en la Ópera de Berlín (Sanchís, 2022). Pero su talento y refinamiento era indiscutible y no pasó desapercibido por los nazis, quienes mantuvieron una relación sana con Furtwängler, a pesar de que se negaba a realizar el saludo nazi o que se decía se limpiaba la mano después de estrecharla con Goebbels. Pareciera que, así como a Simon Laks, prisionero en Auschwitz, la música había salvado a Furtwängler de un destino trágico, pues como el propio Laks narra, el amor de los alemanes a la música es desproporcionado. "Cuando los alemanes se encuentran bajo el influjo de la música, de 'su' música, comienzan a parecer seres humanos de verdad, tal como uno se los imagina generalmente" (Laks, 2018: 173).

Entre la música que los alemanes consideraban "suya" está Beethoven, a quien Trías (2014: 199) alaba como el compositor más popular y virtuoso: "Si algún compositor puede decir, al modo del Rey Sol, 'la Música soy yo', ése es Ludwig van Beethoven". La música del compositor de Colonia sonaba constantemente entre la Alemania nazi, a modo de propaganda. Así sucedió, por ejemplo, en los Juegos Olímpicos de 1936, celebrados en Berlín, donde se tocó el movimiento coral de la *Novena sinfonía*. El Führer, asimismo, solicitó a Furtwängler dirigirla –completa– en la celebración de su cumpleaños 48. Pero la *Novena* de Beethoven también sería motivo de ejecución por parte de los enemigos de los alemanes. Como escribe Buch (2001: 15): "La *Novena* de Beethoven [es] una suerte de fetiche sonoro de Occidente".

Hoy, la *Novena sinfonía*, es considerada como el himno de la Unión Europea. El poema de Schiller *Oda a la alegría* que Beethoven introduce en su cuarto movimiento, rápidamente se volvió motivo de celebración para todos; en los Juegos Olímpicos de 1956 y 1964 sonó como himno común para las dos Alemanias que se enfrentaban. Sonó, también, el 9 de noviembre de 1989, cuando finalmente fue derrumbado el Muro de Berlín. El concierto, dirigido por Leonard Bernstein, celebraba la reunificación de Alemania y la apertura de la Puerta de Brandeburgo. Así, "todos los hombres se vuelven hermanos" fue concretado y la musicalización del poema de Schiller cumplió su cometido.

Melodías, armonías y terapia ante la guerra

Junto con la denominada "música clásica", el rock también tiene piezas que reflexionan sobre la guerra, tal vez como ningún otro género. Las semejanzas melódicas y armónicas en la construcción de composiciones de música clásica y de rock hacen que ambos géneros musicales sean más cercanos de lo que alcanza a detectar el escucha promedio. Si bien, las canciones sobre la guerra en el rock surgen desde la protesta, también sirven de terapia tanto para el compositor como para el escucha.

En 1979, Pink Floyd sacó una monumental ópera rock titulada *The Wall*. La historia de este disco está bien documentada y no es de interés contarla toda, salvo la parte que tiene relevancia para la guerra. Esta banda, formada por David Gilmour, Richard Wright, Nick Mason y Roger Waters,[2] se convertiría en una de las agrupaciones de rock más importantes del siglo xx. Por supuesto, cada artista escribe desde su "mundo". Resulta que el "mundo" de Roger Waters estaba lleno de cicatrices –algunas presumiblemente aún abiertas– provocadas por la segunda Guerra Mundial. Concretamente, perdió a su padre –Erich Fletcher Waters–, quien falleció durante la Batalla de Anzio (Italia) en febrero de 1944. Roger tenía cinco meses de nacido.

Pink Floyd gozó de un éxito inesperado cuando en 1973 sacan al mercado su disco *The Dark Side of the Moon*, uno de los álbumes más influyentes del rock, que permaneció en la lista de Billboard 200 por 937 semanas, es decir, 19 años. Dos años después, en 1975, *Wish You Were Here* saldría a la luz, convirtiéndose en otro éxito para la banda británica. Pink Floyd había iniciado como un grupo experimental psicodélico, poco estructurado y con cierto abuso de lo electrónico, se habían convertido en la banda de rock más importante del momento. El éxito removió los demonios de Waters, quien comenzó a cuestionar si lo que estaban haciendo era correcto. Había iniciado el periodo de gestación de *The Wall*. Fue durante un concierto en su gira del disco *Animals* (1977) que sucedió el incidente que detonó conceptualmente su siguiente álbum. Mientras tocaban en vivo, un aficionado a la banda, un adolescente fuera de sí gritando de la emoción, intentó escalar la valla que separa al grupo del público, para llegar al escenario; Roger Waters, al verlo, le escupió en la cara. El hecho detonó en el bajista y vocalista de la banda una profunda reflexión sobre el éxito y cómo

---

[2]   Antes de que David Gilmour ingresara a la agrupación su lugar lo ocupaba un joven y talentoso Syd Barret, quien debido a sus problemas con las drogas fue alejándose de la banda hasta desaparecer.

éste había pervertido todo aquello en lo que creían, una perversión a gran escala de la avaricia corporativa y del ego.

The Wall fue escrita en su totalidad por Roger Waters, con algunas melodías de Gilmour y los otros integrantes, pero las letras y el concepto fue de Roger. Como él mismo lo ha dicho en varias ocasiones, en este disco cuenta su historia, pero que no se limita a su experiencia personal, sino que puede resonar en muchas personas más. La historia es la de un niño huérfano de padre que debe crecer bajo la figura paterna ausente, porque la guerra se lo arrebató. La interiorización que Roger hace de su experiencia nos sirve a todos los demás para comprender los horrores de la guerra sin necesidad de que tengamos que perder a alguien en ella. El propio Waters compartió la siguiente reflexión años más tarde:

> Hace 30 años cuando estaba como enfadado con la vida y no era un chico muy joven (de espíritu), me encontré a mí mismo a la defensiva porque estaba asustado con muchas cosas, y me di cuenta de que en esa historia personal, quizá hay escondida una alegoría sobre temas más generales y universales, políticos y sociales (Riestra, 2012).

Si bien el disco no es necesariamente en su totalidad una obra anti-bélica, pues hay una crítica a la sobreprotección materna, al sistema educativo británico, a la tecnología y al desarrollo capitalista-consumista, es posible deducir que la mayoría de los problemas que enfrenta Pink –personaje ficticio que representa a una estrella de rock– tienen un mismo origen: la muerte de su padre en la guerra. Canciones como "Another Brick in the Wall p. 1" meten el dedo en la llaga y Waters se atreve a preguntar: "Daddy, what you leave behind for me?". Así, la primera canción del álbum en hablar del muro que el niño tendrá que construir a su alrededor, para protegerse de la realidad –una realidad definida y determinada por la ambición de las naciones, los patriotismos, los nacionalismos, los fascismos que imponen su ley sobre la vida humana–, marcaría el *leitmotiv* de todo el disco.

Vale la pena señalar también que el álbum se produjo en conjunto con una película donde las letras van guiando el argumento del filme. En la película aparece la canción "When the Tigers Broke Free", que ahonda más en la biografía de su padre, la cual no pasó la edición que salió en el disco. Visualmente, los motivos bélicos son constantes: los bombarderos convirtiéndose en cruces mientras sobrevuelan el campo; los martillos marchando bajo un régimen fascista; soldados en guerra, muriendo; cruces por todos lados derramando sangre que encuentra un desagüe en la alcantarilla, cualquier alcantarilla. La guerra es brutal, es inhumana y ofende a la dignidad humana: *The Wall* nos permite ver todo ello en estas canciones. No sería el único disco donde Waters exploraría este dolor. En *The Final Cut*, aprovecha para criticar el gobierno de Margaret Thatcher por sus intereses bélicos, cuando los británicos habían prometido que la victoria de la segunda Guerra Mundial haría del mundo un lugar más pacífico, es un álbum que continúa con el proceso terapéutico que había iniciado en 1979 con *The Wall*. Canciones como "Your Possible Pasts", "One of the Few", "The Hero's Return", "The Gunner's Dream" y "Paranoid Eyes" apuntan hacia lo que hoy conocemos como estrés postraumático, que afecta principalmente a los veteranos de guerra.

Por si faltara más, en julio de 1990, meses después de la caída del Muro de Berlín, Waters organizó uno de los conciertos de rock más espectaculares y masivos conocido como *The Wall–Live in Berlín*, en el que participaron artistas de la talla de Scorpions, Marianne Faithfull, Van Morrison, Cindy Lauper, Bryan Adams y Sinead O'Connor, entre otros. Y así, con un concierto de rock masivo, se celebraba el fin de una era que inició en 1939 y que con la rendición de Alemania y la de Japón en 1945 había concluido parcialmente.

Además de Pink Floyd y Roger Waters, grupos de metal más pesado, como lo son los grupos pertenecientes al thrash metal, también hunden sus fauces en la temática bélica. Grupos como Sepultura, Metallica, Slayer, Megadeth y Iron Maiden, por mencionar algunos, han escrito canciones cuya letra pretende concientizar sobre los horrores bélicos, al mismo tiempo que se convierten en una denuncia política contra las naciones del mundo.[3]

En "Beneath the Remains", Sepultura se pregunta "Who has won? / Who has died?" La canción, que además da nombre al disco de este grupo de metal, abre con una interrogante brutal (tal y como lo expresa su música). En una guerra, ¿quién realmente gana? La mayoría queda extasiada tras la derrota del "enemigo", pero en una guerra el enemigo somos todos. ¿Quién es el enemigo? Para el de enfrente tú y para ti el de enfrente. En la segunda Guerra Mundial el alemán era el enemigo del francés, el egipcio del italiano y el estadounidense del japonés, y viceversa. La pregunta que nos arroja Sepultura es pertinente en más de un sentido. Supuestamente, toda guerra pretende la paz. Bajo esta premisa, quien logra la paz es quien "gana". Enganchando con la interrogante original: ¿cuál paz? ¿Concluida la guerra realmente llega la paz? Resulta contradictorio que el medio para alcanzar la paz sea, precisamente, el que la impide. Aquí el fuego no apaga el fuego: lo hace más vil, más terrorífico y más devastador. ¿Cómo pudimos olvidar la máxima socrática que señala que la injusticia no resuelve una injusticia y que el mal no arregla otro mal?

Si la guerra, toda guerra, es un acto de destrucción de algo para que se dé otra cosa, ¿qué se gana y qué se pierde? ¿Qué está en juego? En principio, la razón de existir de un ejército es la de defender, nunca atacar, aunque ¿qué entendemos por eso? ¿Lo mismo que los glóbulos blancos ante los virus y las bacterias? Sí y no. El símil sirve sólo en tanto que se parta de que la amenaza es inevitable. Que la amenaza sea inevitable significa que la razón está vencida. Si la razón está vencida, la humanidad lo está. Si la humanidad está vencida, ¿para qué la guerra? En donde no hay posibilidad de

---

[3] A lo largo de los años el rock ha ido ganado cada vez más terreno en el mundo. Antes de la Guerra de Vietnam el rock no tenía una ideología, una bandera propia por la cual luchar, pero el conflicto que duró de 1955 a 1975, en el que Estados Unidos se implicó completamente desde 1964, provocó una manifestación antibélica jamás vista. De la pluma de De Querol (2014) comparto 10 canciones de protesta contra la guerra: 1. "Where Have All the Flowers Gone?" (Peter Seeger); 2. Masters of War (Bob Dylan); 3. "Eve of Destruction" (P. F. Sloan); 4. "Scarborough Fair / Canticle" (Simon & Garfunkel); 5. "Give Peace a Chance" (John Lennon); 6. "Unknown Soldier" (The Doors); 7. War Pigs (Black Sabbath); 8. "War" (Normal Whitfield & Barret Strong); 9. "What's Going On?" (Marvin Gaye); 10. "The Flesh Failures (Let the Sunshine In)" (MacDermot, Rado y Ragni).

humanidad la finalidad de la guerra –traer paz– se anula pues la paz es algo para la humanidad, la cual quedó vencida al ser incapaz de ser racional.

De modo que el hecho de que exista la guerra es en sí misma una derrota de la razón. A menos que creamos, como en *1984*, que "la guerra es la paz". Esa mentira que nos han contado queda perfectamente eslabonada con el resto de los ejes del Partido que controla el Estado en la novela de George Orwell. Dichos ejes son: "La guerra es la paz. / La libertad es la esclavitud. / La ignorancia es la fuerza". Si el primero es cierto, también lo es que somos esclavos viviendo, como pensaban Trasímaco y Calicles en los respectivos diálogos platónicos –*República* y *Gorgias*–, a merced de la ley del más fuerte. Por ello la pregunta que Sepultura arroja es tan pertinente: en la guerra ¿quién gana? La pregunta es, en el fondo, retórica pues la respuesta es que nadie gana. En una guerra el vencedor también es vencido, ya que para hacerlo tuvo que sacrificar a miles o millones de personas –¿quién ha muerto?–, comprometió su economía, sus fronteras y, ante todo, su paz. Quien ganó perdió, porque ganó a costa de la aniquilación de ciudades, personas y culturas. La destrucción resultante de la guerra es otro botón que muestra la verdad de la respuesta: nadie gana. Y, finalmente, nadie gana porque para vencer en un conflicto bélico es necesario que comprometas a la facultad humana por excelencia: la razón. Vencer significa instrumentalizar a la razón para que ésta, en lugar de buscar la verdad y el bien por sí mismos, se convierta en una calculadora de medios para obtener ciertos fines deseables, aunque no idóneos.

Basta mirar con ojos reflexivos y verdaderamente críticos a los acontecimientos del 6 y 8 de agosto de 1945 en Hiroshima y Nagasaki y preguntarnos ¿quién ganó con las detonaciones de *Little Boy* y *Fat Man*? ¿Realmente se ganó la guerra o se perdió la confianza en la razón? Cierto que con dichas detonaciones –¿justas, necesarias, inevitables?– se puso fin a un conflicto que había cobrado la vida de entre 50 y 70 millones de personas. Al mismo tiempo que esto sucedía, la humanidad observaba absorta el fin de la Modernidad y su apuesta por la razón. Iniciábamos así, la Posmodernidad. ¿Qué se ganó?

Coda: la música y su necesidad para exorcizar el dolor

Platón se equivocó. La música estruendosa, con armonías quejumbrosas y marchas marciales no necesariamente es mala para el alma. Es probable que la función dialéctica de la música escapó al genio de Platón, quien no logró ver el uso terapéutico que dichos sonidos pueden tener para el desequilibrio interno. Así como Hipócrates, quien estableció un sistema de curación basado en que lo igual cura a lo igual, lo semejante es amigo de lo semejante,[4] así debió comprender Platón que a un alma turbada la música, cuyas guitarras semejan el sonido de metralletas, la batería imita las detonaciones de bombas y la voz canta con el dolor de quien está herido, puede ser su mejor aliado. No deja de ser sorprendente que la música más apropiada para incidir en una reflexión bélica sea la que estruja y amplifica las emociones conduciéndolas a un extremo donde al hallarse allí, logran la calma. Como mostré líneas arriba, el rock y el metal tienen música y letras que sacuden, que hieren, pero son heridas que purgan. El pus acumulado tras la decepción, la tristeza, la injusticia y la barbarie de una guerra –y por otras tantas razones– necesita un punto por el cual salir. Estos forúnculos deben ser reventados y la mejor forma es mediante una incisión, una herida médica, para que por allí drene toda la supuración que se acumulaba en nuestro interior.

En la república platónica sin duda el heavy metal hubiera estado prohibido; ni qué decir del thrash metal, el death metal y el punk, géneros que tienen reflexiones filosóficas importantes que, más que contaminar y pudrir al alma, sirven de esmeriles que la hacen reflexiva y crítica. Pero tampoco pienso que, en dicho Estado compositores como Beethoven, Wagner, Mahler, Shostakovich o Tchaikovsky hubiesen sido permitidos. Seguramente, la *Quinta sinfonía* de Beethoven y la misma de Mahler, quedarían fuera, junto con la *Cabalgata de las valquirias* de Wagner, la *Séptima* y *Octava* sinfonías de Shostakovich o la *Obertura 1812* de Tchaikovsky.

---

[4] Soy consciente de que Hipócrates también curaba mediante la restauración del equilibrio por contrarios, utilizaba tanto el sistema alopático como el homeopático.

¿Cuánta exquisita música ha sido compuesta gracias a la guerra? Tal vez este sea uno de los puntos excluyentes sobre el bien que puede extraerse de dicha invención humana. Por supuesto, sería mejor contar con música exquisita sin que ésta salga en forma de catarsis del compositor, como el resto de la música que tenemos sin temática castrense. ¿Parafraseando la letra de otro grupo de metal –Cynic–, quienes en su canción "How Could I?" cuestionan: ¿cómo pude olvidar aprender sin cuestionar y amar sin temer?, podría añadir: ¿cómo pudimos olvidar tener paz sin hacer la guerra? Cierro este capítulo con un grito de esperanza y deseando que aprendamos a valorar más la paz que el conflicto. Propongo que, ante la guerra y su terrorífico sonido, cantemos con Schiller:

¡Amigos, dejad esos sonidos!
¡Entonemos otros más agradables
y rebosantes de alegría!

Referencias

Bidlack, R. y N. Lomagin (2012), *The Leningrad Blockade, 1941-1944: A New Documentary History from the Soviet Archives*, New Haven, Yale University Press.

Buch, E. (2001), *La novena de Beethoven. Historia política del himno europeo*, G. López Guix (trad.), Barcelona, Acantilado.

De Querol, R. (2014), Diez himnos contra la guerra de Vietnam medio siglo después, *El País* (16 de enero). Disponible en ‹https://elpais.com/elpais/2014/01/13/planeta_futuro/1389636706_945278.html›.

Laks, S. (2018), *Música en Auschwitz*, E. G. de la G. y X. Farré (trads.), México, Herder.

Platón (1998), *República*, Conrado Eggers Lan (trad.), Madrid, Gredos, 1998.

Riestra, L. (2012), El último ladrillo del muro de Roger Waters (21 de julio). Disponible en ‹https://www.abc.es/cultura/musica/abci-roger-waters-retirada-201207210000_noticia.html›.

Sanchís, A. (2022). De sinfonía usada por los nazis a himno de la UE: cómo la Novena de Beethoven se convirtió en un símbolo político (19 de octubre). Disponible en ‹https://magnet.xataka.com/en-diez-minutos/cantico-nazi-a-himno-union-europea-como-novena-beethoven-se-convirtio-simbolo-politico›.

Steinitzer, M. (1980), *Beethoven*, México, FCE.

Trías, E. (2014), *El canto de las sirenas*, Barcelona, Galaxia de Gutemberg.

Volkov, S. (1984), *Testimony: The Memoirs of Dmitri Shostakovich*, Nueva York, Limelight Editions.

CAPÍTULO 13

Guerra y belleza

Víctor-Isolino Doval[1]

Los colores iluminaban ahora
un paisaje inestable, recubrían una naturaleza
hecha jirones con un breve
y siniestro claro de luna.

Gabriel Chevallier, *El miedo* (1930)

La industria es un rey Midas de la fealdad. Todo lo que toca tiende a perder belleza. La comida, por poner un caso ineludible, se afea cuando la industria hace de cocinera. Lo intuye quien opta por comer algo artesanal en lugar de algo industrial. Esa pérdida de belleza se manifiesta incluso en lo que de saludable tienen una y otra: a la primera se le endilga el adjetivo "chatarra", a la segunda, "orgánica" y, aun, "nutritiva". La comida industrial pierde ese carácter saludable para convertirse en veneno. Hubo quien experimentó con una "bigmac". Luego de meses de haberla comprado, intocada, la famosa hamburguesa seguía como cuando se la entregaron en el mostrador, quizá

---

la lechuga un poco marchita; pero nada más. Después de unos días, el pan artesanal se cubre de hongos porque la vida llama a la vida.

En la Grecia antigua, la guerra dependía de ciertas exigencias de la razón, animadas por un sentimiento de lo sublime. Ahí, entonces, la vida gravitaba en torno a la próxima batalla. La gimnasia y la religión adquirían todo su sentido ante el ejército enemigo. Los juegos al pie del Olimpo eran preparación para el combate. Aristóteles condena el descuido y abandono del cuerpo porque el ciudadano debe estar listo para acometer las adversidades de la pelea: el ejercicio físico lleva a la vida virtuosa; la mayor exigencia de virtud ocurre en la guerra. El temple y la valentía del guerrero no aparecían mágicamente al colocarse su *krános* –casco– ni al tomar su *hoplon* –escudo, de donde "hoplita"–. Su formación empezaba en la niñez. Sus ideales estaban encarnados en héroes forjados, como él, para la guerra. De Aquiles a Hipólito, los modelos morales del niño eran guerreros. Atenas fue erigida para honrar a la diosa de la justicia, de la guerra y de la sabiduría.

Antes de seguir, quisiera aclarar que no pretendo hacer aquí una apología de la guerra, sino intentar responder a la pregunta de si acaso no habrá en ella, oculta, cierta belleza; una belleza vista por la literatura, desde sus primeras manifestaciones.

La batalla ofrecía al guerrero ateniense la posibilidad de sublimarse y poner a prueba su propia razón. Como metáfora de la vida, la guerra le exigiría prudencia. Simbolizada por Atenea, la guerra no se concibe al margen de la justicia ni de la sabiduría. La cólera de Aquiles por la muerte de Patroclo es sólo un detonador; el punto de llegada es la purificación del héroe. El Pélida se redime gracias a sí mismo. De su ira surge su propia redención. Aquiles es salvado por un gesto de piedad. En efecto, como la definió Borges, la *Ilíada* es la historia de un hombre enojado. Sin embargo, esa furia carecería absolutamente de sentido –sería arbitraria y absurda– al margen de la redención posterior a la guerra.

La belleza de la guerra no es evidente, como tampoco lo es la belleza en la vida humana. Algo de misterio hay en nuestra existencia. En la guerra resuena aquella advertencia evangélica: fuego he venido a traer a la Tierra y qué quiero sino que arda. Es precisamente el cristianismo lo que permite ver la belleza del sacrificio. En el trance del dolor, Cristo salva a la humanidad y se muestra con toda su crudeza.

Por eso, en clave cristiana, la vida del hombre se concibe como una lucha contra sí mismo, contra el pecado que anida en él. Sin guerra no hay salvación. La paz no es asequible en este mundo ni en este tiempo. Esa certeza animó al caballero medieval, quien prefería mancharse las manos de sangre peleando contra el mal a ensuciarse trabajando para hacerse de riquezas terrenales. El Cid gana su última batalla muerto, a lomos de Babieca, como símbolo de una redención. El guerrero no teme a la muerte en la batalla porque su muerte será un sacrificio –hacer algo sagrado–. En el frente, el guerrero se sublima.

Tal vez también había en ese intento redentor ecos de la antigüedad grecolatina. Al ocuparse del amor, por ejemplo, Ovidio escribe en registros bélicos. Ante el dolor de la ruptura, el poeta ordena al amante que no sucumba, que resista –*perfer et obdura*– porque el sufrimiento, ahora insoportable, algún día le será provechoso.

Durante siglos, la humanidad toleró la desdicha provocada por la guerra, confiada en alcanzar una promesa. Quizá no la promesa de la paz, sino del bien. Churchill concluye su célebre intervención en la cámara de los comunes el 4 de junio de 1940 –luego titulado *We shall fight on the beaches*– con una certeza: daremos la batalla contra el régimen nazi; pero si no lo vencemos, el imperio británico de ultramar cargará con el peso de la resistencia hasta que, cuando sea la voluntad de Dios, América venga a Europa y la libere del yugo del mal.

No es la guerra en sí lo que horroriza a la humanidad, sino la crueldad con la que la pesada maquinaria del más fuerte arrasa y aplasta al enemigo indefenso. Pienso que ese punto de inflexión fueron las guerras de religión en la Europa del siglo xvii. Cristianos contra cristianos. Luego, el terror inaugurado por la razón iluminada de fines del xviii, a partir de la pesada navaja propuesta y perfeccionada por el cirujano Joseph Ignace Guillotin para humanizar la pena de muerte, no ha hecho más que avanzar.

Su grandeza tecnológica condujo al ejército de Napoleón a la arrogancia militar y, ésta, a la ceguera: ponerse por encima de cualquiera bajo el argumento del poderío técnico provocó que perdiese claridad para diseñar la estrategia y, así, colapsó. La superioridad del instrumento eclipsó a la razón. Pero la misma crueldad de maquinaria decimonónica es la de los mercenarios y asesinos a sueldo –soldados– condenada en la Antigüedad y que supuso la caída de grandes ciudades como Esparta. El cinismo que entraña la dominación supuso la caída de Grecia. En uno de sus epigramas, Séneca escribe:

Grecia, derribada por larga ruina de guerras, sucumbió por confiar mucho en sus propias fuerzas. Su gloria vive, su fortuna murió: se visitan sus restos; caída, se venera hoy en la tumba suya: exiguos vestigios de su ingente gloria resguarda, y la infeliz de grande sólo la fama tiene (Séneca, 2001: *Ep.* § 55).

Y lo mismo le ocurrió a Roma.

¿Acaso no hay honor y nobleza en los ucranianos que defienden su tierra con algo más que armas ante el avasallador armamento ruso? ¿Acaso no latían las mismas virtudes en los corazones de la caballería medieval? ¿Qué si no la gallardía y la valentía empapaban a las batallas antiguas? Insisto: no pretendo hacer una apología de la guerra. Pero tampoco puedo negar el hito que supuso el paulatino advenimiento de la máquina en el campo de batalla.

La belleza y la guerra corrieron de la mano durante miles de años. En la mitología griega, Ares –dios de la guerra– cayó perdidamente enamorado a los pies de Afrodita –diosa de la belleza–. Ambos engendraron a Eros –dios del deseo incontenible–. ¿Por qué hubo una ruptura al grado de satanizar la guerra? Se me ocurre que los prodigios que hemos alcanzado en el ámbito instrumental la han vuelto irracional. Hasta muy entrado el siglo XIX, el frente de batalla se enmarcaba en estrictos códigos morales de honor y justicia cargados de respeto y simbolismo. Sin embargo, la acelerada industrialización terminó por barbarizarlo.

Los ritos bélicos estaban revestidos de racionalidad. El derecho iluminaba a la guerra. Huizinga recuerda dos casos en los que la guerra se ejecuta al amparo del ritual y adquiría estatuto de ceremonia: el primero es el enfrentamiento entre Calcis y Eretría, en el siglo VII a.C. y, el segundo, es un episodio luego de la batalla de Salamina.

> Un convenio solemne, en que se fijaban las reglas del combate, se depositó en el templo de Artemisa. Se fijaban tiempo y lugar del encuentro. Se prohibían todas las armas arrojadizas como la jabalina, el arco y la honda, y sólo se permitían la espada y la lanza. El otro ejemplo es más conocido. Después de la victoria de Salamina los griegos marcharon hacia el Istmo para repartir premios, designando aquí como *aristeia* a aquellos que se habían destacado en la lucha. Los caudillos depositaron sus votos en el altar de Poseidón, un voto para el primer premio y otro para el segundo. Todos se dieron el primer voto a sí mismos; pero el segundo se le dio la mayoría a Temístocles de suerte que éste tuvo el mayor número. La envidia entre ellos impidió, sin embargo, que se confirmara la sentencia (Huizinga, 1972: 149).

La violencia brutal –la expresión es de Huizinga– confirma su afán de dominación. Guerra y belleza se escinden a causa de la irracionalidad. La razón es la que permite establecer las normas previas a la batalla. El juego de fines del siglo XIX suplió a la guerra en cuanto alojamiento de la nobleza y el honor sociales. La organización racional del juego mediante el establecimiento de reglas de combate –el futbol y las olimpiadas de Pierre de Coubertin, sobre todo–, satisfizo la búsqueda de belleza. Despojada de ella, la guerra comenzó su transformación en barbarie.

Quizá es *Sin novedad en el frente* el primer gran relato que nos pone ante la deshumanización de la guerra. "Para mí [confiesa Paul Baeumer, el protagonista de la novela], el frente es un siniestro vórtice. Aunque uno esté todavía lejos de su centro, ya se advierte su fuerza aspirante, que arrastra lentamente, sin escape alguno, sin poder arrancarse de ella". La primera gran guerra no es recordada por sus gestas heroicas ni sus geniales estrategias –no hay un paso de las Termópilas ni una carrera de Maratón–, sino por los portentos industriales que propiciaron el triunfo de un bando. Las armas químicas, los bombardeos aéreos, las redes de comunicación radial, el armamento mecánico –desde una pistola hasta un tanque– y los uniformes eran un alarde tecnológico. La victoria ya no era una mujer alada, sino un robot despiadado.

Tres décadas después, la segunda gran guerra asombró al mundo por su derroche tecnológico y de crueldad. Al holocausto diseñado por Eichmann se agregó otra proeza técnica: la descomposición del átomo concebida en una universidad se usó para arrasar con dos ciudades enemigas. La guerra ya no sería igual. La irracionalidad la había secuestrado. ¿Cómo detener el progreso técnico e impedir que sirva de instrumento de aniquilación?

En enero de 1991, la incipiente televisora norteamericana de noticias cnn inició la transmisión en vivo de la llamada "guerra del Golfo". Convertida en barbarie, la guerra ahora se asumía como espectáculo televisivo. En una suerte de episodios de *Star Wars*, la cadena ofrecía al mundo bombardeos nocturnos, con narraciones épicas, cargadas de dramatismo, 24 horas al día.

Décadas antes, Leni Riefenstahl se había encargado de los preludios de la guerra como espectáculo. La fotógrafa y cineasta alemana fue la encargada de teatralizar la expansión de Hitler. La cinematografía nazi exhibía la aplastante dominación del régimen, su fuerza y superioridad.

* * *

El pensamiento y la literatura occidentales se forjaron en la guerra. Voluntaria o fortuitamente, sus exponentes antes acudieron al frente de batalla. De Sócrates a Churchill (Nobel de Literatura), pasando por Sófocles, Marco Aurelio, Cervantes, Wittgenstein, Carlo Emilio Gadda, el menos conocido Jaroslav Hašek (*El buen soldado Švejk*) o Evelyn Wauhg. Acrisolados por el fragor de la batalla, descubrieron que no hay guerra sin ideal. Pero no hay ideal sin racionalidad. Cuando la razón se reduce a mero instrumento, se convierte en estupidez. Entonces, ocurre la barbarie.

Precisamente, la aplastante dominación tecnológica convirtió la guerra en mera barbarie. La guerra perdió su sentido como *ultima ratio* y la violencia se impuso sobre la razón. Atenea, fracturada, quedó reducida a *hybris*. En *Homero, Ilíada*, Alessandro Baricco sugiere que, como ocurre cuando se trata de imponer cualquier utopía, la obligatoriedad del pacifismo trae aparejada la renuncia a buscar una belleza superior a la que la guerra entraña. Una belleza que supla a aquella que desde siempre encontramos como consuelo en la guerra. Hasta no dar con esa belleza viviremos en la penumbra, bajo los destellos de la guerra.

> Dar un sentido, fuerte, a las cosas, sin tener que llevarlas hasta la luz, cegadora, de la muerte. Poder cambiar el destino de uno mismo sin tener que apoderarse del de otro; lograr que circulen el dinero y la riqueza sin tener que recurrir a la violencia; encontrar una dimensión ética, incluso muy elevada, sin tener que ir a buscarla en los confines de la muerte; encontrarse a uno mismo en la intensidad de lugares y momentos que no sean una trinchera; conocer la emoción, incluso la más vertiginosa, sin tener que recurrir al doping de la guerra o a la metadona de las pequeñas violencias cotidianas. En fin, otra belleza, si es que comprendéis lo que quiero decir (Baricco, 2004: 32).

Ubicada ya en un tiempo fuera del tiempo –en una realidad sin realidad–, la vida humana sucede sin finalidad alguna más que el mero ocurrir hasta tornarse anémica. La antigua épica vital ha dado paso a la intensidad de lo efímero. Las batallas actuales se libran en un desierto inocuo para alcanzar triunfos de espejismos: la productividad, el entretenimiento, la utilidad, la eficiencia, el éxito, la supervivencia, el rendimiento, la información, la fama. Sentirse enfermo, por poner un caso, es una exigencia en ese páramo anodino. La enfermedad coloca al pacifista en una tensión vital. Siente que su vida está en riesgo; pero no es así. Es un sucedáneo de trascendencia, de autorredención. La necesidad de jugarse la vida por un fin sublime infringe la necesidad de enfermarse y obsequia la sensación de haber vencido a la muerte. La vida queda reducida a un proceso constantemente mejorable. La métrica vital se refugia en la esfera del placer. Nada tiene sentido al margen de él. Ni siquiera el placer mismo.

La satisfacción es insuficiente y sus estímulos aumentan sin cesar. El guerrero es ahora un mercenario digital que teme a la muerte y se refugia bajo una avalancha de recompensas momentáneas. Sobrevive a la caza de la próxima serie o de los "me gusta" en Instagram. Por su parte, para el antiguo guerrero la muerte ofrecía otra cara de la vida: la belleza de la verdadera vitalidad. Por eso la guerra era un ritual que colocaba a sus protagonistas ante lo sagrado. La secularización y la industrialización enajenaron la belleza del mundo. Tal y como escribe Baricco:

> Hoy la paz es poco más que una conveniencia política: no es, en modo alguno, un sistema de pensamiento y una manera de sentir verdaderamente difundidos. Se considera la guerra un mal que hay que evitar, es cierto, pero se está muy lejos de considerarla un mal absoluto: a la primera ocasión, revestida de hermosos ideales, entrar en guerra se convierte rápidamente en una opción factible. A veces, incluso suele elegirse con cierto orgullo. Siguen estrellándose las falenas con la luz del fuego. Una real, profética y valiente ambición por la paz yo la veo únicamente en el trabajo paciente y escondido de millones de artesanos que cada día trabajan para suscitar otra belleza, y la claridad de luces, límpidas, que no matan. Es una empresa utópica, que presupone una vertiginosa confianza en el hombre.
>
> Pero me pregunto si alguna vez nos hemos adentrado tanto, como hoy en día, por un sendero parecido. Y por eso creo que nadie, a estas alturas, logrará ya detener ese camino, o invertir el sentido. Lograremos, antes o después, sacar a Aquiles de aquella mortífera guerra. Y no será ni el miedo ni el horror lo que lo lleve de regreso a casa. Será cierta belleza, una belleza distinta, más cegadora que la suya, e infinitamente más apacible (Baricco, 2004: 65).

Por su componente fratricida, la guerra civil española ha sido una de las más crueles. Javier Cercas construyó *Soldados de Salamina* –la novela que le dio fama– a partir de un episodio histórico y conmovedor. Rafael Sánchez Mazas era parte de un nutrido grupo de falangistas capturado por los milicianos en Barcelona y llevado hasta la frontera para su muerte. Dispuestos ya para el fusilamiento en masa, algo ocurre. La confusión se apodera del pelotón, hay disparos erráticos, algunos condenados caen y otros logran escapar. Sánchez Mazas es uno de ellos y alcanza a ocultarse en el bosque. Uno de los milicianos lo alcanza. Ambos se miran cara a cara. Se hace el silencio. Los dos pares de ojos clavados uno al otro. Como detenidos en el tiempo, sin soltar la mirada, Sánchez Mazas y su posible verdugo escuchan los gritos de búsqueda. La tensión entre ellos se libera con un grito del miliciano. "¡Por aquí no hay nadie!". Luego, le dedica una última mirada. Da media vuelta. Y se va.

En la guerra, la posibilidad de la clemencia ocurre sólo cuando la dignidad de los enemigos prevalece por encima de la posible victoria, de los artefactos técnicos y de la arrogancia de la supremacía. La equidad de la batalla es un asunto de honor. De él se desprende no sólo la justicia, sino la piedad. Fue el honor lo que motivó a Aquiles a devolverle el cadáver de Héctor a Príamo. Sin ese gesto, la *Ilíada* carecería de sentido. Nada habría valido tanta muerte. El honor final redime a los héroes porque los humaniza. La razón convertida en compasión salva a los guerreros de la barbarie, cubre a la guerra de belleza.

Borges lo ha descrito de forma insuperable:

Edificarás la patria con ciénagas; la levantarás con desiertos.
Trabajará contigo tu hermano, cuya cara no has visto nunca.
Una sola cosa te prometemos:
tu puesto en la batalla.

Referencias

BARICCO, Alessandro (2004), *Homero, Ilíada*, Barcelona, Anagrama.

BORGES, Jorge Luis (1998), *Poesía completa*, Buenos Aires, Emecé.

HUIZINGA, Johan (1972), *Homo ludens*, Madrid, Alianza.

REMARQUE, Erich Maria (2001), *Sin novedad en el frente*, México, Porrúa.

SÉNECA (2001), *Epigramas*, Antonio Roberto Heredia Correa (intr., trad. y notas), México, UNAM.

Reflexiones contemporáneas

Capítulo 14

La inevitabilidad de la guerra

Abraham Martínez Hernández[1]

¿La guerra es inevitable? Ante una cuestión tan difícil, es casi imposible establecer una respuesta contundente, coherente y clara. Mi objetivo es más modesto: profundizar sobre la complejidad de un fenómeno que, como ya adelantaba Tucídides, es algo con lo que, sea por lo que sea, el ser humano tiene que convivir constantemente.

Por un lado, se podría relacionar la posible inevitabilidad de la guerra con la manera en que está constituida la naturaleza humana. Es decir, hay quien sostiene que el ser humano, por naturaleza, tiende ineludiblemente a la violencia. Así lo han dicho, con distintos matices, diversos exponentes a lo largo de la historia: Hobbes, por ejemplo. Esta tendencia lleva a que el fenómeno de la guerra siempre sea una posibilidad latente, meramente gestionable, pero que, ante la ausencia de un Estado, es natural en el hombre.

Por otro lado, se puede pensar que, ya sea por la dinámica de convivencia entre individuos o por cómo se desarrollan las relaciones entre países, el conflicto es una realidad que difícilmente se puede evitar en todo tiempo y en toda circunstancia; en otras palabras, esta segunda visión da mucha mayor importancia a dinámicas, podríamos decir "estructurales",

---

[1]   Universidad Panamericana, Escuela de Gobierno.

231

que de diversas formas condicionan las cosas de tal manera que el conflicto y la guerra sean virtualmente inevitables.

Si bien la primera postura podría caracterizarse como una que entiende que el conflicto y la guerra son fenómenos propios de la naturaleza humana –haciendo, en ese caso, que el sentido de "inevitable" pudiera ser más literal–, ambas concluyen que dichos fenómenos son realidades difícilmente erradicables por completo. La única diferencia es que, para una postura, la "naturalista", la guerra es más inevitable que para la otra.

Lo que intentaré fundamentar es que la erradicación absoluta de cualquier tipo de conflicto o guerra es casi imposible. Lo anterior no quiere decir que el conflicto o la guerra no se puedan gestionar adecuadamente: creo que se puede, y la época reciente –con todos sus defectos–, ha logrado manejarlo con niveles de éxito inéditos en la historia de la humanidad. No pienso que el estado natural del ser humano sea la guerra, pero sí que existe en él una tendencia que, de no manejarse correctamente, la detona con facilidad. Al mismo tiempo, y aunque en primera instancia pueda parecer contradictorio, estoy convencido de que el estado natural de las relaciones entre países, es uno que se acerca más al estado de guerra.

El hombre es un ser social que desde su origen está sujeto, entre otras cosas, a ciertas normas y estándares de comportamiento: el estado de guerra no es el estado natural, entre otras cosas, porque el hombre no nace en la anarquía. Sin embargo, pienso que entre países, al no haber entes superiores que apliquen una ley, el estado natural es uno de anarquía, en el cual puede tener sentido hablar de un estado natural de guerra en términos cercanos a lo que Hobbes tenía en mente.

Antes de explicar la afirmación que acabo de plantear en torno al funcionamiento de las relaciones entre países –conocido en el área de las relaciones internacionales o la ciencia política como una postura realista–, hablaré de los rasgos que están presentes en la naturaleza humana y que, en todo caso, me parece que nos ayudarán a comprender, por un lado, las crisis de nuestros sistemas políticos occidentales en la actualidad y, por otro, también nos da luces sobre la pervivencia, en el siglo xxi, del fenómeno del conflicto y de guerra.

Fundamentalmente, más que una tendencia innata que en sí misma haga inevitable el conflicto y la guerra, lo que sí juega un papel importante es la necesidad de recibir reconocimiento. En ocasiones, cuando no existe el canal adecuado para moderarla y orientarla hacia un bien mayor, puede degenerar en violencia −a veces de manera casi imperceptible y paulatina−; esta necesidad o tendencia, que ha sido denominada, en primer lugar por los griegos, como *thymós*, es algo sobre lo cual, sin pretender agotar el tema, hablaré en breve.

La guerra como punto de partida

Ryan Balot argumenta que Tucídides fue quizá el primer pensador que hizo propiamente filosofía política; es decir, buscó las razones más profundas de lo que condicionaba a los regímenes políticos; presentó su planteamiento a través de un relato histórico de las guerras del Peloponeso con el que, como él mismo decía, pretendía dar lecciones válidas para la posteridad. A diferencia de Platón, por ejemplo, quien a través de una indagatoria más sistemática de lo que constituía la vida buena y el régimen más conducente a ella, Tucídides confrontó en distintos puntos los planteamientos, en su opinión utópicos, de atenienses o espartanos con la realidad constante de la guerra −recordemos el famoso discurso de Pericles ensalzando la forma de vida ateniense−. En otras palabras, Tucídides fue el primer pensador realista para quien el punto de partida es que el ser humano tiene que convivir con el conflicto y gestionarlo.

Ante esa realidad −para algunos producto de una característica innata desde siempre, para otros que apareció en algún punto del devenir de la humanidad (ya sea después del pecado original, o en el caso de Rousseau, después de la aparición de la vida en sociedad)−, la violencia, el conflicto y la guerra son elementos propios de la vida humana, los cuales, en el mejor de los casos, se podrían sólo controlar de manera adecuada, pero nunca resolver de manera definitiva.

Pero, ¿realmente hay algo que haga que, como Tucídides planteó, la guerra sea uno de esos fenómenos que, independientemente de sus causas, siempre deben de ser considerados como parte irremediable de la realidad humana? ¿Qué es exactamente lo que hace tan difícil plantearse la completa erradicación de algo que, a todas luces, tiene consecuencias tan negativas? ¿Verdaderamente es tan difícil? La postura liberal, vamos a decir clásica, plantea que a mayor liberalización política y económica, menores posibilidades de conflicto, tanto a nivel micro como a nivel macro. Trabajos como el de Steven Pinker respaldan este tipo de afirmaciones: en definitiva, el número de conflictos a nivel global ha disminuido, en términos generales, de forma incontrovertible en el último siglo. Pero, incluso autores como Pinker reconocen que, aunque dicha tendencia pueda continuar, siempre existirá una, podríamos decir, imprevisibilidad propia del ser humano, que hace imposible la completa desaparición de los conflictos violentos, aun cuando la razón siga avanzando y los valores liberales, teóricamente producto de dicho avance, se continúen consolidando.

¿Fin de la historia?

En esta lógica de la paz producto de la liberalización, después de la caída del muro de Berlín, en el ámbito académico de la política tomó fuerza el conocido planteamiento de Francis Fukuyama al respecto de que, siguiendo una concepción hegeliana de la historia, habíamos llegado al fin de la misma. Para él, el triunfo de la liberal-democracia como el único sistema político con viabilidad y legitimidad era incuestionable: por tanto, en un orden liberal, donde las condiciones de igualdad paulatinamente se consolidarían, el conflicto se haría cada vez más raro e indeseado.

En Occidente, los países avanzarían de manera paulatina hacia el perfeccionamiento institucional, la interdependencia comercial se fortalecería, y propuestas políticas comprehensivas como el comunismo –y la revolución global que este conlleva–, se harían cada vez más irrelevantes. En este nuevo orden, países no occidentales, al encontrarse en un mundo cada vez más conectado, seguirían dicha tendencia a velocidades variables, pero constantes. Lo anterior se derivaba del triunfo contundente de la idea liberal clásica (la de Hobbes y Locke), de que al ser humano lo mueven, fundamental y casi exclusivamente, el miedo a la muerte violenta y la necesidad de una cómoda autopreservación. Por consiguiente, el hombre liberal estaría cada vez menos interesado en establecer la superioridad de alguna idea alternativa, política, religiosa, o de cualquier índole, y se limitaría, en buena medida, a la búsqueda de intereses personales entendidos, principalmente, en términos materiales.

Ante una afirmación de tal naturaleza, no tardaron en surgir contraargumentos igualmente tajantes: el más conocido es el que hizo Samuel Huntington, sobre "el choque de civilizaciones". Huntington dice −aquí estoy haciendo una simplificación un poco burda− que el mundo estaba dividido en cinco bloques culturales principales, y que los individuos de cada uno de esos bloques buscarían que los valores fundamentales que los identificaban prevalecieran por encima de los demás. En otras palabras, a mayor globalización, mayor necesidad (y facilidad) de buscar el reconocimiento de los valores culturales propios, generando así un constante choque de visiones y, por lo tanto, la prevalencia del conflicto. Sucesos como el 11 de septiembre de 2001 hicieron que planteamientos como el de Huntington ganaran mayor relevancia.

En apariencia, ambas posturas son diametralmente opuestas entre sí. Sin embargo, comparten un elemento importante: el título completo del libro de Fukuyama es *El fin de la historia y el último hombre*, y es la segunda parte del título la que permite desvanecer, al menos hasta cierto punto, la aparente contradicción entre ambos planteamientos. El último hombre se refiere a un concepto de Nietzsche que tiene que ver con la manera de ser de los individuos modernos, es decir, hombres sin ideales, sin convicciones ni orgullo: hombres que, al dejarse llevar por meras motivaciones materiales, pierden el sentido de la propia vida.

Para Fukuyama, el avance de la liberal-democracia sí contribuiría, en primera instancia, a generar hombres de ese tipo, pero con un matiz importante: desde su punto de vista, las sociedades liberales canalizarían una de las tendencias más profundas del hombre: la necesidad de reconocimiento, o lo que decíamos que los griegos denominaban *thymós/thumós*, buscando, primero, generar condiciones de igualdad para absolutamente todos, y en todo caso, que les permitieran sobresalir del resto meramente a través de la búsqueda de avance económico y éxito profesional (de hecho, en ese libro ponía el ejemplo de Donald Trump como alguien que veía satisfecha esa necesidad de reconocimiento en su creciente prosperidad; la cual posteriormente se vería diezmada en distintas ocasiones por sus múltiples quiebras, y ya sabemos a dónde fue a buscar, alternativamente, reconocimiento). Como se ve, en el planteamiento de Fukuyama no desaparecería por completo la importancia del *thymós*.

Por otro lado, desde su punto de vista, la idea liberal clásica –la de Hobbes y Locke– relegaba al *thymós*, de manera equivocada, a ser algo completamente irrelevante, dado que, según esa visión, lo único que mueve a la gente es un deseo a satisfacer intereses mundanos. Y aunque, en el corto, mediano o incluso largo plazo, eso sí tendría el efecto positivo de reducir los conflictos, creando condiciones mayoritariamente monótonas, la tendencia de la que hablamos podría mostrarse de maneras menos conciliadoras al no encontrar formas propicias para ser expresada. Más aún, para Fukuyama, el éxito inicial del liberalismo, paradójicamente, se dio como resultado del *thymós*, en su variante menos conflictiva, lo que denomina –tomando la expresión de Sócrates– como *isothymia*, que busca fundamentalmente una nueva forma de reconocimiento: la igualdad de todos los individuos de la sociedad. Eso, en efecto, distraería los deseos de hacer grandes obras dignas de ser reconocidas, dando origen a sociedades de individuos más bien apáticos.

Pero Fukuyama reconoce –tanto en la última parte de su primer libro como en el más reciente, titulado *Identidad*– que "la reactivación de la historia" es posible, dada, justamente, la existencia perenne del *thymós*, incluso en su forma aparentemente menos riesgosa, sobre la que dice que "la pasión por el reconocimiento igualitario –isotimia– no necesariamente disminuye con el logro de una mayor igualdad de facto y abundancia material, sino que en realidad puede ser estimulada por ello" (Fukuyama, 2006: 295).

En las sociedades ya liberales, ante la ausencia de espacios de verdadero diálogo, donde la gente sea capaz de articular sus convicciones más profundas de lo que constituye la vida buena, el conflicto se presentaría en la forma de polarización absoluta, los distintos individuos buscarían constante reconocimiento, ya no sólo necesariamente como individuos, sino como parte de distintos grupos identitarios frustrados ante la irrelevancia de sus principios o ideales. Y lo anterior sería el escenario propicio para la aparición de personajes que, siguiendo otra variante del *thymós* (*megalothymia*), esa que busca el reconocimiento de grandes obras, ofrecieran dar voz a aquellos grupos que, desde su autopercepción, han sido olvidados. En otras palabras, Fukuyama vislumbraba que el conflicto en sociedades liberales podría venir de una tolerancia mal entendida, que no tiene en cuenta la necesidad innata del ser humano, de que aquello que motiva su idea de lo bueno y lo malo sea reconocida.

Al no ser reconocida esa parte, lo anterior eventualmente podría facilitar, por ejemplo, la aparición de nuevos populismos, de retóricas cada vez más autoritarias y el posible surgimiento de nuevos nacionalismos hostiles. Es así que, aunque la lógica liberal clásica sí generaría condiciones de estabilidad, éstas no serían indestructibles; al contrario: de pretender que otras tendencias menos racionales no fueran importantes, el conflicto, por muy manejable, seguiría permanentemente siendo una posibilidad latente, ya que, como él explica, el *thymós*, "que primero sale a la luz como una forma humilde de respeto por uno mismo, puede así también manifestarse como el deseo de dominar" (Fukuyama, 2006: 182).

Este concepto de *thymós* está en el centro de las que son, quizá, en el ámbito de la ciencia política, las teorías más relevantes sobre el estado actual de la política en el mundo. Además, en torno al *thymós* gira la reflexión sobre si la violencia seguirá siendo recurrente como medio para imponer ideas o valores. En su momento Platón, por ejemplo, lo caracterizó como la parte del alma tripartita que audazmente busca el reconocimiento de los demás.

Harvey Mansfield –corresponsable junto con Delba Winthrop de una extraordinaria traducción al inglés de *La democracia en América*, Alexis de

Tocqueville (2012)–, con base en la concepción platónica de *thymós*, explica en un artículo titulado "¿Cómo entender la política?" que el *thymós* es aquello que, en última instancia, mueve a la política:

> El yo corporal tiene un objeto simplificado: su propio interés. Actuar en interés propio no es noble, pero es excusable, como por ejemplo dejar un país donde te pagan cincuenta centavos la hora e ir a uno donde ganas diez dólares. Nadie podría culparte por hacerlo. Eso es porque el interés propio, cuando es simple, es universal; Yo haría lo mismo que tú. Me vería impulsado hacia un bien obvio, o hacia un bien que creía obvio. Si el interés propio es obvio, en realidad no es realmente tuyo; se ha generalizado, quizás artificialmente. El conflicto de intereses propios o individuales es de lo que se trata la ciencia política actual. Pero no la política (Mansfield, 2007: 43).

Pienso que Mansfield acierta cuando afirma que la política se ocupa principalmente de aquello que nos hace enojar, no sobre lo que deseamos:

> El *Thumós*, como la política, se trata de lo propio y lo bueno. No es sólo una cosa o la otra, como si se pudiera suponer que la política es simplemente actuar en favor de lo propio (realismo), o simplemente promover el bien (idealismo). Se trata de ambos juntos y en tensión. Lo propio nunca es suficiente por sí solo; necesita una razón que lo justifique (Mansfield, 2007: 44).

La postura liberal clásica planteaba que lo bueno realmente podría ser irrelevante si se privilegiaba la parte de lo propio: la parte del deseo racional que actúa, principalmente, en función de la autopreservación. Hasta cierto punto, dicha generalización es posible, pero, por otro lado, nunca es definitiva porque, como dice Fukuyama, el deseo racional es una manifestación de *isothymia*, que aunque posiblemente satisfecho en ciertas instancias, siempre mantendrá una clara tendencia a seguir buscando formas más contundentes de reconocimiento. En otras palabras, incluso en sociedades liberales en donde los individuos tendieran a ser cada vez más apáticos y uniformes, la posibilidad de conflicto siempre se mantendría vigente, aunque fuera de manera más velada –y quizá por su posible imperceptibilidad, más peligrosa–, por la incapacidad de trabajar objetivos más trascendentes, dignos de ser reconocidos. Tocqueville ya había previsto lo dicho por Mansfield y Fukuyama. Para él, considerar infalible a la postura liberal–clásica podría degenerar fácilmente en nuevas formas de tiranía, principalmente, por su incapacidad para ofrecer nuevas formas de grandeza: por su incapacidad, en definitiva, para encauzar el *thymós*.

Para que las democracias liberales fueran capaces, por un lado, de mantener la convivencia adecuada de los individuos que las conformaran, tendrían que fomentar el aprendizaje de lo que él llama "el arte de la libertad" (Mansfield, 2010). Dicho arte implicaría una concepción de libertad mucho más compleja que el deseo racional, autónomo, práctico y fundamentalmente económico sobre el cual descansa la postura que hemos denominado liberal clásica –de hecho, Tocqueville se identificaba como un liberal; pero "un nuevo tipo de liberal" (Tocqueville, 2012: 42)–. Para este autor, el éxito de las democracias podría darse si los individuos eran capaces de trascender sus intereses propios: si lograban compaginar los intereses propios con nuevas maneras de buscar reconocimiento, por ejemplo, a través del involucramiento activo en el espacio público. De lograrlo, los individuos de esta nueva época, en donde el avance de la igualdad, efectivamente, sería inevitable, lograrían ser, además, verdaderamente libres. Lograrían salir de la apatía a la que se tiende, y a través de la participación activa en lo común, gestionar de manera más efectiva aquello que, de ser ignorado, llega a causar una gran dificultad para la vida en común y da pie a una constante posibilidad de tiranía y conflicto.

La anarquía internacional

Lo que he planteado hasta ahora se puede resumir de la siguiente manera: el ser humano es, por naturaleza, un ser social. La guerra no es el estado natural del hombre. Sin embargo, la tendencia a ser reconocido, la necesidad de no permanecer en la irrelevancia, sí es innata al ser humano. Dicha tendencia es manejable, lo cual permite que el conflicto pueda gestionarse y ser evitado bajo ciertas circunstancias. La mayor parte de la historia ha sido caracterizada por la incapacidad de gestionar el conflicto: en cierta medida debido a que el *thymós* ha tomado su forma más visible (*megalothymia*).

Sin embargo, la época reciente, caracterizada por el avance del liberalismo y la democracia, sí ha logrado acotar y disminuir la violencia: tanto a nivel macro como a nivel micro. No obstante lo anterior, la posibilidad de que resurja de distintas maneras siempre está latente. A nivel micro, o local, cuando hay Estado de derecho es más difícil que eso ocurra: aunque puede haber individuos inconformes, si hay autoridad, la probabilidad de violencia disminuye. Eso no la elimina porque el *thymós* siempre sigue siendo, de distintas maneras, relevante. Y si no se encauza, puede terminar dando pie a nuevas formas de tiranía y de convivencia más conflictivas. Ahora bien, falta explicar lo que decía al inicio: que, a nivel macro, a nivel internacional, las relaciones entre los países se dan en una situación que, efectivamente, se asemeja al estado de naturaleza hobbesiano, independientemente de si los países sean democracias liberales o no.

Para acometer lo anterior, pienso que vale la pena preguntar lo siguiente: si los países son gobernados por individuos y si los individuos no tienen una tendencia innata a la violencia o a la guerra, ¿no es contradictorio, acaso, decir que en relaciones internacionales el estado natural sí se acerca a ser un estado de guerra? No necesariamente. Al ser un escenario de total anarquía en donde no existe un ente que aplique una determinada ley, la condición natural es una en donde, como explicaba Hobbes, la supervivencia por los medios que sean necesarios es el único, o al menos, el principal objetivo. Por lo tanto, la competición y el conflicto entre países para ascender y sobrevivir sería lo más normal. Hay posturas realistas que, como sintetiza Azar Gat, efectivamente explican lo anterior como una consecuencia de la naturaleza del ser humano. Hans Morgenthau, realista clásico, por ejemplo, explicaba que los Estados (países), buscan poder y actúan en consecuencia porque la necesidad de dominar e imponerse es lo propio de la naturaleza humana (véase Gat, 2009).

Sin embargo, como indiqué al inicio, pienso que la posible competencia, y eventual conflicto, no necesariamente resultan de una condición innata del ser humano –ya se dijo cómo puede, eso sí, ir hacia allá–, sino que, al no haber una entidad capaz de dar protección o dictaminar lo que conviene en un determinado caso, los Estados–nación siguen siendo los únicos responsables por su seguridad. Y al ser sistemas tan complejos en los que, además, interviene el factor humano y en los que puede hacerse presente el *thymós* en su forma de *megalothymia* de los líderes, difícilmente se podrán gestionar todos los conflictos todo el tiempo. Esto último sí corresponde a una explicación realista del comportamiento de los Estados; pero a una que se conoce como estructural o no–esencialista.

Uno de los principales exponentes de esta postura, Kenneth Waltz, sostiene que no es la naturaleza humana, sino la lucha endémica por sobrevivir en un sistema anárquico lo que obliga a los países a buscar poder, en defensa propia e independientemente de sus deseos, por un miedo mutuo que pone al sistema internacional en un constante dilema de seguridad; más aún: dicho dilema lleva a los Estados a buscar activamente incrementar su poder. John Mearsheimer –uno de sus principales exponentes, profesor de la Universidad de Chicago y autor del libro *The Tragedy of Great Powers Politics*– explica que, por ejemplo, la guerra entre Rusia y Ucrania ha sido el resultado de estas dinámicas de poder que tienen grandes potencias. Desde hace varios años, Mearsheimer ha sostenido que los Estados Unidos, al querer expandir el dominio de la Organzación del Tratado del Atlántico Norte (OTAN) cada vez más hacia el Este, ha incrementado la posibilidad de la guerra entre potencias nucleares, y esto ha hecho posible el avance de un personaje, además megalómano, como Vladimir Putin. Ya desde 2014, después de que Rusia invadiera Crimea, Mearsheimer ha argumentado que los Estados Unidos y sus aliados son importantemente responsables por esa crisis. Desde su óptica –la cual me parece acertada–, se ha debido trabajar hacia lograr establecer una Ucrania neutral y no una que, desde el punto de vista ruso, presentara una amenaza a su seguridad nacional. Para más sobre este tema y una explicación en particular, recomiendo una entrevista que le hicieron en marzo de 2022 a Maersheimer en el *New Yorker*.[2]

Ahora bien, si realmente las relaciones internacionales se desarrollan en la lógica apenas descrita, ¿entonces la cooperación y la interdependencia no son posibles? Para algunos realistas –como los que acabo de traer a colación–, cualquier tipo de cooperación es más bien una ilusión, que cuando conviene en términos de intereses nacionales se lleva a cabo, pero ante la menor percepción de amenaza se cae por los suelos. Lo anterior se da en el ámbito geopolítico pues los Estados–nación siguen siendo los principales actores. Instituciones internacionales como la ONU dependen de la buena voluntad de los países para llevar a cabo las distintas resoluciones que puedan surgir de ahí, y cuando dichas instituciones contravienen los intereses de alguno de sus miembros más poderosos, su irrelevancia se hace manifiesta.

Pienso que, dadas ciertas circunstancias, la cooperación, si bien frágil, sí es posible. La misma puede darse, ciertamente, de manera inicial motivada por una lógica de interés nacional: por ejemplo, cuando se da una mayor integración económica, el costo de la guerra se hace cada vez más elevado y por lo tanto, los incentivos para evitarla, se incrementan. Con todas las deficiencias que puedan tener, instituciones como la Unión Europea, que surgió fundamentalmente con fines económicos, creo que han contribuido a pacificar una región del mundo en donde lo raro era que estuviera en paz.

Sin embargo, es cuando se pretende extender el alcance de instituciones como la Unión Europea que empieza a perder legitimidad entre los individuos que conforman las sociedades de los países miembros. En otras palabras, entre países, la cooperación debe entenderse en términos limitados. De otro modo, habrá poblaciones que perciban como intromisiones ilegítimas lo que se pretende imponer desde afuera: y ello es el caldo de cultivo idóneo para que emerjan personajes con deseos de trascendencia, *megalothymia*, que den "voz" a grupos e individuos que perciben que sus

---

[2]   Véase Isaac Chotiner (2022).

intereses y valores no son reconocidos por las élites gobernantes. En este orden de ideas, por último, hay que decir que ante la ausencia de autoridades supranacionales garantes de un Estado de derecho internacional, irremediablemente, el dilema de seguridad siempre será algo ineludible: por lo tanto, lo mejor sería —y aquí estoy entrando en el terreno de los deseos— que la atención se pusiera en el desarrollo de la política interna: en buscar garantizar las condiciones para que haya vida en común. En otras palabras, a no concebir a los individuos como seres exclusivamente movidos por el interés propio o individual, sino como personas con profundas tendencias de querer hacer cosas dignas de ser reconocidas. En la medida en que se procure construir espacios verdaderamente públicos, pienso que el conflicto estará, efectivamente, cada vez mejor gestionado. En palabras de Tocqueville, en la medida en que no se entienda que la verdadera libertad requiere estar abierta a concepciones de grandeza —a nociones de lo bueno—, si sólo se entiende en términos de decisiones económicas, la tiranía y el conflicto seguirán siempre siendo posibilidades, incluso en las sociedades más liberales.

Referencias

BALOT, Ryan K. (2017), "Was Thucydides a Political Philosopher?", en *The Oxford Handbook of Thucydides*, Sara Forsdyke, Edith Foster y Ryan K. Balot (eds.), Nueva York, Oxford University Press.

CHOTINER, Isaac (2022), Why John Mearsheimer Blames the U.S. for the Crisis in Ukraine, *The New Yorker*, 10 de marzo. Disponible en ‹https://www.newyorker.com/news/q–and–a/why–john–mearsheimer–blames–the–us–for–the–crisis–in–ukraine›.

FRANCIS Fukuyama on the End of History. YouTube. Munich Security Conference (2020). Disponible en ‹https://www.youtube.com/watch?v=YM6p–15fjBg›.

FUKUYAMA, Francis (2006), *The End of History and the Last Man*, Nueva York, Free Press, a division of Simon & Schuster.

GAT, Azar (2009), So Why Do People Fight? Evolutionary Theory and the Causes of War, *European Journal of International Relations* 15, núm. 4, pp. 571–599. Disponible en ‹https://doi.org/10.1177/13540661093446611›.

HUNTINGTON, Samuel P. (1996), *The Clash of Civilizations and the Remaking of World Order*, Londres, Penguin.

JERVIS, Robert (2002), Theories of War in an Era of Leading–Power Peace. "Presidential Address, American Political Science Association, 2001", *The American Political Science Review* 96, núm. 1, pp. 1–14. Disponible en ‹https://doi.org/10.1017/s0003055402004197›.

MANSFIELD, Harvey (2007), How to Understand Politics: Harvey Mansfield, *First Things*, 10. de agosto. Disponible en ‹https://www.firstthings.com/article/2007/08/004–how–to–understand–politics›.

______ (2010), *Tocqueville: A Very Short Introduction (Very Short Introductions)*, Oxford University Press.

PINKER, Steven (2007), A History of Violence; We're Getting Nicer Every Day, *The New Republic*, 20 de marzo. Disponible en ‹https://newrepublic.com/article/64340/history-violence-were-getting-nicer-every-day›.

______ (2012), *The Better Angels of Our Nature: A History of Violence and Humanity*, Londres, Penguin Books.

ROUSSEAU, Jean-Jacques (1997), *The Discourses and Other Early Political Writings*, Victor Gourevitch (ed. y trad.), Cambridge y Nueva York, Cambridge University Press.

TOCQUEVILLE, Alexis de (2012), *Democracy in America*, Harvey C. Mansfield y Delba Winthrop (eds.), Chicago, University of Chicago Press.

WALT, Stephen M. (1998), International Relations: One World, Many Theories, *Foreign Policy*, núm. 110, p. 29. Disponible en ‹https://doi.org/10.2307/1149275›.

CAPÍTULO 15

La guerra de Putin y la paradoja del miedo

Teresa Santiago[1]

En una entrevista publicada en el periódico *El País*, Edgar Morin, a sus cien años, recordaba el terror que sintió durante la crisis de los misiles, provocada por el enfrentamiento, a propósito de Cuba, entre las dos grandes potencias de la llamada *guerra fría*: Estados Unidos y la Unión Soviética, la cual se resolvió en el último momento, provocando en el mundo un suspiro de alivio. Dice Morin: "Hoy, aunque de otra manera, veo que volvemos a estar al borde del abismo y en una incertidumbre absoluta frente al futuro" (*El País*, 26 de marzo de 2022). Hay en efecto, una especie de *déjà vu* ante el avance de las tropas rusas hacia las ciudades ucranianas, algo que, si bien no fue del todo sorpresivo, nos deja un mal sabor de boca, un sentimiento de fracaso, la frustración experimentada cada vez que el hombre decide tomar las armas y dejar atrás las palabras, los argumentos, los posibles puentes de entendimiento.

Esta nueva guerra nos plantea muchas preguntas e inquietudes de carácter filosófico, para las cuales intentaré bosquejar algunas respuestas. En lo que sigue, me referiré a la guerra entre la Federación Rusa y Ucrania,

---

[1] Universidad Autónoma Metropolitana–Iztapalapa, Departamento de Filosofía.

como la "guerra de Putin", principalmente porque es Putin quien decidió (en el sentido en que Carl Schmitt habla del *decisionismo* del soberano) señalar a Ucrania como su enemigo y, por ende, lanzar una ofensiva militar hacia ese país vecino.

Son varios los factores a los que se puede aludir para dar cuenta de esta guerra que parece traída del pasado. Sin duda los hay históricos y geopolíticos. Acerca de estos, habría que referirse a la tensión siempre presente (a ratos alcanzando niveles atemorizantes) entre Occidente y Oriente, es decir, de un lado Estados Unidos y sus aliados europeos y del otro la antigua Unión Soviética, hoy Federación Rusa, y los países satélites. Al analizar uno de esos momentos álgidos, durante la administración Regan, la tensión provocada por la salida de Estados Unidos de los tratados Salt I y Salt II concernientes a la proliferación de armas y a la instalación de misiles intercontinentales, Jonathan Steele comenta lo siguiente:

> Si nos fijamos en el lenguaje de la *guerra fría* [...] nos encontraremos con que está saturado de notas punitivas, la actitud represiva de un padre hacia un hijo, de un juez hacia el acusado o de un domador de animales hacia una fiera. Los responsables de la política occidental hablan del "comportamiento" o de la "conducta" de Moscú. Muchas veces se dice de los rusos que están en "libertad provisional" o en el "banquillo de los acusados" (Chomsky, 1985: 81).

No menos receloso es el lenguaje que la Unión Soviética en su momento utilizaba para referirse a Occidente. Pero más allá de la retórica, lo cierto es que, en las relaciones entre ambos bloques, desde que finalizó la segunda Guerra Mundial y en la isla de Yalta las potencias aliadas se repartieran buena parte del mundo, hicieron de la desconfianza mutua la actitud dominante.

Si bien es cierto que la geopolítica juega un papel importante para explicarnos por qué Putin decide invadir Ucrania, pues dice sentirse amenazado por el avance de la OTAN, tampoco son menores las razones internas que lo han impulsado a dar un paso de tan alto riesgo para el mundo y para la propia Federación Rusa. ¿Quiere Putin recuperar parte de lo que perdió con la disolución de la Unión de Repúblicas Socialistas Soviéticas (URSS) en 1991, "el mayor desastre geopolítico del siglo xx", según afirma él mismo?, o más bien, guiado por una especie de mesianismo, ¿su objetivo último es recuperar el imperio que desmoronaron la primera Guerra Mundial y la Revolución de Octubre?

Pero ¿por qué Ucrania? Esta nación, que marca justamente el eje Occidente–Oriente europeo, ha sufrido a lo largo de su historia no pocas invasiones; llegó a formar parte de Polonia, del imperio ruso y del imperio austrohúngaro; antes de convertirse en república independiente sufrió una guerra civil derivada del conflicto entre las distintas facciones de la Revolución Rusa. Más tarde formó parte de la URSS, hasta su desintegración en 1991.[2] De ahí en adelante ha luchado incansablemente por tener, en los hechos, una vida independiente más cercana a Europa que a Oriente... no es fácil teniendo como vecino a la Federación Rusa, más ahora cuando el hombre fuerte de ese país ve en Ucrania a la antigua "Rus", un territorio del que ha sido despojado y que tiene derecho a ocupar.

Sin descartar ninguna de las hipótesis, creo que en favor de nuestra reflexión filosófica debemos acudir a lo que los clásicos de la filosofía del conflicto nos dicen acerca del poder, el temor, la seguridad y la guerra.

Hobbes es, sin duda, uno de los pensadores más apropiados para este tema dentro de la tradición realista sobre el conflicto. Pero, además, a partir de lo que hemos leído sobre lo ocurrido desde el 24 de febrero de 2022, no es descabellado afirmar que Putin ve el mundo desde una perspectiva hobbesiana. Veamos si este punto de partida nos lleva por buen camino.

Sabemos que, para el autor del *Leviatán*, el Estado es el ente que puede poner fin al estado de guerra en que viven los hombres conforme a su libertad salvaje, a cambio de darles seguridad. Su mayor preocupación era alejar la posibilidad de la guerra civil. Sin embargo, una vez creado el leviatán, éste tenía que lidiar con otros entes políticos dispuestos a la guerra.

---

[2] Un estudio histórico y geopolítico muy acucioso es el de Tony Wood (2022: 45–74).

Así, el poder del leviatán proviene de los ciudadanos que han renunciado a su libertad salvaje para darse leyes que los regulen. Esa soberanía no descansa puramente en el territorio, sino en la capacidad de poder y de control. Un soberano mide su poder, en primer lugar, de acuerdo con la obediencia de los súbditos y, en segundo término, en cuanto al poder y control *potencial* que tiene sobre otros pueblos, porque el Estado se "mueve" siempre en el sentido de procurarse todo aquello que le permita conservar su existencia. Por ello, un real soberano no necesariamente es aquel que posee territorios inmensos, sino aquel que controla mejor su territorio, pero al mismo tiempo no puede evitar tratar de extenderlo para evitar la conjura y la traición que viene de afuera.

Desde la perspectiva de Hobbes —a la cual es muy cercana la de Vladimir Putin— ese soberano debe lograr pacificar y controlar el mayor territorio posible, es decir, aquél en cuyo alcance no haya hombre o grupo que le dispute el poder, algo que quedó en entredicho con la rebelión de Maidán en 2014. Desde entonces fue muy claro para el hombre fuerte de Rusia que la mayoría de los ciudadanos de Ucrania deseaban vivir en un país libre y soberano —parte de Europa— y no a la sombra de su poderoso vecino. Dado que nada puede garantizar que los grupos dentro del ámbito del poder del soberano sean absolutamente fieles a éste, ni que los posibles sediciosos sólo se encuentren dentro del territorio que controla el soberano, siempre existe el peligro de perder el control. La única manera de ejercerlo absolutamente sería que el alcance del control político coincidiera con la Tierra toda, dominada por un soberano único. En esa hipotética situación, los pueblos de la Tierra tendrían que pactar con el soberano único para así garantizar su paz y tranquilidad; pero esta idea resulta absurda e irrealizable, por más poderoso que sea un leviatán.

Los meses transcurridos desde el 24 de febrero de 2022, cuando iniciara la guerra contra Ucrania, le han probado a Putin que salvo que empleara toda la fuerza militar a su alcance su ejército no podría hacerse con el centro neurálgico del país —Kiev—. Además, ocupar todo el territorio ucraniano sería desastroso para su economía; Rusia no tiene la capacidad de hacerse cargo de cerca de 50 millones más de ciudadanos, pero no hay duda de que quiere anexarse la franja oriental que corresponde al Donbás, en donde hay población mayoritariamente prorrusa, y de ahí correrla hacia el mar de Azov, lo que tendría como resultado la destrucción de ciudades portuarias como Mariúpol, con el fin de tener una especie de corredor o escudo que lo protegiera de una posible avanzada de los países europeos y más concretamente, los afiliados a la OTAN. Con lo cual estaríamos viendo un *revival* de la llamada "cortina de hierro" de los años posteriores a la segunda Guerra Mundial.

Hemos dicho que un soberano mide su poder, en primer lugar, por la obediencia de los súbditos, a su vez, éstos miden al leviatán conforme a su eficacia para mantenerlos a salvo. Brindar seguridad a los súbditos es tal vez la función primordial del Estado según la perspectiva de Hobbes, y no parece que estuviera equivocado. Hoy día la seguridad se ha convertido –después del 11 de septiembre– en el paradigma de la *segurización*, por medio del cual se restan libertades y derechos civiles a los ciudadanos bajo el pretexto de protegerlos (un problema del que no podemos ocuparnos en esta ocasión). Algunas afirmaciones de Hobbes van en este sentido: "Los soberanos no pueden contribuir más a la felicidad de los ciudadanos, que protegiéndolos de la guerra exterior y civil para que puedan disfrutar de la riqueza creada con el trabajo" (DC, XIII, §6).[3] Así pues, es necesario estar preparado para atajar las amenazas que vienen, tanto del interior, como del exterior pues las relaciones de los Estados entre sí "son naturales, es decir, hostiles" (*Ibid*), lo que no significa acciones permanentes de guerra, sino una especie de tregua que tampoco puede llamarse paz.

Vista desde una perspectiva descarnadamente realista, la tesis de la seguridad tiene el atractivo que de ella se sigue sin dificultad el derecho "de espada" del soberano, esto es, el derecho a declararle la guerra al enemigo que pone en riesgo la soberanía del leviatán. No obstante, esta respuesta no elimina los problemas surgidos de la posibilidad —siempre presente— de verse obligado a ir a la guerra. En efecto, una cuestión señalada

---

[3]   El *Tratado sobre el ciudadano* (*De Cive*) se cita usando la abreviatura DC, el número del capítulo seguido del número del parágrafo, por último, el número de página de la edición.

reiteradamente es que Hobbes no ofrece salida al estado de naturaleza entre naciones, cuando sí lo hace en el nivel doméstico.[4] Esto podría interpretarse como que, efectivamente, ambos niveles —el doméstico y el interestatal— guardan diferencias significativas. Hay dos observaciones de Hobbes que pueden ilustrar el punto: la vida en el estado de naturaleza a nivel de los seres humanos la define como "solitaria, pobre, tosca, embrutecida y breve" (Lev., I, 13: 103),[5] en contraste: los soberanos "revestidos con autoridad, celosos de su independencia, se hallan en estado de continua enemistad, en la situación y postura de los gladiadores, con las armas asestadas y los ojos fijos unos en otros", tras murallas que los protegen del enemigo, y valiéndose de espías para que les hagan saber los planes del adversario, "todo lo cual implica una actitud de guerra", sin embargo, no la emprenderán si esto pone en peligro "la industria de sus súbditos", de ahí que esta situación no pueda compararse con la "miseria que acompaña a la libertad de los hombres particulares" (Lev, I, 13: 104).

Ahora bien, ¿cuáles son las amenazas más temibles para el leviatán? La guerra interna y la invasión de una nación más poderosa. De ahí que para el filósofo inglés el mayor de los pecados sea la instigación a la revuelta porque implica ir contra la ley natural que manda *conservar* y procurar la paz; sin embargo, "no cabe esperar una conservación duradera de sí mismos a los hombres que se encuentran en estado de naturaleza, esto es, en estado de guerra", de ahí que buscar la paz *es un dictamen de la recta razón, esto es, una ley de la naturaleza*" (DC, I, 15: 21). ¿Tienen los leviatanes la misma obligación de procurar la paz en primer término? Sí, pero la mejor forma de hacerlo es armarse "hasta los dientes". Una nación poderosa militarmente disuade a otros de ser atacada y, con ello, se mantiene un equilibrio de fuerzas.

---

[4] Un autor que discrepa de esta interpretación es Theodore Christov. Según él, Hobbes sí da una salida al conflicto internacional; de la misma manera que los hombres buscan, a través de un contrato, poner fin al estado de guerra en que se encuentran, así los leviatanes buscan hacer alianzas que, si bien son perentorias, mantienen un equilibrio adecuado para no vivir en una guerra permanente. Véanse sus argumentos en: Theodore Christov (2017).

[5] Se cita el *Leviatán* en el siguiente orden: parte, capítulo y página.

Reales o no, Putin ve amenazas constantes de las potencias occidentales que han dispuesto, apoyándose en el Tratado del Atlántico Norte, misiles de corto y largo alcance pues, como ya se ha dicho, los acuerdos para reducir el peligro de una conflagración de gran alcance pueden disolverse en cualquier momento, como pasó con los acuerdos Salt I y Salt II en los años setenta.[6] Procurar la paz, desde su perspectiva, no puede lograrse sin poner un alto a Occidente. Por su lado, Estados Unidos y sus aliados de Europa occidental temen y desconfían de Rusia tanto o más de lo que desconfiaban de la Unión Soviética. La propia Ucrania se ha decantado por Europa, con el fin de "equilibrar" las fuerzas y proteger su soberanía de las posibles —y reales— avanzadas de Rusia. Hobbesianamente, esta situación es ya un estado de guerra, no necesita haber batallas ni intercambio de acciones militares. El avance de tropas sobre Ucrania no fue sino la continuación natural de dicho estado de guerra. Fue así como Putin anexó Crimea en 2014 y la invasión en curso no es sino la continuación de ese estado de guerra.

El poder de un leviatán no puede medirse solamente por sí mismo sino con relación a sus pares, esto es, requiere del reconocimiento de los otros; tesis que Hegel desarrollará más tarde en su concepción del Estado moderno.[7] El ente político siempre se moverá en el sentido de avanzar y alcanzar el mayor poder posible, y esto se logra únicamente de dos formas: o bien conquistando y avasallando, o bien, haciendo alianzas que nunca son permanentes. Quizás habría que matizar: lo anterior se aplica a las grandes potencias, mientras que a las demás naciones les corresponde mantenerse en su ser, conservarse, lo que Hobbes veía como una ley de naturaleza. Una nación mediana, como Ucrania, siguiendo este principio, no declara la guerra a una gran potencia pues ello podría constarle su existencia como nación soberana, pero sí hace alianza con el bloque europeo; en contraste, naciones poderosas como Rusia, Estados Unidos, Israel y Francia (e incluso

---

[6] Al respecto véanse Josep Fontana (2017: 399, 408) y Eric J. Hobsbawm (1995, cap. VII).

[7] "En la existencia aparece así esta relación *negativa* consigo del Estado como relación de *otro* con *otro*, como si lo negativo fuera algo exterior" §323S, Hegel, *Los principios de la filosofía del derecho de Hegel*. Énfasis en el original.

Alemania como resultado del rearme que está llevando a cabo desde la invasión de Putin) no pueden prescindir de tener grandes ejércitos, en ello estriba su fuerza para garantizar su existencia y el reconocimiento de parte de sus iguales.

Así pues, el leviatán se encuentra a caballo entre dos mundos orgánicamente vinculados, pero de alguna manera contradictorios: el interno, de las relaciones entre individuos y el externo, de los demás entes políticos; cualquier guerra con otro leviatán puede transformarse en una guerra civil si el soberano es vencido, produciéndose con ello la anarquía. A su vez, una guerra civil que debilite el poder del soberano puede ser la excusa para propiciar la invasión de otro Estado.[8] De ahí que el poder y el control son dos elementos sustanciales del leviatán; sin ellos no podría ejercer su función de garantizar seguridad a sus ciudadanos y con ello los pondría en peligro de volver al estado de naturaleza. Lo anterior provoca "la paradoja del miedo" (Airaksinen, 1989: 53). Es una paradoja porque parece claro que el pacto original del que emerge el poderoso leviatán, poniéndole fin a la "guerra de todos contra todos", produce, a su vez, una condición de perpetuo temor a las amenazas que provienen del exterior: hay temor si el soberano se debilita, pero también si adquiere demasiado poder a través de conquistas y continuas empresas bélicas.

La paradoja del miedo parece una idea propicia para explicar la actitud que ha llevado a Putin a una aventura militar de la cual probablemente no salga victorioso, en la medida en que seguramente no logrará anexar por completo el territorio ucraniano, pero que sí habrá de causar un daño enorme no sólo a Ucrania, sino a la propia Rusia. Veamos.

El mundo hobbesiano desde el que Putin entiende la política y la guerra le ha llevado a deshacerse de prácticamente todos sus posibles adversarios políticos y enemigos por el temor a una rebelión interna. Primer elemento de la paradoja del miedo. No cabe la menor duda de que Vladimir Putin es el hombre fuerte de Rusia. Poseedor de un gran poder, tanto por su manera peculiar de hacerse publicidad, como por el apoyo real que tiene en

---

[8]   Para un ejemplo contemporáneo, véase Enzo Traverso (2006).

no pocas capas de la compleja sociedad rusa, sabe que ese poder no sólo depende del control interno o doméstico, sino de mostrarse como el líder de una gran potencia frente a sus pares (quizá como ningún otro gobernante, Putin tiene una necesidad notoria de reconocimiento que se refleja en sus discursos y su lenguaje corporal). Recordemos que el poderío del leviatán depende en gran medida de que sus iguales lo reconozcan como tal. Y es aquí en donde se produce el temor a las posibles amenazas que provienen del exterior. Segundo elemento de la paradoja. Reales o no, esas amenazas no se resuelven solamente acrecentando el poder hacia dentro del leviatán, de hecho y aquí es donde queda atrapado en la paradoja, conforme aumenta su poder y su fuerza, aumenta el temor a ser atacado desde fuera. Desde su perspectiva, teñida de un nacionalismo eslavista, la manera de resolver la paradoja (que en realidad no se resuelve) es recuperar el poderío y el esplendor que corresponde a la historia de la gran Rusia, de ahí su ambición de hacerse de la antigua "Rus". Putin no aspira a tener una nueva Unión Soviética; instalado el hipercapitalismo y las privatizaciones de la mano de Yeltsin y del propio Putin, aspira a crear el imperio ruso del siglo xxi. Quizás su ejemplo a seguir sea la China actual: un control político férreo y una economía de mercado sin cortapisas, pero en lugar de la fachada comunista, adoptar decididamente un modelo neozarista.

Ahora bien, ninguna nación puede aspirar a tener el control absoluto, como históricamente lo han demostrado los grandes imperios, lo que seguramente tenía claro Hobbes, como también tenía claro que la solución al conflicto interestatal no podía provenir de la creación de un super leviatán por encima de los Estados particulares. Como ya se ha señalado, para este filósofo el equilibrio de fuerzas era la solución al problema de la guerra. Cada cuerpo político debía buscar la paz, haciendo alianzas, y armarse con el fin de estar preparado para la guerra.

Estas ideas pertenecientes al siglo xvii no parecen haber caducado del todo. Si bien actualmente contamos con instancias encargadas de dirimir los conflictos entre las naciones, esto es, un derecho internacional al que se deben ajustar todas las naciones, el equilibrio de fuerzas es decisivo en los conflictos de mediana y gran escala. En el caso que nos ocupa, pero en muchos otros más desde la segunda Guerra Mundial, naciones poderosas han emprendido guerras sin consultar al Consejo de Seguridad (cs) de la Organización de las Naciones Unidas (onu); más aún, no han recibido las sanciones del caso, no han sido juzgadas por crímenes de guerra, ni por crímenes contra la humanidad. Es, por ejemplo, el caso de la guerra contra Irak emprendida por Estados Unidos, por no hablar de cómo implementó métodos de tortura a supuestos miembros de Al Qaeda con el fin de "evitar" otro 11-S. La invasión de Ucrania por parte de Rusia ha llevado al bloque de naciones alineadas con Estados Unidos (es decir, la Europa Occidental), antes de tomar medidas más serias, a decretar sanciones económicas al país invasor que, sin embargo, tienen un límite que no pueden rebasar sin poner en riesgo sus propias economías. Tampoco han querido involucrarse directamente en el conflicto enviando efectivos al campo de batalla, lo que, sin duda, escalaría la guerra a niveles sumamente peligrosos: podría provocarse una tercera Guerra Mundial con un armamento suficientemente poderoso como para destruir varias veces lo que hoy llamamos "nuestro mundo". Ello no significa que no participen en la guerra, lo hacen a través de una "guerra subsidiaria" enviando armas de todo tipo al ejército ucraniano —incluso tanques de última generación— y a las milicias que se han formado, haciendo muy efectiva la defensa del territorio. Un territorio que como hemos visto a través de Hobbes le es esencial ganarlo para sí al soberano de Rusia para afianzar su poder hacia dentro y principalmente hacia fuera con la finalidad de disputarle a Occidente y a Estados Unidos en particular, el papel de potencia mundial.

Estamos frente a la primera guerra de agresión interestatal en Europa desde el fin de la segunda Guerra Mundial. Algo que, tal vez de manera ingenua, pensábamos que ya no podría tener lugar. Más allá del asombro y la zozobra que nos produce, debemos preguntarnos ¿Qué podemos esperar de este funesto panorama?

En primer lugar, deberíamos esperar que la comunidad internacional hiciera denodados esfuerzos para obligar a un acuerdo entre las partes que no signifique sacrificar a Ucrania y, eventualmente, garantice tanto una paz duradera como la seguridad rusa. El fundamento para ello es tratar de evitar el sufrimiento de los seres humanos que han tenido que refugiarse en otros países, o peor aún, que sobreviven como pueden en territorio ucraniano.

En segundo lugar, creo que no debemos caer en el error de tratar de juzgar la guerra de Putin conforme a la tradición de la guerra justa. (No está demás decir que Putin considera justa esta "operación militar especial" y no la llama por su nombre: *guerra*). Recordemos que, acorde con dicha tradición, es legítima la guerra, esto es, hay un derecho de guerra o *ius ad bellum*, sí y solo sí, hay una causa justa para emprenderla. Claramente la ofensiva militar emprendida por Putin no satisface el principio de la causa justa, pues Ucrania tendría que haber agredido a Rusia, lo que no ha sucedido: Putin no ha podido probar las supuestas masacres o los genocidios contra civiles prorrusos. La llamada "desnazificación" de Ucrania es un pretexto banal para llevar a cabo la ofensiva. Tampoco satisface el principio de intención correcta, pues claramente intenta anexarse parte del territorio de una nación *hoy soberana*, así haya pertenecido al imperio ruso o hayasido una de las repúblicas soviéticas. Desde la otra parte de la doctrina de la guerra justa, el *ius in bello*, que se refiere a la conducta y medios de guerra, es claro que el ejército ruso ha violado prácticamente todos los principios de lo que hoy llamamos derecho de guerra humanitario: no se ha aplicado el principio de discriminación entre combatientes y no combatientes, ni de proporcionalidad de los objetivos militares y los medios empleados —esto es, armas letales— y todavía más: el avance de las tropas rusas ha causado la mayor diáspora desde la segunda Guerra Mundial. Todavía nos falta saber qué tanta destrucción y violaciones a los derechos humanos se cometieron en esta guerra. Desde cualquier ángulo que se vea, esta es una guerra injusta.

Por tanto, debemos juzgarla conforme al derecho internacional vigente al que deben someterse todas las naciones que pertenecen a la onu: desde esta tribuna Putin también ha violado todas las reglas del derecho internacional y del derecho de guerra humanitario, y como tal debe ser juzgado.

El artículo 2, del capítulo I de la Carta de Naciones Unidas es muy claro en su propósito y prohibición, dice a la letra:

> Todos los miembros [de la ONU] deberán abstenerse en sus relaciones con otros Estados de la amenaza y el uso de la fuerza contra la integridad territorial o la independencia política de cualquier Estado, o en cualquier otra materia que resulte inconsistente con los propósitos de la ONU (a saber: evitar la guerra).

La posible intervención militar en otra nación tiene que estar plenamente justificada por el Consejo de Seguridad de la ONU, una vez que se han agotado todos los recursos diplomáticos. Claramente Putin no ha agotado todos los recursos, de hecho, ha demostrado tener poco interés en las rondas de negociación llevadas a cabo *post bellum*. Por ende, debería ser juzgado por la Corte Internacional de Justicia con sede en la Haya. Hasta hoy, no hay visos de que tal cosa vaya a ocurrir. Rusia, como sabemos, es miembro permanente del CS de la ONU, razón por la cual emitió un veto[9] –que de acuerdo con el reglamento del CS no está permitido– en oposición a la resolución en contra de la ofensiva militar sobre Ucrania; si bien no se logró un voto unánime en el CS a favor de la resolución (votaron a favor 11 de 15 miembros –entre éstos México–; se abstuvieron: China, India y Países Árabes) ésta pudo pasar al pleno de la ONU en donde la mayoría de los países votaron a favor.

Para tener claro de qué se podría acusar a Putin, recordemos a qué se llama *crimen de guerra*: se trata de graves violaciones de las leyes de guerra, esto es, del conjunto de normas y tratados del derecho humanitario internacional de guerra, contenidas principalmente en las Convenciones de Ginebra. Un crimen de guerra: 1. Debe constituir una seria violación de una ley internacional, es decir, una violación a una regla que protege valores importantes, y esa violación debe implicar graves consecuencias para la víctima. 2. La regla que ha sido violada debe formar parte del *corpus* de las leyes de guerra o pertenecer a algún tratado. 3. La violación implica, bajo las

---

[9] Vasily Nebenzya –miembro permanente de Rusia ante el Consejo de Seguridad de la ONU– indicó que el derecho a veto no es "un privilegio", sino una herramienta que sirve "para garantizar el equilibrio de intereses, que tanto necesita el mundo, y asegurar la estabilidad global a través de este equilibrio" (Noticias ONU, news.un.org, 27 de febrero de 2022).

leyes convencionales de guerra, la responsabilidad individual de la persona que violó la norma, en otras palabras, la conducta que constituye una seria violación a la ley internacional debe ser criminalizada (Cassese, 2003: 47).

Tenemos entonces que Putin ha violado el artículo 2 de la Carta de la ONU, al emprender una guerra de agresión en contra de un país soberano que no constituía una amenaza de ocupación ni de violación a la soberanía de la Federación Rusa y, en segundo lugar, ha violado prácticamente todas las leyes de guerra que constituyen el derecho humanitario de guerra. Se han reportado muertes de civiles en Bucha, los alrededores de Kiev, al retirarse de esa zona las tropas rusas. Un bombardeo a la estación de trenes de Kramatorsk en donde han muerto adultos y niños; ciudades enteras como Mariúpol están devastadas a causa de los intensos bombardeos, y algo también muy grave: se han destruido intencionalmente objetivos de servicios indispensables para la población civil, tales como las bombas de suministro de agua, con lo cual se deja a las personas sin poder hacer uso del líquido vital. Claramente esto constituye un crimen de guerra pues no son objetivos militares.

Además de esto, ¿qué podemos esperar a futuro? Los conocedores de la geopolítica y algunos expertos de la política rusa no están muy seguros de que Putin —a pesar de que no ha logrado penetrar la capital de Ucrania y, por ende, obligar a Zelenski a retirarse, y designar un gobierno títere de Moscú— parezca estar convencido de retirar sus tropas e iniciar negociaciones diplomáticas con el gobierno de Ucrania. Por ahora, las rondas de negociaciones, para supuestamente, llegar a un acuerdo han sido mascaradas para ganar tiempo. Lo que estos especialistas suponen (y es realmente una suposición) es que Putin intentará por todos los medios hacerse del oriente de Ucrania, como ya habíamos señalado. Si nos fijamos en el mapa de Europa del Este, podemos constatar que, al hacerse de un corredor ruso desde la ciudad de Járkov en el noreste —seriamente bombardeada— hasta Odessa, tendrá no sólo una salida al mar, sino que junto con Bielorrusia contará con un extenso territorio bajo su control, en el cual, seguramente, emplazará armas y campamentos militares, pero ello, tristemente supondrá partir a Ucrania. Tal vez lo intuya Putin o tal vez no pueda ni quiera evitarlo, pero esa división podría derivar en una guerra civil, como ya sucedió hace un siglo. Terminamos citando a otro gran clásico de la guerra, Carl von Clauzewitz:

> La guerra, por lo tanto, no es solamente un verdadero camaleón por el hecho de que en cada caso concreto cambia en algo su carácter, sino que es también una extraña trinidad, si se la considera como un todo, en relación con las tendencias que predominan en ella. Esta trinidad la constituyen el odio, la enemistad, la violencia primitiva de su esencia, que deben ser consideradas como un ciego impulso natural, el juego del azar y las probabilidades, que hacen de ella una actividad libre de emociones, y el carácter subordinado de instrumento político, que hace que pertenezca al dominio de la inteligencia pura (V. Clausewitz, 1984: 61).

Referencias

AIRAKSINEN, T. (1989), *Hobbes: War Among Nations*, Reino Unido, Avebury.

CASSESE, A. (2003), *International Criminal Law*, Reino Unido, Oxford University Press.

CHOMSKY, N. (1985), *Superpotencias en colisión*, Madrid, Debate.

CHRISTOV, T. (2017), *Before Anarchy. Hobbes and His Critics in Modern International Thought*, Londres, Cambridge University Press.

FONTANA, J. (2017), *El siglo de la revolución. Una historia del mundo desde 1914*, Barcelona, Crítica.

HEGEL, G. W. (2005), *Principios de la Filosofía del Derecho*, Barcelona, Edhasa.

HOBBES, T. (1992), *Leviatán o la materia, forma y poder de una república eclesiástica y civil*, México, FCE.

_____ (1999), *Tratado sobre el ciudadano*, Madrid, Trotta.

HOBSBAWM, E. (1995), *Historia del siglo xx*, Barcelona, Crítica.

TRAVERSO, E. (2006), "Entre *Behemoth* y *Leviatán:* pensar la guerra civil europea (1914–1945)", en Nicolás Sánchez Durá (ed.), *La guerra*, Valencia, Pre-Textos, pp. 117–134.

VON Clausewitz, K. (1984), *De la guerra*, Barcelona, Labor.

WOOD, Tony (2022), La matriz ucraniana, *New Left Review*, 133/134, marzo–junio, pp. 45–74.

Semblanzas

Fabiola Saúl

Doctora en Historia del Pensamiento con una tesis sobre la hospitalidad en la *Odisea*. Es maestra y licenciada en Pedagogía por la Universidad Panamericana (UP). Fue Visiting Research Fellow en el Departamento de Letras Clásicas de la Universidad de Brown, en Estados Unidos. Estudió el Bachillerato Teológico en Roma, incorporada a la Pontificia Universidad de la Santa Cruz. Desde 2006 es profesora de algunas materias humanísticas en la Escuela de Administración de Instituciones (Esdai) y desde 2011 es profesora investigadora en la UP, en el Departamento de Humanidades. Tiene distintas publicaciones, como *De moralitate educatione: estudio sobre la moralidad de la educación con el método de Tomás de Aquino*, también *Pathos, êthos y logos: una teoría aristotélica de la educación*, fruto de su tesis de maestría. En 2019 publicó con Panorama en coedición con la UP el libro *La hospitalidad en la Odisea*, resultado de su investigación doctoral en el marco del proyecto "Principios y bases normativas y sociales para una política migratoria incluyente", financiado por la UP a través del fondo "Fomento a la Investigación UP 2017". En 2021 publicó en el libro *Otra mirada: mujeres en la filosofía, cultura y arte*, el capítulo titulado: "De la hostilidad a la hospitalidad de la mano de las mujeres de la *Odisea*". Desde hace más de 20 años es conferencista en torno a distintos temas como la educación, la relación pensamiento–lenguaje, antropología filosófica, filosofía de la hospitalidad, o distintas cuestiones teológicas.

Rodrigo Ruiz Velasco

Licenciado en Historia y maestro en Historia de México por la Universidad de Guadalajara. Doctor en Ciencias Sociales por el Centro de Investigaciones y Estudios Superiores en Antropología Social (CIESAS)–Occidente y miembro del Sistema Nacional de Investigadores. El área de su especialidad es la historia de los intelectuales conservadores y movimientos contrarrevolucionarios en México. Ha publicado libros y artículos de investigación histórica en México, España, Argentina, Chile y Colombia. Entre sus últimas publicaciones destacan, como coautor y co–coordinador, *La fractura del mundo hispánico: las secesiones americanas en su bicentenario* y *La forja de México: a doscientos años del surgimiento de una nación política*, ambas obras colectivas publicadas por EUNSA en 2021. Desde el año 2014 es profesor de asignatura en la UP, campus Ciudad de México.

José María Llovet

Doctor en Filosofía por la UP. Maestro en Filosofía por la UNAM y licenciado en Filosofía por la UP. Profesor investigador titular C del Instituto de Humanidades de la Universidad Panamericana. Es miembro del Sistema Nacional de Investigadores, nivel I. Se especializa en metafísica y filosofía de la naturaleza en Aristóteles. Sus últimas publicaciones son "¿Se puede considerar formal la lógica de Aristóteles?", *Daimon* (82), 2021: 99–113 y *La noción aristotélica de principio*, EUNSA, 2020.

Víctor Hernández

Víctor Antonio Hernández Ojeda es licenciado en Filosofía por la UP y egresado del Centro de Estudios Hemisféricos de Defensa William J. Perry del Departamento de Defensa de los Estados Unidos. Durante la administración del presidente Enrique Peña Nieto se desempeñó como asesor de la Secretaría Técnica del Consejo de Seguridad Nacional (Presidencia de la República), para posteriormente incorporarse como analista de la División de Inteligencia de Pinkerton. Tiene intervenciones semanales en diversos medios de comunicación latinoamericanos como analista de temas de seguridad y defensa, y es autor del libro *Montesquieu y la construcción de la paz internacional* (NUN, 2021).

Íñigo Fernández

Licenciado y maestro en Historia por la Universidad Iberoamericana y doctor en Documentación por la Universidad Complutense de Madrid. En la actualidad se desempeña como profesor investigador y responsable de la Jefatura de Comunicación y Sociedad en la Escuela de Comunicación de la UP y coordinador de Asuntos Académicos del Consejo Nacional para la Enseñanza y la Investigación de las Ciencias de la Comunicación (Coneicc). Es miembro del Sistema Nacional de Investigadores, nivel I, de la Red Internacional de Historiógrafos de la Comunicación y de la Red de Historiadores de la Prensa y el Periodismo en Iberoamérica.

Vicente de Haro

Doctor en Filosofía. Miembro del Sistema Nacional de Investigadores, nivel 1. Profesor de Historia de la Filosofía de Kant y el Desarrollo del Idealismo en la Facultad de Filosofía y profesor investigador y director del área en el campus México del Instituto de Humanidades, ambas instancias de la UP. Autor de *Duty, Virtue and Practical Reason in Kant´s Metaphysics of Morals* (Olms, 2015), además de otros dos libros y diversos artículos especializados y de divulgación. Editó recientemente, junto con Cecilia Coronado, el volumen *El cultivo del saber: nueve estudios sobre la historia del quehacer universitario* (EUNSA, 2021). Sus áreas de especialización son: la ética kantiana y la filosofía práctica en el idealismo alemán, la filosofía hermenéutica y la antropología mimética.

Leonardo Ramos–Umaña

Maestro y doctor en Filosofía por la UNAM. Entre 2010 y 2011 realizó una estancia de investigación en la Universidad de Navarra en Pamplona, España, experiencia que repitió entre 2014 y 2015. En 2017 recibió el Premio de la Asociación Filosófica de México (AFM) a la mejor tesis de doctorado a nivel nacional. En 2018 realizó una estancia posdoctoral en el Instituto de Investigaciones Filológicas. Es miembro del Sistema Nacional de Investigadores; de la Asociación Latinoamericana de Filosofía Antigua (ALFA); del Seminario Universitario sobre Afectividad y Emociones (Suafem); miembro fundador del Seminario sobre ética y afectividad en la Antigüedad. Es autor de diversos artículos especializados, la mayoría de ellos dedicados a la filosofía práctica de Aristóteles y al estoicismo. También ha publicado, con editorial Santillana, varios libros de texto para las asignaturas de Ética y Doctrinas filosóficas. Sus áreas de investigación son la filosofía práctica de Platón y Aristóteles, las diferentes propuestas éticas de la Grecia helenística (hedonismo, cinismo, epicureísmo y estoicismo temprano) y la filosofía práctica del estoicismo tardío. Actualmente es profesor en la UNAM, así como en la UP sede Ciudad de México, a nivel licenciatura y maestría.

Mauricio Lecón

Licenciado en Filosofía por la UP. Doctor en Filosofía por la Universidad de Navarra. Es profesor e investigador de la Facultad de Filosofía de la UP. Miembro del Sistema Nacional de Investigadores. Su área de especialización es la Edad Media occidental, con especial énfasis en los filósofos y teólogos de ese periodo. Es autor de diversos trabajos académicos en esa materia, entre los que destacan el libro *Acción, praxis y ley. Estudio metafísico y psicológico de la acción legislativa en Francisco Suárez* (2014); el capítulo "Virtue, Prudence, and Practical Wisdom", en *Medieval Christianity*, Brill (2021) y los artículos "Acerca del derecho de la mujer a gobernar en Francisco Suárez", *Pensamiento* LXXVII/294 (2021): 363–379; "Are We Responsible for Laughing?", *Studia Neoaristotelica* XVIII/1 (2021): 95–112.

Cecilia Coronado

Doctora en Filosofía por la Universidad de Navarra, España, y miembro de la AFM. Estudió un máster en Gobierno y Cultura de las Organizaciones en la Universidad de Navarra y es licenciada en Filosofía por la UP, México. Sus líneas de investigación son Filosofía Social, Escuela de Frankfurt, instituciones sociales y migración. Desde agosto de 2014 es profesora e investigadora del Instituto de Humanidades de la UP (México) en donde imparte las materias de Filosofía Social, y Hombre y Mundo Contemporáneo. Codirigió (junto con el Dr. Luis Xavier López Farjeat) el proyecto de investigación titulado "Migración, territorio e identidades" de 2017 a 2019 y actualmente dirige el proyecto "Identidad y pluralidad en la universidad: una perspectiva crítica", ambos financiados por el Fomento Fondo a la Investigación UP. Sus más recientes publicaciones son: "Group Asylum, Sovereignty, and the Ethics of Care", *Social Sciences*, Vol. 9, núm. 8, 2020, *Razón instrumental, sociedad e instituciones: una semblanza de Max Weber y la Escuela de Frankfurt* (2019, EUNSA) y "La libertad como condición de la justicia en Axel Honneth", *Open Insight*, Vol. 9, núm. 15, 2018.

Gustavo Esparza

Doctor en Ciencias Sociales y Humanidades. Profesor investigador del Instituto de Humanidades de la UP, campus Aguascalientes. Su área de investigación versa sobre la Filosofía de Ernst Cassirer, su influencia y aplicaciones. Es autor de más de 20 artículos especializados relacionados con la obra del neokantiano, entre los que destacan: "Cuerpo y símbolo en Ernst Cassirer: la función orgánica en la conformación del mundo cultural", *Transformação*, 2021, "El conocimiento relacional del singular", *Pensamiento*, 2020. Su libro más reciente, en colaboración con Nassim Bravo, es *The Bounds of Myth. The Logical Path from Action to Knowledge* (Brill, 2021).

Rómulo Ramírez Daza

Es filósofo y miembro del Sistema Nacional de Investigadores, nivel I. Licenciado en Filosofía por la Benemérita Universidad Autónoma de Puebla. Máster en Filosofía por la Universidad de Guadalajara. Doctor en Filosofía por la Universidad de Guanajuato, México. Autor de 34 publicaciones científicas entre artículos y capítulos de libro sobre diversas temáticas de filosofía griega antigua, dos libros de autoría propia, y uno en coautoría. Desde 2007 es profesor investigador del Instituto de Humanidades de la UP, campus Guadalajara. Miembro de la Sociedad Internacional de Filosofía Griega. Colaborador del Cuerpo Académico: Lógica, Retórica y Teoría de la Argumentación de la Universidad de Guadalajara. Miembro fundador de la Academia Mexicana de Retórica de la UNAM. Miembro de la Organización Iberoamericana de Retórica. Miembro de la Asociación Latinoamericana de Filosofía Antigua. Miembro de la AFM. Miembro de la Asociación Mexicana de Estudios

Clásicos. Actual secretario de Investigación del Instituto de Humanidades de la UP, Guadalajara. Su línea de investigación especializada es la Filosofía Antigua y Argumentación, sobre todo Platón, Aristóteles, tradiciones antecedentes y recepción de estos pensadores en la posteridad.

Roberto Rivadeneyra

Doctor en Historia del pensamiento por la UP, maestro en Filosofía por la UNAM y licenciado en Filosofía por la UP. Miembro del Sistema Nacional de Investigadores. Profesor investigador del Instituto de Humanidades de la UP . Autor del libro *Música y matemática en la filosofía de Platón. Remedios y profilácticos contra el mal* (NUN), así como de varios capítulos de libro y artículos sobre filosofía platónica, divulgación y de la cultura. Recientemente dictó las conferencias "¿Ser o no ser? Pasado, presente y futuro de la filosofía", para clausurar el II Coloquio: La divulgación filosófica en la Universidad Autónoma del Estado de México y "Armonía, ética y amor" para el Centro Educativo del Ejército y la Fuerza Aérea; e impartió el taller Música en el origen: la armonía en el despertar humano para la Universidad Autónoma de San Luis Potosí. Actualmente dirige el proyecto de investigación: Arte y educación: por la construcción de un mundo bueno. Presidente fundador de 3ntre logos, centro dedicado a la divulgación de la filosofía. Miembro de la AFM, de la Asociación Latinoamericana de Filosofía Antigua (ALFA) y de la International Plato Society. Sus principales líneas de investigación son la filosofía antigua –especialmente la de Platón–, filosofía de la cultura, ética, antropología, divulgación y filosofía de la música.

Víctor–Isolino Doval

Doctor en Filosofía por la Universidad de Navarra. Profesor investigador del Instituto de Humanidades de la UP, campus México. Autor, con José Antonio Lozano, de *Ciudad y belleza* (Tirant lo Blanch, 2019). Dirige el proyecto de investigación "Belleza, habitabilidad y cooperación" y pertenece al seminario permanente sobre Estética y ciudad, Instituto Tecnológico Autónomo de México–Deutscher Akademischer Austauschdienst (ITAM–DAAD).

Abraham Martínez

Maestro en Teoría Política por la Universidad de Toronto, donde también estudió la licenciatura de Ciencias Políticas. Actualmente es candidato a doctor en Derecho por el Instituto de Investigaciones Jurídicas de la UNAM. El tema central de su investigación es la relevancia de elementos culturales en el funcionamiento de una constitución democrática; concretamente, trata sobre la noción de ingeniería constitucional en el trabajo de Alexis de Tocqueville. Es secretario de asuntos estudiantiles de la Escuela de Gobierno y Economía de la UP, en donde imparte la materia de Filosofía política. También es profesor de la Facultad de Derecho en la UP, en donde imparte Filosofía del derecho y Derecho comparado. Ha colaborado en diversos trabajos académicos del Instituto de Investigaciones Jurídicas de la UNAM, y ha sido académico investigador en la Universidad de Tlaxcala. También ha sido profesor en el Departamento de Derecho de la Universidad Iberoamericana. Ha trabajado con distintas organizaciones internacionales que buscan la promoción de políticas públicas en aras de salvaguardar la dignidad de las personas en toda su integridad, lo cual lo ha llevado a participar en diversos foros en la Organización de las Naciones Unidas. Realizó una estancia de colaboración en la Agencia Colombiana para la Reintegración, donde participó en la evaluación de la política de desarme y proceso de paz en el año 2015. Además, disfruta el análisis de cuestiones actuales de política internacional, especialmente aquello que tiene que ver con política estadounidense.

Teresa Santiago

Doctora en Humanidades, línea Filosofía política. Profesora investigadora del Departamento de Filosofía de la UAM–Iztapalapa. Es miembro del Sistema Nacional de Investigadores, nivel II. Sus áreas de interés son la filosofía del conflicto y la filosofía política moderna. Autora de *Justificar la guerra* (UAM, 2001); *Función y crítica de la guerra en la filosofía de I. Kant* (Anthropos, 2004); *La paradoja de Hobbes: la construcción de la idea moderna de la guerra* (Conaculta, 2010); *La guerra humanitaria* (Gedisa, 2013); *Bárbaros vs. civilizados. La polémica Bartolomé de las Casas–Juan Ginés de Sepúlveda* (uam, 2018); coautora con Carlos Illades: *Estado de Guerra, de la guerra sucia a la narcoguerra* (Era, 2014) y *Mundos de muerte: despojo, crimen y violencia en Guerrero* (Gedisa, 2019). Directora de la revista *Signos Filosóficos* (2007–2015) perteneciente al índice de revistas científicas del Consejo Nacional de Ciencia y Tecnología (Conacyt).

Este libro se imprimió en la Ciudad de México,
el 11 de octubre 2023, memoria litúrgica del papa san Juan
XXIII, gran promotor de la paz y autor de la encíclica *Pacem
in terris* (Paz en la Tierra, 1963), en Litográ ica Ingramex,
S.A. de C.V. Centeno 162-1, Granjas Esmeralda, Iztapalapa,
C. P. 09810, Ciudad de México, México